ADMINISTRAR É...

A Evolução do Trabalho do Administrador

Edmundo Escrivão Filho
Sergio Perussi Filho
(Organizadores)

2008

A238a   Administrar é... a evolução do trabalho do administrador /
Organizado por Edmundo Escrivão Filho e Sergio Perussi
Filho. – São Carlos: RiMa, 2008.

248 p.

ISBN – 978-857656-129-3

1. Teoria da administração. 2. Trabalho do administrador.
3. Trabalho do executivo. I. Título. II. Autores.

CDD – 658

RiMa
Editora
www.rimaeditora.com.br

DIRLENE RIBEIRO MARTINS
PAULO DE TARSO MARTINS
Rua Virgílio Pozzi, 213 – Santa Paula
13564-040 – São Carlos, SP
Fone/Fax: (0xx16) 3372-3238

Aos que estudam a administração.

Aos que exercem a administração e, ao enfrentarem dilemas decisórios e tensões entre os interesses da organização e dos indivíduos, optam pelo caminho que enobrece o homem e a mulher e a preservação do planeta.

Agradecimentos

Contamos com a ajuda de muitas pessoas, antes e durante a elaboração do livro. Recebemos o apoio de familiares e amigos.

Queremos agradecer, particularmente:

A Dirlene Ribeiro Martins, pela revisão de todo o original.

Aos nossos familiares, pelo apoio durante todo o projeto.

A todos os colegas que freqüentaram a disciplina "O Trabalho do Executivo", do Curso de Pós-graduação em Engenharia de Produção da Escola de Engenharia de São Carlos, USP, pelas reflexões e discussões sobre o trabalho do administrador, que deram origem ao projeto deste livro.

À RiMa Editora, nas pessoas dos diretores e amigos, Paulo Martins e Dirlene Ribeiro Martins, pelo estímulo que nos trouxeram para a conclusão da obra e pela determinação empreendedora.

Aos professores Cristiano J. C. A. Cunha e José Francisco Salm, pelo incentivo inicial em pesquisar o tema.

Apresentação

Sergio Perussi Filho

Este livro aborda um tema de fundamental importância para todos aqueles que se dedicam aos estudos organizacionais e/ou praticam a administração nas organizações: o trabalho do administrador.

Apesar das grandes mudanças econômicas, sociais e tecnológicas ocorridas ao longo de todo o século XX, período mais importante dos desenvolvimentos teóricos no campo da administração, e da continuidade dessas mudanças no início do presente século, a natureza, ou seja, o foco das atividades do administrador, o agente ativo mais proeminente das organizações, ainda é descrita de forma parcial nos livros-textos de administração e, como conseqüência, é pouco difundida entre os alunos dos cursos de graduação e de pós-graduação em administração e dos demais cursos nos quais a disciplina é parte da grade curricular.

O resultado é que provavelmente poucos sãos os alunos e profissionais da área de administração que sabem claramente o que diz a teria da administração sobre a natureza de seus trabalhos enquanto administradores. Essa visão é corroborada quando se indagam alunos em fase de conclusão de seus cursos de administração sobre o que faz o administrador. Comum é ouvir como resposta frases que nem de leve tocam a essência do trabalho do administrador. É fato que uma série de fatores estruturais do ensino universitário brasileiro está refletida nessas respostas, mas sem dúvida a pouca ênfase que se coloca na essência do trabalho do administrador nos livros-textos ajuda a ampliar essa lacuna de conhecimento.

Poucos são os livros disponíveis no mercado editorial brasileiro que se dedicam a especificar de forma mais profunda a natureza do trabalho do administrador. Quando o fazem, somente contemplam parte menor de um de seus capítulos na abordagem de diferentes visões acerca da natureza do trabalho do administrador, seja ele o executivo de grandes corporações multinacionais ou o administrador-empreendedor de uma pequena empresa. E mesmo esse pequeno espaço dos livros tem sido preenchido com essa temática apenas recentemente.

A importância de esse assunto ser tratado com mais especificidade é comprovada pela própria origem deste livro. Temática concebida pelo Prof. Dr. Edmundo Escrivão Filho para a disciplina "A Natureza do Trabalho do Executivo", do curso de pós-graduação em Engenharia de Produção, da Escola de Engenharia de São Carlos, da Universidade de São Paulo, despertou muito interesse nos alunos, mesmo naqueles oriundos de cursos de administração, o tratamento específico e aprofundado dado às discussões sobre "o que faz o administrador".

Assim, este livro pretende suprir essa lacuna, oferecendo aos leitores uma visão abrangente e profunda sobre como importantes autores da teoria administrativa definem as funções do administrador, ou seja, o que efetivamente fazem e/ou deveriam fazer os administradores enquanto agentes pró-ativos na condução do desenvolvimento das organizações.

Sobre o Livro

O capítulo introdutório, de autoria de Escrivão Filho, propicia uma visão evolutiva geral e crítica do trabalho do administrador ao mesmo tempo em que introduz as diversas abordagens contempladas nos capítulos que seguem.

A Parte 1 contempla os Capítulos 1, 2 e 3, que enfocam *a abordagem do processo administrativo.*

No Capítulo 1, Cerri e Escrivão Filho apresentam a visão de Fayol, que centra a natureza do trabalho do administrador no planejamento das ações empresariais. Esta é a concepção mais amplamente disseminada na literatura, conforme atesta Escrivão Filho no capítulo de apresentação.

No Capítulo 2, Moraes e Escrivão Filho apresentam a visão de Koontz e O'Donnell, para quem administrar é em essência coordenar o trabalho organizacional.

No Capítulo 3, Bigaton e Perussi Filho apresentam o ponto de vista de Drucker, para quem administrar é em essência dirigir a organização, em função de visão declarada e da fixação do curso das ações.

Na Parte 2, os Capítulos 4, 5 e 6 se concentram na *abordagem dos papéis* desenvolvidos pelos administradores nas organizações.

O Capítulo 4, de autoria de Milgiato e Perussi Filho, apresenta a visão de Barnard, para quem administrar é, em essência, comunicar e obter cooperação para a realização das atividades organizacionais.

Albuquerque e Escrivão Filho apresentam no Capítulo 5 a visão de Simon, que descreve o trabalho do administrador como sendo "a arte de realizar as coisas". Entretanto, precede essa ação a necessidade de tomar decisões sobre o que deve ser feito, o que, segundo Simon, traduz o administrador como um tomador de decisões.

No Capítulo 6, Sentanin apresenta a visão de Mintzberg, uma das mais presentes na literatura de administração, para o qual o trabalho do administrador é desempenhar papéis interpessoais, informacionais e decisionais.

Na Parte 3, os Capítulos 7, 8 e 9 trazem as *abordagens alternativas* ao trabalho do administrador.

No Capítulo 7, Romeiro e Escrivão Filho apresentam a visão de Kotter, para quem administrar é estabelecer a agenda de trabalho e criar redes de contatos.

O Capítulo 8, de autoria de Terence, apresenta a perspectiva de que o trabalho do administrador estaria voltado a atender a demandas sob restrições e escolher a agenda, refletindo a visão de Stewart.

Sordan e Escrivão Filho encerram as abordagens alternativas, apresentando no Capítulo 9 a visão de Nadler e Tushman, para quem administrar é diagnosticar o comportamento da organização e construir uma arquitetura organizacional que contemple aspectos relacionados com os componentes do trabalho a ser realizado, as pessoas envolvidas, a organização formal e a organização informal, em um modelo que eles definim como de congruência entre os componentes.

Na Parte 4 são contemplados os Capítulos 10, 11 e 12, que apresentam *algumas abordagens contemporâneas* sobre o trabalho do administrador.

O Capítulo 10, de autoria de Lima e Perussi Filho, traz a visão de Senge, para quem administrar é aprender continuamente, em um processo coletivo de construção de conhecimento para solução de problemas e exploração de oportunidades.

No Capítulo 11, Perussi Filho apresenta a visão de Prahalad, segundo a qual administrar é construir competências para moldar o futuro, criando as bases para obtenção de vantagens competitivas duradouras à organização em um cenário por ela influenciado.

Encerra essa quarta parte o Capitulo 12, de autoria de Pereira, o qual aborda aspectos relacionados com a especificidade do trabalho do administrador de pequenas empresas.

O Capítulo 13, de conclusão, de autoria de Escrivão Filho, chama a atenção para a visão de Guerreiro Ramos, que aborda os aspectos da tensão administrativa nas organizações, fruto do confronto entre a racionalidade instrumental e a ética da responsabilidade, com a racionalidade substantiva e a ética do valor absoluto, o que provoca a disputa existencial de interesse das pessoas e da própria organização.

O livro foi concebido para dar aos leitores uma visão geral de como importantes autores da teoria administrativa descrevem ou prescrevem as funções do administrador. Entretanto, ao longo do livro os leitores perceberão que o trabalho do administrador é às vezes tratado como trabalho do executivo. Assim, é preciso ter em mente que alguns autores poderão estar considerando em suas descrições ou prescrições o trabalho de um tipo específico de administrador, como é o caso de um executivo de empresa de grande porte ou mesmo uma grande corporação de empresas, foco principal de muitos estudos nessa área. Nesse sentido, deve o leitor refletir de forma crítica sobre a validade universal dessas prescrições ou descrições à luz de situações conjunturais, como as especificidades das atividades administrativas nas várias áreas da empresa bem como nos vários setores econômicos, além de, talvez mais importante, no posicionamento da empresa e do executivo, por conseqüência, na cadeia produtiva de determinado setor econômico. É muito diferente ser executivo de uma grande corporação multinacional, ser administrador de uma linha de produção, ser administrador de uma empresa fornecedora, por subcontratação, de uma grande empresa que atua na fronteira do mercado ou ser administrador de uma empresa de pequeno porte prestadora de serviços para grandes empresas.

Essas questões quando pertinentes estão contempladas nos capítulos na seção que trata das críticas à descrição do trabalho do administrador e é um dos pontos centrais da concepção do livro, que procura contextualizar as descrições ou prescrições feitas pelos autores sobre esse trabalho.

O sentido é trazer à cena a necessidade de reflexão sobre dois aspectos fundamentais quando se consideram as funções exercidas pelos administradores: o contexto histórico em que as prescrições ou descrições foram concebidas e o contexto da especificidade das organizações consideradas.

De forma mais direta, o objetivo do presente livro é, além de apresentar as visões contextualizadas de vários autores sobre o trabalho do administrador, evidenciar, como bem ilustrado por Escrivão Filho na conclusão do livro, a tensão administrativa que permeia as organizações, fruto dos conflitos originados pela tentativa de evitar a dicotomia da racionalidade instrumental *versus* a racionalidade substantiva nas decisões e ações organizacionais.

Como Este Livro Está Organizado

Este não é um livro concebido para fechar questão sobre o que faz o administrador nas organizações. Há outras visões de teóricos da administração além das apresentadas neste livro. Antes de tudo, é uma obra para provocar a reflexão sobre o trabalho do administrador.

Ao apresentar a visão de vários autores sobre a natureza desse trabalho, procura expor claramente o leque de funções e papéis desempenhados pelos administradores, os quais estão parcialmente apresentados nos livros-texto correntemente encontrados no mercado editorial brasileiro.

Assim, os organizadores entendem que este é um livro para ser utilizado como livro-texto e/ou complementar para as disciplinas de introdução à administração, fundamentos de administração e teoria geral da administração, dos cursos de administração. Também é indicado para cursos como Engenharia de Produção, Economia e outros, que demandam disciplinas de fundamentos de administração, uma vez que aborda a essência da atividade administrativa, ou seja, o que faz o administrador. Este livro também fornece aos profissionais envolvidos com o ensino da administração uma base interessante de abordagens e reflexões sobre do que se ocupa o administrador no seu dia-a-dia nas organizações e, com isso, torna-se elemento provocador de debates construtivos acerca da realidade dos profissionais da administração.

Para tanto apresenta em cada capítulo uma visão específica sobre o trabalho do administrador: a biografia e obra dos autores, a contextualização da obra objeto de reflexão, a descrição do trabalho do administrador sob a ótica do autor e uma crítica contextual sobre a visão apresentada.

A apresentação dos capítulos, apesar de não necessariamente seguir com rigor uma ordem cronológica relacionada ao aparecimento das teorias sobre o trabalho do administrador, procurou de certa forma mostrar a evolução do pensamento acerca das funções dos administradores ao longo do tempo, ressaltando, entretanto, que o aparecimento de uma nova abordagem não implica o abandono das anteriores e sim complementaridades e/ou ampliação de escopo das funções dos administradores.

Para facilitar o trabalho dos professores e estimular os interessados no aprendizado de seu conteúdo, foram adicionadas questões e um estudo de caso em cada capítulo, visando provocar reflexões sobre a temática apresentada.

Esperamos que a leitura e as reflexões que quisemos provocar sejam úteis a todos aqueles que se interessam e se dedicam à pratica das organizações.

Prefácio

A literatura referente à Administração de Empresas apresenta, na grande maioria dos casos, uma visão prescritiva e de caráter funcionalista das organizações. O pensamento predominante é que, a partir de alguns "princípios", "ferramentas" e "regras", é possível administrar com sucesso. Sem menosprezar a importância de tais elementos no dia-a-dia do administrador, este livro busca romper com tal visão, oferecendo ao leitor um conjunto de análises de caráter mais crítico e abrangente, aprofundando questões de vital importância para o melhor entendimento do funcionamento real das organizações produtivas (entendendo-se por organizações produtivas todas aquelas que produzem bens e/ou serviços, de forma geral). Desde a publicação da clássica obra de Henri Fayol, *Administração Geral e Industrial*, de 1916, as organizações passaram e vêm passando por uma série de profundas transformações.

Da concepção tradicional, apontada por Douglas McGregor, de que *administrar significa conseguir as coisas através das pessoas,* até as modernas concepções, que buscam resgatar a importância da motivação e da criatividade dos *seres humanos* nas diversas esferas administrativas, inclusive nas decisões mais estratégicas da organização, houve grande ruptura no pensamento acerca do papel do administrador. As novas tendências administrativas, que podem ser sintetizadas nas várias formas de gestão participativa (co-gestão, autogestão, grupos semi-autônomos de trabalho, equipes autogeridas, etc.) afirmam que administrar é fundamentalmente um processo de liberar potenciais, criar oportunidades e oferecer orientações aos profissionais para que estes possam colocar toda a sua capacidade e criatividade a serviço das empresas. Neste mesmo sentido é que as idéias originais de Frederick Taylor, do início do século XX, quanto a uma pretensa existência de *Princípios de Administração Científica*, são hoje amplamente questionadas no âmbito do debate acadêmico, apesar de ainda estarem presentes na prática administrativa de muitas organizações. Mesmo algumas "inovações" trazidas pelo Modelo Japonês de Administração ou Toyotismo parecem se constituir mais em melhorias e aperfeiçoamentos dos modelos tradicionais (para alguns autores trata-se, de fato, de um *neo-taylorismo*).

Na presente obra, a seqüência de capítulos aborda temas variados, de grande relevância para os dirigentes e administradores das empresas do mundo contemporâneo. Partindo de séria e profunda revisão da evolução do pensamento administrativo e das várias abordagens sobre o papel do administrador, o livro apresenta uma revisão crítica dos mais destacados autores das várias correntes do pensamento da Administração: Koontz e D'Donnell, Peter Druker, Chester Barnard, Simon, Mintzberg, Peter Senge e Prahalah, dentre outros. Nesse contexto, as clássicas funções administrativas da empresa, como planejar, organizar, comandar e controlar, são tratadas sob diferentes e novas dimensões, como aquelas que afirmam que administrar é (...) *dirigir, dar visão e fixar o curso dos negócios; estabelecer agenda e criar redes de contatos; atender a demandas sob restrições; comunicar e obter cooperação; diagnosticar o comportamento da organização e construir a sua arquitetura; aprender continuamente e construir competências para moldar e explorar o futuro.* Compreende-se, portanto, que a busca de soluções diante dos grandes desafios impostos ao administrador da empresa moderna vai muito além daquelas simples recomendações da visão clássica da administração e da visão reducionista presente nos manuais de melhores práticas administrativas e de *cases* de sucesso.

Outro sensível diferencial desta obra refere-se ao capítulo que trata do papel do administrador na pequena empresa. Esta categoria de empresa que, via de regra, é tratada na literatura acadêmica como tema de menor importância, tanto do ponto de vista dos modelos de negócios como nos aspectos da administração, ganha aqui destaque especial. Ao se constatar que muitos dos modelos gerenciais tradicionalmente desenvolvidos para a grande empresa apresentam sérias limitações quando "transplantados" para a realidade das pequenas empresas, o capítulo busca identificar especificidades que marcam a realidade e os desafios destas últimas.

O livro culmina com o capítulo "A tensão administrativa: a visão de Guerreiro Ramos", de Kris Carvalho e Prof. Escrivão Filho, que resgata uma das abordagens mais lúcidas na análise sociológica do papel do administrador, a partir das idéias de Max Weber, evidenciando a latente tensão existente entre a dimensão instrumental e a ação substantiva presentes na ação cotidiana do administrador. Enquanto *a ação instrumental é própria da organização, a ação substantiva é própria do ser humano, e ambas são conciliáveis, aceitando que sempre existirá uma combinação da ação instrumental e da ação substantiva nos agrupamentos sociais, tendo o administrador que lidar com essa tensão.*

Portanto, a partir da concepção de que **Administrar é...** muito mais que a capacidade de acumular e implementar uma série de "técnicas", "modelos" e "ferramentas", este livro apresenta uma abordagem crítica, sistemática e transdisciplinar da Administração, buscando provocar no leitor maior abertura intelectual diante dos reais desafios impostos ao administrador das organizações, inseridas em um ambiente de grande turbulência, impactado por significativas mudanças de ordem econômica, social, política, ambiental e cultural, que marcam nosso momento histórico.

João Amato Neto
Professor Titular do
Departamento de Engenharia de Produção
Escola Politécnica/Universidade de São Paulo

Sumário

Introdução
O trabalho do administrador: uma visão geral e crítica

Introdução 1
A Abordagem do Processo 1
A Abordagem dos Papéis 4
Contribuições Alternativas 8
Contribuições Contemporâneas 12
Conclusão 16
Questões 17
Notas 17

Capítulo 1
Administrar é planejar: a visão de Fayol

Introdução 21
Biografia e Obra 22
   A função administração 22
   Ensino administrativo 23
   Princípios gerais de administração 24
Contextualização da Obra 25
   O movimento das classes operárias 26
   Um novo momento do capitalismo 26
Descrição de Fayol sobre o "Trabalho do Administrador" 27
   Previsão 27
   Organização 28
   Comando 28
   Coordenação 29
   Controle 29
Críticas à Descrição de Fayol sobre o "Trabalho do Administrador" 30
Comentários sobre a Descrição e as Críticas 31
   Formação do autor 31
   Enfoque da análise 32
   Contexto histórico, político, econômico e social 32
   Métodos 33
   Autoridade 33
   Valores organizacionais acima dos valores individuais 34
   Homogeneidade 35
   Qualidades e conhecimentos desejáveis aos executivos 35
   Sistematização dos conceitos da teoria fayoliana 36
Considerações Finais 36
Questões 37

Estudo de Caso: Tudo Limpo, Mas... 38
    Questões para discussão sobre o estudo de caso 39
Notas 39

Capítulo 2
Administrar é coordenar: a visão de Koontz e O'Donnell

Introdução 41
Biografia e Obra 42
Contextualização da Obra 42
Descrição de Koontz e O'Donnell sobre o "Trabalho do Administrador" 43
    Funções administrativas 43
    Universalidade das funções 49
Críticas à Descrição de Koontz e O'Donnell sobre o
"Trabalho do Administrador" 49
Comentários sobre a Descrição e as Críticas 50
Considerações Finais 51
Questões 52
Estudo de Caso: O Gerente Romualdo 52
    Questões para discussão sobre o estudo de caso 53
Notas 53

Capítulo 3
Administrar é dirigir, dar visão e fixar o curso
dos negócios: a visão de Peter Drucker

Introdução 55
Biografia e Obra 55
Contextualização da Obra 57
Descrição de Peter Drucker sobre o "Trabalho do Administrador" 58
Críticas à Descrição de Peter Drucker sobre o "Trabalho do Administrador" 61
Comentários sobre a Descrição e as Críticas 63
Considerações Finais 63
Questões 64
Estudo de Caso: Retífica de Motores Piracema Ltda. 64
    Questões para discussão sobre o estudo de caso 66
Notas 66

Capítulo 4
Administrar é comunicar e obter cooperação
a visão de Chester Barnard

Introdução 69
Biografia e Obra 70
Contextualização da Obra 71
Descrição de Barnard sobre o "Trabalho do Administrador" 72
    Teoria da cooperação e da organização formal 72

As funções do executivo 75
Críticas à Descrição de Barnard sobre o "Trabalho do Administrador" 76
Comentários sobre a Descrição e as Críticas 77
Considerações Finais 77
Questões 78
Estudo de Caso 79
    Questão para discussão sobre o estudo de caso 80
Notas 80

Capítulo 5
Administrar é decidir: a visão de Simon

Introdução 83
Biografia e Obra 83
Contextualização da Obra 84
Descrição de Simon sobre o "Trabalho do Administrador" 85
    O processo de decisão racional 87
    Influência organizacional 89
    Elementos da decisão 91
Críticas à Descrição de Simon sobre o "Trabalho do Administrador" 92
Comentários sobre a Descrição e as Críticas 93
Considerações Finais 94
Questões 95
Estudo de Caso: Comprar ou Fabricar? 95
    Questões para discussão sobre o estudo de caso 96
Notas 97

Capítulo 6
Administrar é desempenhar papéis gerenciais:
a visão de Mintzberg

Introdução 99
Biografia e Obra 100
Contextualização da Obra 103
Descrição de Mintzberg sobre o "Trabalho do Administrador" 104
    Papéis interpessoais 106
    Papéis informacionais 107
    Papéis decisionais 107
Críticas à Descrição de Mintzberg sobre o "Trabalho do Administrador" 108
Comentários sobre a Descrição e as Críticas 109
Considerações Finais 110
Questões 112
Estudo de Caso 112
    Questões para discussão sobre o estudo de caso 113
Notas 113

Capítulo 7
Administrar é estabelecer agenda e criar redes de
contatos: a visão de Kotter

Introdução 115
Biografia e Obra 115
Contextualização da Obra 117
Descrição de Kotter sobre o "Trabalho do Administrador" 119
Críticas à Descrição 122
Comentários sobre a Descrição e as Críticas 125
Considerações Finais 127
Questões 128
Estudo de Caso: Liderando a Mudança 129
    Questões para discussão sobre o estudo de caso 130
Notas 130

Capítulo 8
Administrar é atender a demandas sob restrições e
escolher agenda: a visão de Stewart

Introdução 133
Biografia e Obra 134
Contextualização da Obra 136
    Origens e desenvolvimento do modelo 136
Descrição de Stewart sobre o "Trabalho do Administrador" 138
Críticas à Descrição de Stewart sobre o "Trabalho do Administrador" 141
Comentários sobre a Descrição e as Críticas 141
Considerações Finais 142
Questões 143
Estudo de Caso: Rápido e Ligeiro 144
    Questão para discussão sobre o estudo de caso 144
Notas 145

Capítulo 9
Administrar é diagnosticar o comportamento da organização e construir
a sua arquitetura: a visão de Nadler e Tushman

Introdução 147
Biografia e Obra 148
Contextualização da Obra 149
    A ênfase no trabalho 149
    A ênfase nas pessoas 150
    Estrutura formal versus estrutura informal 150
    As organizações como sistemas abertos 151
Descrição de Nadler e Tushman sobre o "Trabalho do Administrador" 153
    O modelo de congruência do comportamento organizacional 154

O insumo 154
O produto 155
O processo de transformação 155
O Conceito de Congruência 156
Utilizando o modelo de congruência 157
Críticas à Descrição de Nadler e Tushman sobre o "Trabalho do Administrador" 159
Comentários sobre a Descrição e as Críticas 159
Considerações Finais 160
Questões 161
Estudo de Caso 161
Questões para discussão sobre o estudo de caso 162
Notas 162

Capítulo 10
Administrar é aprender continuamente:
a visão de Peter Senge

Introdução 165
Biografia e Obra 166
Contextualização da Obra 166
Descrição de Senge sobre o "Trabalho do Administrador" 167
Críticas à Descrição de Senge sobre o "Trabalho do Administrador" 172
Comentários sobre a Descrição e as Críticas 173
Considerações Finais 174
Questões 175
Estudo de Caso 175
Questões para discussão sobre o estudo de caso 176
Notas 176

Capítulo 11
Administrar é construir competências para moldar
e explorar o futuro: a visão de Prahalad

Introdução 179
Biografia e Obra 180
Contextualização da Obra 182
Descrição de Prahalad sobre o "Trabalho do Administrador" 183
Críticas à Descrição de Prahalad sobre o "Trabalho do Administrador" 185
Comentários sobre a Descrição e as Críticas 187
Considerações Finais 187
Questões 188
Estudo de Caso: Pedalando Contra os Chineses 188
Questões para discussão sobre o estudo de caso 189
Notas 189

Capítulo 12
O administrador de pequenas empresas

Introdução 191

A Gestão da Pequena Empresa 192

A Necessidade de uma Teoria Administrativa da Pequena Empresa 193

Afinal, o Que É uma Pequena Empresa? 194

    Critérios para classificação de empresas segundo seu porte 194

    Caracterização das pequenas empresas 195

Críticas aos Estudos de Pequenas Empresas 196

Administração de Pequenas Empresas: Revendo Conceitos Administrativos ... 197

    O que é uma empresa de sucesso? A que cresceu? 197

Todas as Empresas Visam, em Primeiro Lugar, ao Lucro. Sempre? 198

Afinal, o que faz o administrador de pequenas empresas? 199

    Empreendedorismo 201

Considerações Finais 202

Questões 203

Estudo de Caso 203

    Questões para discussão sobre o estudo de caso 205

Notas 205

Capítulo 13
A tensão administrativa: a visão de Guerreiro Ramos

Introdução 209

Biografia e Obra 210

Contextualização da Obra 211

Ação Social 211

    Tipo ideal 212

    As duas racionalidades 212

    Ação racional com relação a fins 214

    Ação racional com relação a valores 215

Problemas Éticos da Organização 216

Tensão entre as Duas Éticas 216

Descrição de Guerreiro Ramos sobre o "Trabalho do Administrador" 218

Considerações Finais 219

Questões 220

Estudo de Caso 221

    Questão para discussão sobre o estudo de caso 221

Notas 222

Organizadores e autores 225

O trabalho do administrador: uma visão geral e crítica

Edmundo Escrivão Filho
Juliana Veiga Mendes

Introdução

Formação e treinamento de administradores é tema de fundamental importância. A criação de riquezas e o bem-estar das pessoas dependem de administradores capacitados, seja na empresa pública, na empresa privada ou em organizações/associações sem fins lucrativos.

Para preparar administradores capacitados é preciso fundamentar o ensino e o treinamento em estudos reveladores sobre suas atividades de trabalho. A literatura apresenta poucas obras teóricas e pesquisas empíricas sobre o assunto. Para Mintzberg[1], "os estudos administrativos, tão devotados ao progresso e à mudança, têm por mais de meio século não considerado seriamente a questão básica: o que os administradores fazem?".

A eficácia da formação e treinamento de administradores depende da adoção de uma boa descrição de seu trabalho. A revisão apresentada a seguir revela o predomínio de uma descrição surgida no início do século. Sua perseverança como descrição do trabalho do administrador se deveria a seus atributos explicativos superiores? Ou estamos acomodados ao examinar a questão? Os professores e os treinadores precisam examinar mais detalhadamente a descrição sobre o trabalho do administrador que adotam em seus ensinamentos a fim de avaliar sua adequação à realidade das organizações e da administração.

A Abordagem do Processo

O fundador da Abordagem do Processo é o engenheiro francês Henri Fayol (1841-1925). Graduado em Engenharia de Minas em 1860, atuou 6 anos como engenheiro e 52 anos como gerente e diretor. Seus princípios e elementos de administração foram extraídos de sua própria experiência profissional. Para Fayol, são funções administrativas as atividades de "prever, organizar, comandar, coordenar e controlar", o conhecido POC3.

A descrição sobre as funções do administrador apresentada por Fayol é a dominante na literatura. Carroll examinou 21 livros de administração e constatou que "todos os 21 livros mencionaram as funções de Fayol ao descreverem o trabalho executivo (...) Dos 21 livros, 17 usaram pelo menos quatro das funções clássicas de Fayol para organizar o livro. Três dos restantes usaram pelo menos três das funções em sua estruturação"[2].

Para os teóricos desta abordagem, as funções administrativas são representadas por um grupo de atividades cujo desempenho forma um processo seqüencial na concepção e simultâneo na operação, o qual se repete continuamente. Daí os seguidores do ensinamento de Fayol serem conhecidos como processualistas.

Os autores processualistas não são consensuais ao especificarem as atividades componentes das funções administrativas. No entanto, suas diferenças em nada alteram o significado do processo.

A doutrina, os princípios e as funções administrativas de Fayol tornaram-se conhecidas nos Estados Unidos através de seus seguidores, entre eles Luther Gulick e Lyndall Urwick. Os partidários dessas idéias ficaram conhecidos como autores clássicos da Administração. Para Gulick[3], o trabalho do executivo principal é desempenhar o POSDCORB, sigla formada pelas iniciais das atividades de *Planning, Organizing, Staffing, Directing, CO-ordinating, Reporting* e *Budgeting* (planejamento, organização, designação de pessoal, direção, coordenação, informação e orçamento). Esta definição do processo é uma variação da apresentada por Fayol sem alteração relevante em seus fundamentos.

A contribuição de Fayol perdeu seu brilho nos anos 30 e 40, mas voltou à cena na década de 1950. Este obscurecimento se deve às pesquisas realizadas por um grupo de professores de Harvard na Western Electric Company, no bairro de Hawthorne, em Chicago, de 1927 a 1932, onde foi lançado o pilar principal do Movimento das Relações Humanas.

Mas a Segunda Guerra Mundial trouxe mudanças nos produtos, tecnologias, mercados e nos trabalhadores. "(...) a mudança [do pensamento administrativo] foi de uma orientação da produção para um ponto de vista da alta gerência, que exigiu uma mudança no papel do executivo para enfrentar o crescimento das empresas e dos mercados"[4].

A "teoria da chefia", como é conhecida a contribuição de Fayol, era a que melhor estava preparada para responder a este desafio. "O primeiro esforço de uma segunda geração de autores [da abordagem processual] foi aquele de William H. Newman em 1950"[5]. Newman inicia seu livro expondo a importância da administração em face da complexidade das empresas. Apresenta dois novos pontos em relação aos autores clássicos: 1) a definição de administração como a ação de "orientar, dirigir e controlar os esforços de um grupo de indivíduos para um objetivo comum"[6]; 2) e "o tratamento da coordenação sob a direção em vez de uma atividade separada"[7].

A contribuição de maior repercussão nesta nova era da abordagem processual foi a de Harold Koontz e Cyril O'Donnell. A definição da administração como "fazer coisas através dos outros", estabelecida por esses autores, "tornou-se uma das visões mais amplamente consideradas"[8].

Para Koontz e O'Donnell[9], "o método mais útil de classificar as funções administrativas é agrupá-las em torno das atividades de: planejamento, organização, designação de pessoal, direção e controle". Esses autores conceberam a atividade de coordenação como a própria essência da administração. Isto significa que essas atividades visam, em seu conjunto, à coordenação (esforço sincronizado) dos subordinados.

É a partir da segunda metade da década de 1950 que o processo administrativo toma sua forma de quatro funções: planejamento, organização, direção e controle. As formulações dos diferentes autores terão pouca variação fora desse núcleo comum.

No início dos anos 60, o pensamento administrativo vai defrontar-se com novas forças que remodelarão a abordagem processual. As principais forças, de acordo com WREN[10], são:

a) a crescente consciência da influência do ambiente no papel do executivo, levando à concepção da "responsabilidade social da administração";

b) a necessidade em repensar o ensino administrativo;

c) a rápida evolução em número e sofisticação dos conhecimentos relacionados à gestão das empresas, advindas dos métodos quantitativos, das ciências comportamentais, da teoria da decisão e da teoria dos sistemas.

Peter Drucker é hoje uma unanimidade em administração e negócios, mas quando iniciou sua carreira de autor teve sensibilidade para entender as mudanças do ambiente empresarial e alcançar o reconhecimento dos grandes autores com a obra *A Prática da Administração de Empresas*, na qual aparece a crítica à centralização administrativa praticada por Henry Ford. Além disso, Drucker aliou os fundamentos do planejamento com conceitos da Teoria Comportamental, o que lhe permitiu conceber uma administração por objetivos enfatizando os resultados e a eficácia em lugar de destacar os métodos e a eficiência.

Desta forma, nota-se que Drucker[11] tem uma formulação do trabalho do administrador sincronizada com os autores processualistas, no entanto, renovada e refinada com a perspicácia que lhe é própria. Define o trabalho do administrador como: determinar e estabelecer objetivos; organizar através da análise das atividades, decisões e relações necessárias; motivar e comunicar, transformando as pessoas que são responsáveis por várias tarefas em uma equipe; avaliar os funcionários e também ajudá-los a se auto-avaliarem; promover o aperfeiçoamento dos funcionários e inclusive o seu próprio.

A formulação clássica de Fayol sobre as funções executivas domina o pensamento administrativo até os dias de hoje. Tomando emprestada a crítica de

Kliksberg[12] à teoria tradicional, pode-se dizer que este enfoque baseou-se no raciocínio especulativo a partir da experiência de executivos empresariais.

O exame do modelo teórico da Abordagem do Processo revela coerência com o conhecimento e a contextualização própria do início do século XX, berço de sua formulação. Fayol vivenciou os problemas administrativos nas três últimas décadas do século XIX. Foi nessa época que as pequenas oficinas se transformaram em fábricas, consolidando o sistema fabril. A concentração elevada de trabalhadores no mesmo local de trabalho impossibilitou a condução do negócio apenas pelo proprietário. Logo surgiu, em conseqüência, um batalhão de chefes.

Diferentemente das empresas de hoje, as fábricas praticamente limitavam-se ao departamento de fabricação. Nesse ambiente, era quase natural a preocupação dominante com a execução do trabalho. Assim como Taylor preocupou-se com a eficiência na execução do trabalho operário, Fayol preocupou-se em caracterizar o trabalho do administrador levando em conta o ponto de vista da execução. A preocupação com a execução levou à busca da eficiência, da otimização dos meios empregados. Essa engenharia da "racionalização do trabalho" foi pertinente para definir as funções administrativas nesse período histórico.

Nos dias atuais, o modelo da execução constitui-se em um quadro de análise parcial do trabalho do administrador. A execução continua sendo uma dimensão importante para descrever a natureza do trabalho do administrador, mas incapaz de revelar toda sua abrangência.

A Abordagem dos Papéis

Pode-se identificar em Chester I. Barnard (1886-1961) o pioneiro de uma nova abordagem explicativa do trabalho do administrador. Em sua principal obra, *As Funções do Executivo*[13], ele aborda a relação indivíduo-organização, não do ponto de vista do indivíduo, mas como a organização é formada a partir das relações dos indivíduos.

As pessoas são individualidades carregadas de experiências, capacidades, conhecimento, necessidades, objetivos, etc. Mas, também, são limitadas. Portanto, as pessoas cooperam com outras para realizar seus objetivos pessoais. Ao cooperarem entre si, as pessoas acabam influenciando e sendo influenciadas, decorrendo daí o caráter de uma relação social. Este conjunto de relações cooperativas forma a organização.

Assim, para Barnard, a organização não é uma hierarquia de autoridade como definida pelos clássicos nem uma arena de pessoas insaciadas de reconhecimento social caracterizada pelos humanistas. A organização é um sistema racional de relações cooperativas para alcançar objetivos pessoais.

Para realizar os objetivos é preciso despender esforços, e as pessoas devem estar dispostas a isto. No entanto, as pessoas não podem empregar seus esforços da maneira que desejem, mas devem estar dispostas a abrir mão do controle de sua conduta pessoal, uma auto-renúncia de decidir o que fazer, uma certa despersonalização para que esses esforços sejam empregados na quantidade, no momento e no lugar certos. Surge da disposição de cooperar a coordenação impessoal dos esforços, a própria organização.

Essencial a essa coordenação é a existência de um propósito comum que permita direcionar o esforço coletivo. Aqui aparecem as funções do executivo: criar e comunicar este propósito comum. Para Motta e Vasconcelos[14], Barnard caracteriza a função do executivo como: "a criação de métodos de persuasão e criação de valores e outras formas morais de obter o comprometimento dos indivíduos com os objetivos organizacionais".

Discordando dos clássicos, para Barnard a força da autoridade não vem de cima, mas de baixo, da aceitação dos subordinados. Cabe ao executivo "inculcar" a crença da superioridade do objetivo organizacional para a renúncia dos valores pessoais, para a aceitação da despersonalização. A comunicação é o principal instrumento de "implante" de valores organizacionais no indivíduo de modo a "suspender", ao menos no local de trabalho, seu livre-arbítrio e mecanizar sua decisão a favor da orientação dada pelos superiores.

Avançando na direção delineada por Barnard, Herbert A. Simon caracterizou os processos gerenciais como processos decisórios. Sua formulação partiu de uma crítica, na década de 1940, às três abordagens tradicionais de Administração. Na obra *Comportamento Administrativo: Estudo dos Processos Decisórios nas Organizações Administrativas*[15], originalmente publicado em 1945, Simon censurou:

a) a Teoria da Gerência Científica (de Taylor), pelo caráter fisiológico de suas proposições; pelo empirismo e a ausência de teoria explícita em suas explicações; pela falta de realidade do propósito maximizador de sua perspectiva;

b) a Teoria da Gerência Administrativa (de Fayol), por suas descrições sofrerem de superficialismo, supersimplificação e falta de realismo; pela ênfase demasiada no estudo dos mecanismos de autoridade, falhando na inclusão de outros modos de influenciar o comportamento organizacional;

c) a Teoria das Relações Humanas (de Mayo), pela ênfase exagerada na personalidade, esquecendo o sistema social; pela "fé" ingênua apenas nas relações informais como aglutinadoras das relações sociais; pela manipulação dos grupos informais a serviço da gerência.

Para Simon, o comportamento da vida real não apresenta a racionalidade plena de um homem racional a identificar todas as alternativas, a avaliar todas as alternativas e, por fim, a encontrar a melhor solução.

Uma formulação mais realista apresenta o homem administrativo, que busca um curso de ação satisfatório ou razoavelmente bom, reconhece que o mundo por ele percebido é apenas um modelo drasticamente simplificado do agitado e confuso mundo real.

Simon quer dizer que a racionalidade tem limites. À medida que estas limitações são removidas, a organização aproxima-se do seu objetivo de elevada eficiência. A teoria administrativa tem de se interessar pelos fatores que determinarão com que capacidade, valores e conhecimento o membro da organização realizará o seu trabalho.

Os estímulos externos à pessoa exercem considerável influência sobre seu comportamento. Por serem externos, podem ser interpessoais. Em outras palavras, podem ser utilizados pela gerência para influenciar comportamentos desejados.

Simon identifica os seguintes modos de influência na organização: a) autoridade; b) aconselhamento e informação; c) treinamento; d) lealdade; e) critério da eficiência. Uma das principais funções dessas influências consiste em assegurar a coordenação das atividades dos membros da organização.

A comunicação é essencial nas formas mais complexas de comportamento cooperativo. Pode ser formalmente definida como o processo mediante o qual as premissas decisórias são transmitidas de um membro da organização para outro.

Em continuação à obra de Simon, surge Henry Mintzberg[16], que teve o mérito de divulgar a crítica à Abordagem do Processo, chamando a atenção para seu formalismo e abstração. Em alternativa à contribuição de Fayol, propôs uma nova formulação através de descrição de papéis interpessoais, informacionais e decisionais.

O enfoque de Mintzberg tem raízes na obra de Simon[17]. Segundo Aktouf[18], "como Herbert Simon em 1946, pode-se dizer que Mintzberg inicia sua carreira de teórico da gestão através de uma crítica bastante violenta da gerência: onde Simon fala de provérbio, ele fala de folclore, com trinta anos de distância".

O exame, já citado, de Carroll em 21 livros gerenciais revelou que Mintzberg foi o único autor concorrente de Fayol, tendo onze citações[19]. Sua fonte principal de crítica é o caráter prescritivo dos clássicos, os quais orientam seus trabalhos para "o que deve o executivo fazer" para ser eficaz. O caráter formal e sistemático que as atividades de planejamento, organização, direção e controle transmitem, na verdade, está longe das ações de um executivo de carne e osso.

Mintzberg[20] refere-se a conhecidas descrições do trabalho administrativo como verdadeiros folclores, por exemplo: 1) o executivo é um planejador reflexivo e sistemático; 2) o executivo eficaz não tem deveres regulares para executar; 3) o executivo necessita de informação agregada e a melhor ferramenta é um sistema formal de informação.

Neste contexto, a imagem do executivo trancado por horas em sua sala na realização de um planejamento é pura ficção. Suas atividades são caracterizadas pela brevidade, variedade e fragmentação em conseqüência de ser um respondente, em tempo real, das pressões do cargo. O planejamento é implícito; uma reprogramação de seu dia de trabalho ocorre freqüentemente. A variedade de tarefas e a preferência pelo contato verbal intensificam as relações interpessoais.

Esses contatos são utilizados para a coleta e transmissão de informações. "Eles folheiam a maioria dos relatórios em segundos, quase ritualisticamente"[21]. O autor pergunta: como aguardar um relatório diante de um importante fornecedor que rompeu contrato? Um encontro não programado de dois minutos de duração no cafezinho é melhor que centenas de páginas impressas no computador uma semana depois. A rede de contatos interpessoais forma uma organização informal de transmissão de informações que alimenta a decisão executiva.

Desta descrição, bastante diversa do enfoque clássico, o autor formula os papéis componentes do cargo administrativo[22]: 1) PAPÉIS INTERPESSOAIS: representativo; líder; contato; 2) PAPÉIS INFORMACIONAIS: monitor; disseminador; porta-voz; 3) PAPÉIS DECISIONAIS: empreendedor; solucionador de distúrbios; alocador de recursos; negociador.

Para o autor, esses dez papéis em conjunto formam o cargo administrativo. No entanto, "dizer que os dez papéis formam um todo integrado não é dizer que todos os administradores dão igual atenção a cada papel"[23]. Por exemplo: o gerente de vendas pode dar maior atenção aos papéis interpessoais; o gerente de pessoal, aos papéis informacionais; e o gerente de produção, aos papéis decisionais. Mas, nos três casos, os papéis interpessoais, informacionais e decisionais permanecem inseparáveis e presentes em todo cargo administrativo.

O desejo de fazer da atividade executiva e organizacional uma ciência exata está presente em Taylor e Fayol. De acordo com Aktouf[24], a abordagem da tomada de decisão de Simon a Mintzberg não representa uma ruptura com os clássicos, mas uma reforma. "Herbert Simon marca o lançamento de uma corrente neo-racionalista, reintroduzindo, em resumo, a crença da possível condução racional e científica das organizações".

Contribuições Alternativas

John Kotter, professor da Harvard Business School, em suas pesquisas sobre o trabalho de executivos encontrou um padrão de comportamento bastante diverso daquele descrito pela "Abordagem do Processo", o que levou o autor a notar que os executivos têm de lidar com dois desafios do cargo:

a) a diversidade e volume de informações potencialmente relevantes;

b) a dependência de um grande número de pessoas.

Ao analisar a natureza do trabalho do administrador (claramente trata-se de altos executivos) o autor construiu o modelo de desempenho no cargo a partir da agenda de trabalho e da rede de contatos. A ação do executivo visa a três pontos[25]:

a) Estabelecimento de uma agenda: é sua estratégia pessoal para alcançar as metas de seu trabalho, procurando mais agressivamente informações de outros; fazendo mais habilmente questões; estabelecendo com mais êxito programas e projetos.

b) Construção de redes de contatos: essa rede de relacionamentos cooperativos abrangerá todos aqueles de quem o executivo se sinta dependente para o desempenho eficaz do cargo, até mesmo fora da organização.

c) Implementação das agendas: para isso se utilizam de recursos orçamentários, da influenciação e da informação.

Como o autor enfatiza a mudança, ele faz uma diferenciação entre administração e liderança[26], pois no processo de transformação a liderança seria mais necessária. A administração seria formada pelas atividades de: planejamento e orçamento; organização e recrutamento de pessoal; e controle e solução de problemas. A liderança é composta das ações de: estabelecimento da orientação; desenvolvimento de uma visão do futuro; alinhamento de pessoal; motivação; e inspiração.

Hampton[27] lembra que há duas visões sobre liderança, uma que trata da "construção" da instituição e outra da influência interpessoal. A primeira guarda relação com os trabalhos dos autores institucionalistas na administração, como Selznick, e descreve os grandes líderes construtores de organizações poderosas; a segunda trata dos relacionamentos face a face e lembra os estudos pioneiros de Likert e Bales, descrevendo como um líder pode influenciar seus seguidores.

Deve-se registrar que a perspectiva de Kotter para a liderança é a dos grandes "construtores" empresariais, portanto, a cultura organizacional é o cimento que une, mantém e dá força a essas grandes construções. Há a idéia de que cultura forte resulta em bom desempenho. A ênfase na mudança levou Kotter a destacar a liderança em detrimento das funções administrativas, mas isto não significa que ele negue a importância delas em outro momento da empresa.

Stewart[28] é outra autora que critica a Abordagem do Processo, pois esta "tende a ser muito formal e idealística". Busca a natureza do cargo administrativo na investigação empírica, tendo realizado diversas pesquisas com quadro de referência de análise repousando sobre dois pilares: o conceito de cargo e o conceito de agenda.

Para Stewart[29], o cargo é representado pelas demandas, restrições e escolhas:

- **Demandas** são as atividades que o ocupante tem de realizar por causa da descrição do cargo ou porque o chefe considera importante. Exemplo: cumprir um critério mínimo de desempenho.

- **Restrições** são os fatores que limitam o que seu ocupante pode fazer. Exemplo: limitações de recursos financeiros, restrições legais ou desaprovação sindical.

- **Escolhas** são as atividades que o ocupante pode fazer, mas não tem de fazer. Exemplo: como o trabalho é feito ou em tomar parte em alguma atividade organizacional.

A agenda refere-se "ao processo pelo qual o executivo decide o que fazer"[30]. Em outras palavras, são as estratégias pessoais para realizar as metas de seu trabalho.

Mintzberg[31] demonstrou que o trabalho executivo é fragmentado e, em função disso, ele é um respondente em tempo real das pressões do cargo. Ou seja, o gerente tem uma agenda (estratégia pessoal) reativa. Stewart[32] confirma em parte: "a maioria dos executivos não tem agendas explícitas"[33] (...) "executivos com tal padrão de trabalho fragmentado provavelmente terão uma agenda reativa"[34]. No entanto, "isto não é verdade para todos os cargos"[35], mas apenas para aqueles com trabalho fragmentado.

Os poucos executivos que possuem agendas explícitas estão provavelmente em cargos não fragmentados; isto sugere que "a natureza do cargo pode fornecer um estímulo para estabelecer agendas explícitas"[36]. A autora tem uma hipótese pessoal, não comprovada empiricamente, de que os executivos proativos (aqueles que têm agenda explícita) parecem ser os mais eficazes.

Portanto, o estudo empírico do comportamento é insuficiente para explicar as funções administrativas se não forem levantadas as escolhas disponíveis ao ocupante do cargo. Quando é medido o comportamento, a atividade de ronda pela fábrica é indiferente para o executivo que vai motivar seus funcionários ou aquele que busca encontrar melhorias. Quando são examinadas as escolhas, as ações dos executivos são bem distintas.

A lição apreendida da exposição de Stewart refere-se à impossibilidade de generalizar sobre o trabalho administrativo apenas pelo estudo do comportamento.

Há de se entender, também, a flexibilidade do cargo através do estudo de suas demandas, restrições e escolhas.

Para Nadler e Tushman[37], a ação administrativa é orientada pelo processo de resolução de problemas. Não haveria novidade alguma a apresentar se este processo reduzisse seu foco de análise à execução ou à decisão, como enfatizado, respectivamente, na Abordagem do Processo e na Abordagem dos Papéis.

No entanto, o processo de resolução de problemas é formado por um conjunto de passos que guia a análise do executivo de forma a concentrar sua atenção no funcionamento organizacional. Esta representação sistemática da dinâmica organizacional, os autores chamam de "Modelo de Congruência do Comportamento Organizacional". A Figura 1 exibe as representações do modelo da execução, do modelo de decisão e do modelo sistêmico (de congruência).

Ao privilegiar o funcionamento organizacional, o Modelo da Congruência adota como primeiro passo do processo a identificação do sistema e, em seguida, a especificação das variáveis essenciais deste sistema. Execução e decisão são possíveis variáveis do sistema, no entanto, serão com toda certeza apenas elementos parciais do foco de análise.

Uma primeira perspectiva da idéia de fazer diagnóstico pode ser delineada com base em sintomas. Neste caso, o executivo toma conhecimento de algum sintoma (greve, queda nas vendas, falta de matéria-prima) e age para corrigir esta "anormalidade". A ação baseia-se simplesmente nas conseqüências de uma situação já transformada sem sua efetiva participação. Apresenta a deficiência de limitar-se aos problemas diretamente relacionados com os sintomas. Além disso, carrega uma visão reativa. São os sintomas que iniciam o processo de diagnóstico e mudança. O executivo é passivo, não se antecipa aos sintomas. A característica mais prejudicial desta perspectiva é seu enfoque localizado, parcial e simplista da esfera de ação administrativa.

É comum encontrar entre os profissionais de administração uma segunda perspectiva da Abordagem do Diagnóstico: com base na intuição. Neste caso, o executivo tem um modelo próprio para compreender sua esfera de atuação. O enfoque fundamenta-se na experiência pessoal e considera assistematicamente o conhecimento científico. Assim, "os enfoques intuitivos são freqüentemente ingênuos e simplistas"[38]. Neste caso, o papel administrativo oscila entre reativo e ativo, dependendo das características pessoais do profissional. A abrangência do modelo sobre o campo de ação do administrador também é variável, mas quase sempre parcial.

Uma terceira perspectiva é o diagnóstico com base em componentes organizacionais isolados; deixa de ter um caráter fortuito para assumir um caráter sistemático. No entanto, mantém o enfoque parcial das perspectivas anteriores. É o caso da Abordagem do Processo ao enfatizar a execução do trabalho e da Abordagem dos Papéis ao enfatizar a tomada de decisão.

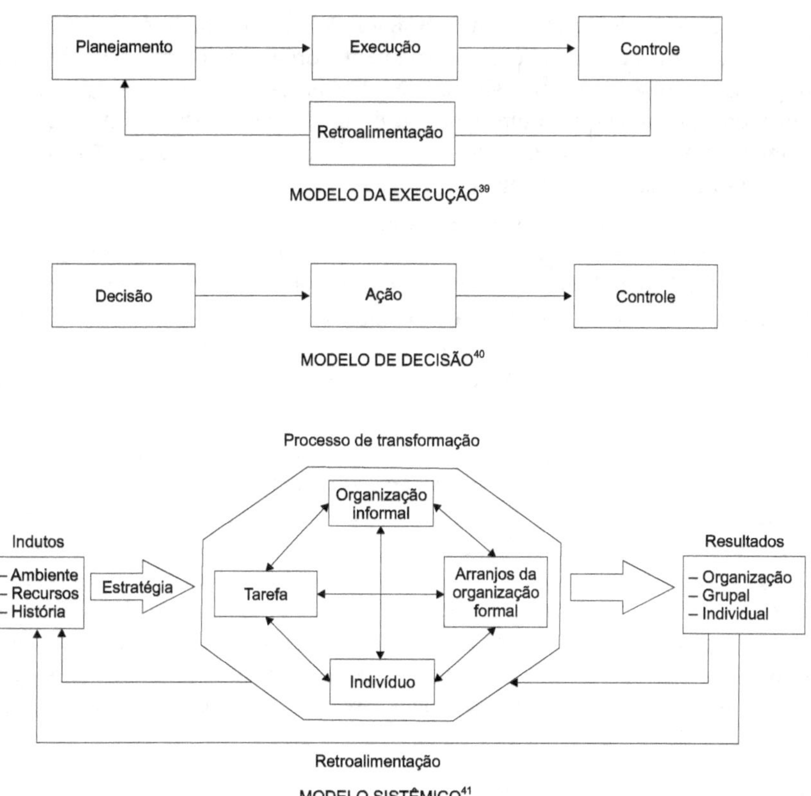

Figura 1 – Modelos da Execução, de Decisão e Sistêmico.

Tendo em vista que a organização, campo característico da ação administrativa, é uma realidade de alta complexidade, grande interdependência e rápida mudança, os modelos anteriores são deficientes em representar a realidade. Para enfrentar tal situação existe a perspectiva do diagnóstico organizacional, isto é, diagnóstico baseado na representação dos principais componentes de uma organização.

A importância deste enfoque é ainda maior ao se considerar que "não há procedimentos de diagnóstico amplamente aceitos para avaliar as organizações (...) há muitos procedimentos de diagnóstico para funções parciais. Cada especialista tem seu próprio remédio para resolver ou melhorar os problemas que ele percebe. Freqüentemente, esforços para resolver problemas em uma área criam novos problemas para a organização como um todo ou para outras áreas"[42].

Segundo Nadler e Tushman[43], "a teoria do sistema aberto é um arcabouço geral para conceptualizar o comportamento organizacional". Ao esboçar a organização como um sistema aberto fica estabelecido o seguinte: a organização é um todo; a organização é um conjunto de partes em constantes inter-relacionamentos; a organização é orientada para finalidades; a organização está em interdependência com o ambiente.

É importante destacar que a teoria do sistema aberto enfatiza o processo de transformação de recursos organizacionais em produtos organizacionais. Desta forma, o Modelo de Congruência do Comportamento Organizacional baseado no modelo sistêmico irá focalizar as partes componentes essenciais do funcionamento da organização e suas inter-relações. Essa combinação forma uma poderosa ferramenta executiva para "estruturar e lidar com a realidade complexa das organizações"[44].

Como orientação geral é utilizada a teoria dos sistemas abertos. Como orientação específica adota-se a resolução de problemas. As interações sistêmicas guiarão os passos da resolução de problemas, que podem ser entendidos como as próprias atividades do "Trabalho do Administrador" alicerçado em um Modelo de Congruência do Comportamento Organizacional[45]: 1. identificar o sistema; 2. determinar a natureza das variáveis essenciais; 3. diagnosticar o estado das ligações (entre variáveis) e os relacionamentos aos resultados organizacionais; 4. identificar os problemas críticos do sistema; 5. gerar soluções alternativas; 6. avaliar estratégias alternativas; 7. escolher estratégias para serem implementadas; 8. implementar estratégias; 9. avaliar; reiniciar o passo 1.

Contribuições Contemporâneas

Até aqui, esta introdução fez uma revisão da literatura sobre o "Trabalho do Administrador" e constatou duas abordagens consolidadas: a Abordagem do Processo e a Abordagem dos Papéis. É possível identificar o esboço de uma terceira alternativa, mais no sentido de contraponto às duas primeiras, do que no sentido de formação de uma terceira abordagem.

A Abordagem do Processo surgiu no início do século com a transformação da oficina em fábrica. Sua preocupação principal é com o "como fazer", própria e coerente ao seu contexto de origem. Sua descrição revela um modelo associado à execução do trabalho. A Abordagem dos Papéis surgiu na época da Segunda Guerra Mundial com o aparecimento dos computadores eletrônicos. Sua preocupação principal é com o "como decidir o que fazer", espelha preocupações da época. Sua descrição revela um modelo associado à tomada de decisão.

Kotter e Stewart foram hábeis em sinalizar deficiências dessas duas abordagens. A complexidade organizacional exige um modelo menos simplista do que o da execução e o da decisão. Apesar das deficiências do modelo sistêmico, já reveladas pelos contingencialistas, o Modelo de Congruência do Comportamento Organizacional de Nadler e Tushman é um bom começo para repensar as funções do administrador e sua formação. O próprio Mintzberg[46] admite a parcialidade dos modelos existentes e afirma: "é uma curiosidade da literatura administrativa que todos os seus autores clássicos parecem enfatizar uma parte específica do trabalho do administrador em exclusão das outras". A Figura 2 exibe uma comparação entre os três modelos.

Características \ Modelo	Execução	Decisão	Sistêmico
Foco	Operação	Decisão	Funcionamento organizacional
Ação administrativa	Processo de planejamento	Processo decisório	Processo de resolução de problemas
Enfatiza	Tarefa	Escolha	Interdependência
Preocupação	Como "fazer" (*)	Como "decidir o que fazer" (*)	Como "funciona"
Critério de desempenho	Eficiência dos processos (*)	Eficácia dos resultados (*)	Efetividade do conjunto
Orientado	Para métodos, tarefas e normas (*)	Para objetivos, programas e metas (*)	Para problemas, diagnóstico e ação

(*) Baseado em Nascimento[47].

Figura 2 – Comparação entre modelos associados às explicações sobre o "Trabalho do Administrador".

Em um contexto mais contemporâneo do que os primeiros estudos sistêmicos de Nadler e Tushman para as organizações, Peter Senge também utiliza o raciocínio sistêmico como uma disciplina integradora e central na caracterização da administração e organização. Em uma perspectiva voltada para a aprendizagem, o autor descarta a organização como controladora e define as cinco disciplinas voltadas para o aprendizado: domínio pessoal, modelos mentais, objetivos comuns, aprendizado em grupo e raciocínio sistêmico[48].

Nas organizações de aprendizagem, os líderes ou administradores desempenham novas funções anteriormente não definidas[49]: *projetista; guia; professor*. Senge observa que a realidade pode ser percebida em quatro níveis distintos: nível dos eventos, nível dos padrões de comportamento, nível das estruturas e nível dos ideais. Os administradores tradicionais percebem a realidade e atuam pelos primeiros dois níveis; os administradores das organizações de aprendizagem devem estar atentos aos quatro níveis, mas principalmente aos dois últimos, de visão holística da organização e de transmissão das razões da organização.

Examinando o desenvolvimento contemporâneo das explicações sobre o "Trabalho do Administrador", além da contribuição de Senge para esse período, outro autor de grande reconhecimento atual cuja contribuição não poderia deixar de ser examinada é C. K. Prahalad. Ele emerge ao mundo acadêmico e empresarial ao fazer forte crítica à visão de posicionamento estratégico de Michael Porter. Sua crítica fundamenta-se sobre um novo entendimento da dinâmica competitiva das empresas que exigiria dos administradores uma postura ativa de desenhar a arena em que se dará a competição.

A construção desse mercado futuro se dará pelo preparo das empresas em suas competências essenciais, conseqüentemente será exigida mudança no papel do gerenciamento, tendo os gerentes que se concentrar em seis elementos críticos: uma pauta competitiva compartilhada; um conjunto claro de valores e comportamentos; a influência sem o controle acionário; competição por talentos; velocidade de reação da organização; alavancagem de recursos corporativos[50].

Dentro dessa visão, Prahalad define as atividades do administrador como: raciocínio sistêmico; competência intercultural; treinamento intensivo e contínuo; padrões pessoais de comportamento. Conclui o autor que o gerente da Nova Era não será um mero executor, ele será também um pensador[51].

A contribuição instigante de Prahalad sobre o "Trabalho do Administrador" é oportuna para a atualidade da competição empresarial. No entanto, muitas vezes, nem mesmo grandes empresas têm a possibilidade de construir o futuro; menor chance ainda têm as pequenas empresas, talvez com exceção daquelas de alta tecnologia.

A própria história do Pensamento Administrativo é um relato das soluções gerenciais encontradas pelas megacorporações para problemas concretos por elas enfrentados. Tais soluções, consideradas boas, tornaram-se capítulos da Teoria Administrativa.

A pequena empresa nunca mereceu atenção nesta história, ou porque iria tornar-se grande, ou porque iria desaparecer. Só recentemente, na década de 1990, com as transformações políticas, econômicas e sociais que levaram à reestruturação das grandes corporações, e conseqüentemente ao corte de milhares de postos de trabalho, é que as pequenas voltaram a merecer atenção.

Se não existe uma Teoria da Pequena Empresa, o que dizer da descrição do trabalho do administrador em pequenas empresas? Se de um lado a teoria é escassa, de outro a realidade é bastante heterogênea para aquilo que se denomina pequena empresa.

Fillion[52] estudou os sistemas (ou funções) gerenciais empregados pelos proprietários de pequenos negócios. A questão central em sua pesquisa empírica em 116 empresas é a seguinte: Quais sistemas de pensamentos os gerentes-proprietários de pequenos negócios usam como base para suas ações?

O autor registra que os elementos definidos por Fayol (na verdade, uma forma abreviada) como POCC (Planejar, Organizar, Comandar e Controlar) ainda aparecem de várias formas em livros sobre gerenciamento de pequenos negócios. Continua argumentando que ainda não foi desenvolvida nenhuma abordagem específica utilizando os modelos obtidos a partir de estudo empírico sobre o processo gerencial de proprietários de pequenos negócios.

A pesquisa realizada por Fillion mostra que, ao contrário do que dizem alguns autores, os métodos gerenciais desses gerentes-proprietários de pequenos negócios não seguem a lógica formal do POCC de Fayol.

O autor classifica os gerentes-proprietários de pequenos negócios em duas categorias: os empreendedores e os operadores. Para os empreendedores, o processo gerencial compreende cinco fases: visualizar, criar, animar, monitorar e aprender. Para os operadores, o processo gerencial envolve seis fases: selecionar, desempenhar, atribuir, alocar, monitorar e ajustar. Os processos gerenciais de empreendedores, de operadores e na definição de Fayol são apresentados na Figura 3.

A contribuição do autor é importante para entender o gerenciamento na pequena empresa; centraliza a descrição da categoria empreendedor na visão, ou sonhos realistas, com cuja realização estão comprometidos estes gerentes-proprietários. Para os operadores, o autor centraliza no desejo desses gerentes-proprietários em dar bom uso às suas habilidades de forma a ganhar a vida.

Empreendedores	Operadores	POCC de Fayol
Visualizar	Selecionar	1. Planejar
Criar (2 e 3)	Desempenhar	2. Organizar pessoas
–	Atribuir	3. Organizar recursos
Animar	Alocar	4. Comandar
Monitorar	Monitorar	5. Controlar
Aprender	Ajustar	6. *Feedback*

Figura 3 – Comparação do gerenciamento de empreendedores e operadores criados por Fillion e o POCC de Fayol.

Embora a contribuição seja indiscutivelmente relevante e o autor tenha negado a similaridade das funções dos proprietários de pequenos negócios com o POCC de Fayol, não há como deixar de fazer um paralelo entre suas descrições de gerenciamento na pequena empresa com o POCC do velho (e bom) ensinamento de Fayol.

Conclusão

O propósito deste conjunto de textos sobre o "Trabalho do Administrador" é exatamente encerrar com uma leitura crítica sobre o tema. Guerreiro Ramos é uma boa indicação para introduzir a questão da tensão existente na ação do administrador: deve este enfatizar a ação instrumental que privilegia a eficiência como sinônimo da ação calculista do melhor meio (recurso) a empregar em desprezo do questionamento dos fins visados? Ou deve o administrador enfatizar a ação substantiva que privilegia a felicidade como sinônimo da ação fundada no livre-arbítrio e na liberdade em detrimento da preocupação com o bom uso dos meios?

Para Guerreiro Ramos[53], baseado na obra de Max Weber[54], esta tensão entre ação instrumental e ação substantiva caracteriza a ação administrativa. A ação instrumental é própria da organização, enquanto a ação substantiva é própria do ser humano. O autor acredita que ambas são conciliáveis, aceitando que sempre existirá uma combinação da ação instrumental e da ação substantiva nos agrupamentos sociais, tendo o administrador de lidar com essa tensão.

A "Teoria da Delimitação dos Sistemas Sociais" de Guerreiro Ramos[55] propõe uma separação, de um lado, dos sistemas claramente instrumentais, como o mercado e suas supercorporações, e, de outro, dos sistemas alternativos a esta construção dominante, como a sociedade organizada substantivamente, talvez ao exemplo das Organizações Não Governamentais.

A "delimitação dos sistemas sociais" foi, na década de 1980, uma crítica inspiradora ao modo de organizar na sociedade capitalista. Hoje, porém, a hegemonia econômico-militar dos Estados Unidos, sustentada pelas corporações multimilionárias, revela uma sociedade bastante diferente. O pressuposto da separação do enclave instrumental (mercado) do enclave substantivo (sociedade) é de difícil aceitação, pois há uma dependência dos enclaves, ou melhor, a subordinação e exploração de um pelo outro, revelada pela concentração de renda nas maiores empresas, enquanto um terço da população mundial é excluída do mercado de bens de primeira necessidade. Isto nos obriga a ir além na crítica da "delimitação dos sistemas".

Como diz o diretor-geral do Grupo Amana-Key, consultoria empresarial: "Chegamos à cúpula das empresas e colocamos todo nosso talento e competência para fazer a empresa evoluir, ficar mais competitiva e conseguir cada vez melhores resultados. E até fazê-la ser a melhor do setor e ser reconhecida publicamente. Mas quantas vezes – como líderes (administradores) – pensamos sobre o impacto do que fazemos para a construção de um Brasil melhor?"[56].

Nesses tempos em que nossas vidas são governadas pelas megaorganizações, talvez seja preciso redescobrir a crítica do Prof. Maurício Tragtenberg à "Teoria Geral da Administração"[57] e refletir sobre o papel da ideologia do trabalho do administrador. Ainda é possível recordar sua voz nas aulas, no início dos anos 80, a comentar sobre o modismo das "Novas Teorias Administrativas" emergentes a cada dia, tão vazias teoricamente quanto descompromissadas criticamente com a realidade de suas aplicações: "é uma grande empulhação".

Questões

1. Quais as características básicas da "Abordagem do Processo"?

2. Quais os principais autores dessa abordagem e como cada um define as funções dos administradores?

3. Quais as características básicas da "Abordagem dos Papéis"?

4. Quais os principais autores dessa abordagem e como cada um define as funções dos administradores?

5. Quais são as abordagens alternativas para o trabalho do administrador e quais são os seus principais autores e as suas definições quanto à natureza do trabalho do administrador?

6. Quais são as abordagens contemporâneas para o trabalho do administrador e quais os seus principais autores e as suas definições quanto à natureza do trabalho do administrador?

7. Qual é o seu entendimento final acerca deste capítulo? Reflita sobre as respostas acima e considere também as reflexões que foram feitas na seção de conclusão.

Notas

1. MINTZBERG, H. The manager's job: folklore and fact. *Harvard Business Review*, v. 53, p. 51, July-Aug. 1973.

2. CARROLL, S. J.; GILLEN, D. J. Are the classical management functions useful in describing managerial work? *Academy of Management Review*, v. 12, n. 1, p. 38, 1987.

3. GULICK, L. Notes on the theory of organization. In: GULICK, L.; URWICK, L. *Papers on the science of administration*. New York: A. M. Kelley, 1969. p. 1-45.

4. WREN, D. A. *The evolution of management thought*. 2rd. ed. New York: John Wiley & Sons, 1979. p. 417.

5. WREN, 1979. p. 440.

6. NEWMAN, W. H. *Ação administrativa*: as técnicas de organização e gerência. 4a. ed. São Paulo: Atlas, 1977. p. 11.

7. WREN, 1979. p. 441.

8. WREN, 1979. p. 445.

9. KOONTZ, H.; O'DONNEL, C. *Princípios de administração*: uma análise das funções administrativas. 12. ed. São Paulo: Pioneira, 1978. p. 48-50.

10. WREN, 1979. p. 447.

11. DRUCKER, P. F. *A prática da administração de empresas*. São Paulo: Pioneira, 1989.

12. KLIKSBERG, B. A gerência na década de 90. *Revista de Administração Pública,* v. 22, n. 1, p. 74, 1988.

13. BARNARD, C. *As funções do executivo.* São Paulo: Atlas, 1971.

14. MOTTA, F. C. P.; VASCONCELOS, I. F. G. de. *Teoria geral da administração.* São Paulo: Pioneira Thomson Learning, 2002. p. 62.

15. SIMON, H. A. *Comportamento administrativo*: estudo dos processos decisórios nas organizações administrativas. 3a. ed. Rio de Janeiro: Fundação Getúlio Vargas, 1979.

16. MINTZBERG, 1975.

17. SIMON, 1979.

18. AKTOUF, O. *Le management entre tradition et renouvellement.* Boucherville (Canadá): Gaëitan Morin Éditeur, 1989. p. 242.

19. CARROLL; GILLEN, 1987. p. 38.

20. MINTZBERG, 1975. p. 51-3.

21. MINTZBERG, 1975. p. 52.

22. MINTZBERG, 1975. p. 54-8.

23. MINTZBERG, 1975. p. 59.

24. AKTOUF, 1989. p. 229.

25. KOTTER, J. P. What effective general managers really do. *Harvard Business Review,* v. 60, n. 6, p. 161-3, Nov.-Dec. 1982.

26. KOTTER, J. P. *Liderando mudança.* Rio de Janeiro: Campus, 1999.

27. HAMPTON, D. R. *Administração:* comportamento administrativo. São Paulo: Makron Books, 1990. p. 198-209.

28. STEWART, R. A model for understanding managerial jobs and behavior. *Academy of Management Review,* v. 7, n. 1, p. 7-13, 1982.

29. STEWART, 1982. p. 9.

30. STEWART, R. Managerial agendas – reactive or proactive? *Organizational Dynamics,* p. 34-47, 1979.

31. MINTZBERG, 1975.

32. STEWART, 1979.

33. STEWART, 1979. p. 45.

34. STEWART, 1979. p. 37.

35. STEWART, 1979. p. 38.

36. STEWART, 1979. p. 38.

37. NADLER, D; TUSHMAN, M. L. A diagnostic model for organizational behavior. In: HACKMAN, J. R.; LAWLER III, E. E.; PORTER, L. W. *Perspectives on behavior in organizations.* New York: McGraw-Hill, 1977. p. 85-98.

38. NADLER; TUSHMAN, 1977, p. 85.

39. SÁ MOTTA, I. de. Planejamento e controle da produção. In: MACHLINE, C. et al. *Manual de administração da produção.* 2a ed. Rio de Janeiro: FGV, 1971. v. 1, p. 252.

40. AKTOUF, 1989. p. 132.

41. NADLER; TUSHMAN, 1977. p. 27-41.

42. LEVINSON, H. *Organizational diagnosis.* Cambridge, Mass.: Harvard University Press, 1972. p. 5.

43. NADLER; TUSHMAN, 1977. p. 88.

44. NADLER; TUSHMAN, 1977. p. 97.

45. NADLER; TUSHMAN, 1977. p. 95-7.

46. MINTZBERG, H. Rounding out the manager's job. *Sloan Management Review*, p. 11, Fall 1994.

47. NASCIMENTO, K. A revolução conceptual da administração: implicações para a formulação dos papéis e funções essenciais de um executivo. *Revista de Administração Pública*, v. 6, n. 2, p. 5-52, abr.-jun. 1972.

48. SENGE, P. M. *A quinta disciplina*: arte, teoria e prática da organização de aprendizagem. São Paulo: Best Seller, 1990. p. 14-22.

49. SENGE, P. M. A nova função do dirigente. In: SENGE, P. M. *A quinta disciplina*: arte, teoria e prática da organização de aprendizagem. São Paulo: Best Seller, 1990. p. 299-311.

50. PRAHALAD, C. K. O trabalho emergente dos gerentes. In: CHOWDHURY, S. *Administração no século XXI*. São Paulo: Pearson do Brasil, 2003. p. 147-8.

51. PRAHALAD, C. K. A atividade dos gerentes da Nova Era no emergente panorama competitivo. In: HESSELBEIN, F.; GOLDSMITH, M.; BECKHARD, R. *A organização do futuro*. São Paulo: Futura, 1997. p. 185-6.

52. FILLION, L. J. Diferenças entre sistemas gerenciais de empreendedores e operadores de pequenos negócios. *Revista de Administração de Empresas*, São Paulo, v. 39, n. 4, p. 6-20, out.-dez. 1999.

53. RAMOS, A. G. *Administração e contexto brasileiro*: um esboço de uma teoria geral da administração. 2a ed. Rio de Janeiro: FGV, 1983.

54. WEBER, M. *Economia e sociedade*: fundamentos da sociologia compreensiva. Brasília (DF): UnB, 1991. v. 1.

55. RAMOS, A. G. *A nova ciência das organizações*: uma reconceituação da riqueza das nações. Rio de Janeiro: FGV, 1981.

56. MOTOMURA, O. Prefácio. In: HENDERSON, H. *Transcendendo a economia*. São Paulo: Cultrix, 2000. p. 17.

57. TRAGTENBERG, M. A teoria geral da administração é uma ideologia? *Revista de Administração de Empresas*, v. 11, n. 4, p. 7-21, 1971.

58. TRAGTENBERG, M. *Burocracia e ideologia*. São Paulo: Ática, 1980.

Capítulo 1

Administrar é planejar: a visão de Fayol

Michel Lenon Cerri
Edmundo Escrivão Filho

Introdução

O que faz um administrador? Quais atividades caracterizam seu trabalho? Que tarefas ele desempenha para que a organização atinja alta eficiência? Quais conhecimentos, habilidades e competências lhe são necessários? Quais fatores podem afetar a maneira de administrar dos executivos?

São estas questões que se objetiva responder sob a ótica de Henri Fayol, considerado o precursor da chamada Teoria Clássica da Administração e um dos nomes mais importantes de toda a Teoria Administrativa.

Durante sua trajetória, Fayol defendeu arduamente o ensino administrativo em escolas e universidades e a substituição do empirismo e da improvisação dominantes nos negócios de sua época por uma doutrina administrativa que pudesse orientar os administradores, isto é, que definisse o que e como eles deveriam executar suas tarefas. Na verdade, os objetivos de Fayol eram facilitar o gerenciamento nas empresas e constituir uma estrutura organizacional racional a fim de aumentar a eficiência das organizações. Abreu[1] expõe que seus objetivos básicos eram: "... a identificação de normas ou princípios de organização (capazes de garantir, de maneira eficiente, o seu funcionamento) e, também, a indicação da melhor forma de organizar a estrutura de uma empresa".

Com isso, os cinco Elementos da Administração ou Funções do Administrador apresentadas por Fayol – Previsão, Organização, Coordenação, Comando e Controle (POC3) – constituem o processo administrativo e, para ele, são encontrados em todos os tipos e tamanhos de empresa.

Sobre esta forma *prescritiva* e *normativa* de definir as atividades dos administradores repousa rudes críticas de vários pesquisadores, estudiosos e profissionais posteriores a ele, como Henry Mintzberg[2], Rosemary Stewart[3] e Peter Senge[4]. Porém, ao apresentar sucintamente a obra de Fayol, não se deixará de expor o momento histórico, político, econômico e social que serviram de contexto para ele desenvolvê-la e aplicá-la.

Biografia e Obra

Fayol nasceu na cidade de Constantinopla (atual Istambul, capital da Turquia) no ano de 1841. De família francesa burguesa, cursou Engenharia na Escola Nacional de Minas, em Saint-Etienne, França.

Seu primeiro emprego foi na mineradora Société Anonyme de Commentry-Fourchambault et Decazeville, onde galgou postos até atingir o de diretor-geral, o qual exerceu de 1888 a 1918[5].

Convencido da importância e necessidade de organizar o pessoal das grandes empresas de modo racional, dedicou-se desde a juventude ao estudo desse assunto, chegando a criar uma teoria administrativa que recebeu o nome de *fayolismo* e que ainda domina grande parte do que é tido como as atividades de um administrador de empresas.

No entanto, somente quando Fayol estava com mais de 70 anos é que seu livro foi publicado e suas idéias tornaram-se populares. Sua obra clássica, *Administration Industrielle et Générale*, veio, primeiramente, na forma de artigo em um boletim de associação comercial (*Bulletin de la Sociéte de l'Industrie Minérale*) e sua publicação em idioma inglês (*General and Industrial Management*) ocorreu apenas em 1949. Em português, o livro recebeu o título de *Administração Industrial e Geral* e foi publicado em 1950[6].

Após deixar a presidência da mineradora, em 1918, Fayol voltou-se à Administração Pública, à difusão de seus princípios e ao ensino na Escola Superior de Guerra de Paris. Sua morte se dá no ano de 1925[7].

De acordo com Lodi[8], Lyndall Urwick foi, indubitavelmente, o maior divulgador da obra de Fayol.

A função administração

A doutrina administrativa declarada por Fayol[9] tinha por objetivo facilitar a gerência de empresas, sejam industriais, religiosas ou militares.

Fayol expõe que o conjunto de atividades de todas as empresas pode ser dividido em seis grupos:

- Operações *técnicas*: produção, fabricação, transformação.
- Operações *comerciais*: compras, vendas, permutas.
- Operações *financeiras*: procura e gerência de capitais.
- Operações de *segurança*: proteção de bens e de pessoas.
- Operações de *contabilidade*: inventários, balanços, preços de custo, estatísticas.
- Operações *administrativas*: previsão, organização, direção, coordenação e controle[10].

Para Fayol, "(...) esses grupos de operações ou funções essenciais existem sempre em qualquer empresa, seja ela simples ou complexa, pequena ou grande"[11]. Porém, para o autor, nenhuma das cinco primeiras operações tem por objetivo formular o programa geral da empresa, constituir o seu corpo social e material, coordenar os esforços, harmonizar os atos, manter a segurança das pessoas e bens da organização. Essas atividades ou responsabilidades são concernentes ao último tipo de função ou operação essencial, designada *administração*.

Além disso, de acordo com Fayol, a *administração* não era privilégio exclusivo dos chefes ou dos componentes do alto escalão das empresas, mas, sim, uma função que se estendia por todos os membros da organização em maior ou menor intensidade.

O engenheiro francês chega à conclusão de que, à medida que alguém se eleva na hierarquia da empresa, aumentam-se a capacidade e a necessidade de conhecimentos e habilidades administrativas; em contrapartida, reduz-se a capacidade técnica. Desta forma, Fayol conclui que "a capacidade técnica é a principal capacidade dos agentes inferiores da grande empresa e dos chefes da pequena empresa industrial; a capacidade administrativa é a principal capacidade dos grandes chefes"[12].

Ademais, Fayol faz diferenciação das habilidades requeridas entre cada grupo de operações ou funções essenciais (técnica, comercial, financeira, de segurança, de contabilidade e administrativa). Para cada uma delas há relativo conjunto de qualidades, capacidades, habilidades e conhecimentos, tais como: qualidades físicas (saúde, vigor), intelectuais (discernimento) e morais (iniciativa, dignidade).

Estas questões expostas por Fayol tinham por objetivo enaltecer a importância da função administrativa dentro das organizações e a devida atenção que a mesma deveria receber.

Ensino administrativo

Fayol valorizou a função administrativa e definiu que esta é a capacidade mais importante dos agentes superiores. Assim, desafiou e estimulou as escolas superiores a desprenderem maior crédito àquilo que ele havia concluído.

Fayol observou a relevância que o gerenciamento tinha (e, evidentemente, ainda possui) para as organizações e que o ensino dessa disciplina era negligenciado pelas escolas e universidades.

Muita ênfase era dada ao ensino de métodos técnicos, porém, o ensino voltado para coordenar esforços e desenvolver planos de ações organizacionais era incipiente, praticamente inexistente.

Fayol não descartava a necessidade do ensino técnico, mas condenava a sua exclusividade. Afirmava que o ensino totalmente técnico não correspondia às necessidades gerais das organizações, e, para ele, a verdadeira razão da ausência de ensino administrativo nas escolas profissionais era a falta de doutrina: "sem doutrina não há ensino possível". Entretanto, alertava que a simples "(...) proclamação dos princípios não basta. Sua luz, como a dos faróis, não guia senão aqueles que conhecem o caminho do porto. Um princípio, sem meio de pô-lo em execução, carece de eficácia"[13].

Fayol queria minimizar o empirismo dominante e reduzir as técnicas utilizadas por cada administrador, e tidas por eles próprios como as melhores práticas, em favor de uma teoria administrativa consistente, fundamentada e universal, que pudesse ser empregada por todos os tipos de dirigentes, a fim de ajudá-los a desempenhar suas atividades.

Princípios gerais de administração

Fayol utilizou-se do termo 'princípios' afastando o sentido de imutável e rígido ao extremo. Acrescentou que nada é absoluto ou inflexível em Administração e que se fazia necessário considerar variáveis e caracteristicas peculiares a cada empresa. Ademais, expunha a improvável possibilidade de o mesmo princípio ser aplicado duas vezes em condições idênticas.

Entretanto, Fayol acreditava que o conhecimento gerencial poderia ser ensinado. Com isso, estabeleceu alguns princípios para orientar a ação gerencial[14].

Fayol[15] expõe, também, que "tais princípios serão, pois, maleáveis e suscetíveis de adaptar-se a todas a necessidades. A questão consiste em saber servir-se deles: essa é uma arte difícil que exige inteligência, experiência, decisão e comedimento".

Os catorze princípios gerais de Administração definidos por Fayol[16] são:

1º   divisão do trabalho;

2º   autoridade e responsabilidade;

3º   disciplina;

4º   unidade de comando;

5º   unidade de direção;

6º   subordinação do interesse particular ao interesse geral;

7º   remuneração do pessoal;

8º   centralização;

9º   hierarquia;

10º   ordem;

11º   eqüidade;

12º   estabilidade do pessoal;

13º   iniciativa;

14º   união do pessoal.

Contextualização da Obra

Beaud[17] expõe que no decorrer do século XIX, principalmente em virtude do crescimento da indústria mecanizada, se opera a extensão do modo de produção capitalista. Liderados pela Inglaterra, a primeira grande potência mercantil, Alemanha, França e Estados Unidos detêm significativa importância no mercado mundial, representando entre dois terços e três quintos de toda a produção do planeta.

Principalmente nessas nações, dominantes da época, intensifica-se o processo de imigração e urbanização e muitos artesãos transformam-se em pequenos fabricantes.

Mas, ao mesmo tempo em que o capitalismo adquiria proporções cada vez maiores, conhecera fortes abalos e depressões. Na verdade, para Beaud[18], toda a fase de industrialização capitalista é feita de movimentos cíclicos de certa regularidade: períodos de prosperidade e de euforia freados por uma recessão ou assolados por uma crise.

Ainda no final do século XIX, houve o que se chamou de a 'Grande Depressão' mundial. Um período marcado por falências bancárias, recuo na produção de ferro fundido e aumento do desemprego na Áustria e na Alemanha; protecionismo e formação de cartéis na Alemanha; crise na construção das vias férreas e expansão do desemprego nos Estados Unidos; pânico na bolsa e crise de crédito que conduzem a uma reação protecionista na França; recessão do setor têxtil, de construção naval e metalúrgico na Grã-Bretanha.

Paralelamente, o patronato estrutura o capitalismo e há a formação de empresas ou grupos de grande porte (nos Estados Unidos e Grã-Bretanha), cartéis (na Alemanha) e organizações profissionais (na França).

Algumas das conseqüências desse período foram a acentuação dos preços acompanhada pela redução da produção, pelo crescimento do desemprego na Grã-Bretanha e pela redução dos salários nos Estados Unidos e França, principalmente, nos setores atingidos pela crise.

Beaud[19] afirma que a 'Grande Depressão' que se iniciou com a crise de 1873 e que se estendeu até 1895 abre o que se poderia chamar de a Segunda Idade do Capitalismo: a 'Idade do Imperialismo', especialmente com o desenvolvimento de uma segunda geração de técnicas industriais e de indústrias; a afirmação do movimento operário que, nos países industrializados, arranca apreciáveis concessões; a concentração do capital e o surgimento do capital financeiro; uma nova onda de colonização e de expansão em escala mundial, desembocando na partilha do mundo e na Primeira Grande Guerra.

No período que precede a Primeira Guerra Mundial, os capitalismos inglês e francês são alcançados e logo superados pelos novos capitalismos – alemão e norte-americano. Isso se sucede em parte pelas rudes crises que marcaram o final do século XIX.

O movimento das classes operárias

Nesse mesmo período, final do século XIX e início do século posterior, há o movimento das classes operárias. Beaud[20] aponta que esse movimento marca a passagem de uma fase em que o capitalismo se desenvolveu utilizando mão-de-obra desenraizada, dependente, subjugada, esmagada, para uma fase em que a classe capitalista dominante tem de contar com operários que tomam consciência, organizam-se e, finalmente, impõem uma nova relação de forças. "Ele se desenvolve no âmbito de uma transformação mais ampla da sociedade, também provocada pela industrialização capitalista: o prosseguimento do processo do assalariamento (58% na França, em 1911) e a intensificação da urbanização (44%, na França)"[21].

Na França, país de Fayol, os efetivos da classe operária passaram de 3 milhões no final do século XIX para 5 milhões na véspera da Primeira Grande Guerra, e a transformação do emprego manufatureiro é sensível: "(...) o emprego no artesanato cai de 2,5 para 0,9 milhão e o emprego nas empresas industriais cresce de 1,2 para 4,5 milhões"[22].

As greves são cada vez mais intensas e longas, e, particularmente nesses períodos de crise, há, também, o desenvolvimento das organizações operárias, tais como sindicatos, associações e partidos: "na França, lei concedendo a liberdade de associação (1884), leis sobre a duração do trabalho (1874, 1892 e 1900), sobre higiene e segurança (1893), sobre acidentes do trabalho (1898), sobre as aposentadorias (1905), sobre descanso semanal (1906)"[23].

Com isso, institui-se uma nova relação de forças entre capital e trabalho.

Um novo momento do capitalismo

Beaud[24] discorre sobre um novo momento do capitalismo no qual a concorrência entre os capitalistas se acirra; as rivalidades entre os grandes capitalismos nacionais ganham maiores proporções, ampliam-se as crises e, com isso, algumas pessoas vêem próxima a 'morte do capitalismo'. Entretanto, "o capitalismo se adapta, se transforma, abre novas perspectivas, modifica o terreno do afrontamento"[25].

Inicialmente, as greves que são combatidas com dureza vão, gradativamente, sendo admitidas; as leis sociais são aperfeiçoadas; a produção vai sendo amortizada; e inúmeros sistemas de salários são inventados.

Diante do acentuamento da concorrência intercapitalista, as reações e as ofensivas são múltiplas. Primeiramente, é o protecionismo, na Alemanha, França e Estados Unidos, em especial, sob a forma de elevação das tarifas. Em seguida são os cartéis na Alemanha. Paralelamente, desenvolvem-se, com abundância extraordinária, progressos científicos e técnicos, invenções, inovações que abrem novos caminhos, principalmente no bloco dominante da época: Alemanha, França, Grã-Bretanha e Estados Unidos.

Beaud[26] expõe que em todo lugar cresce o porte médio dos estabelecimentos e das empresas – na França, por exemplo, em 1906, um décimo da mão-de-obra assalariada está empregada nas companhias com mais de 500 assalariados.

Observam-se, também, acentuados investimentos no exterior, pois a exportação era um dos meios de assegurar o escoamento da produção. Na França, eles triplicam de 1880 a 1914 e é justamente "... nesse movimento de expansão dos capitalismos nacionais em escala mundial que se desenvolvem os diferentes surtos de colonização desse período"[27].

Diante disso, crescem os conflitos entre as potências capitalistas, rivalidades nacionais, alianças e derrubadas de alianças. O agravamento da situação entre os capitalismos nacionais no final do século XIX e início do século XX, marcada por rivalidades imperiais, atritos e enfrentamentos, interesses industriais e financeiros e ímpetos patrióticos, culmina com a Primeira Guerra Mundial, de 1914 a 1918.

Estes acontecimentos marcam o momento histórico, político, social e econômico pelo qual Fayol vivenciou e desenvolveu a sua teoria. Indubitavelmente, as mudanças e revoluções que ocorreram nessa época tiveram grande influência sobre toda a sua obra.

Descrição de Fayol sobre o "Trabalho do Administrador"

Fayol teve seu interesse de estudo e prática no gerenciamento dos níveis superiores da hierarquia, diferentemente de seu contemporâneo, o norte-americano Frederick Winslow Taylor, que focou os níveis inferiores da hierarquia. Clutterbuck e Crainer[28] expõem que, "embora tanto Taylor quanto Fayol aceitassem a idéia da divisão de trabalho, diferiam sobre por onde deveriam começar as modificações: Fayol começou por cima; Taylor, por baixo".

Fayol definiu os Elementos da Administração, isto é, as atividades do administrador, como sendo cinco: previsão, organização, coordenação, comando e controle.

Previsão

Prever significa ao mesmo tempo visualizar, avaliar o futuro e prepará-lo. Sua principal manifestação é o desenvolvimento do programa de ação que serve como 'carta náutica' para a organização. Ele é, concomitantemente, o resultado esperado pela empresa, o futuro visualizado e traçado e as etapas, decisões e ações que a empresa deverá seguir para atingi-lo.

O plano de ação é concebido sobre os recursos da empresa (imóveis, matérias-primas e capitais, como exemplos), sobre a natureza e a relativa importância das operações em curso, bem como sobre as possibilidades futuras. Fayol esclarece que ele deve ter unidade, continuidade, flexibilidade e precisão.

Em resumo, o programa de ação constitui-se no instrumento fundamental de governo e facilita a utilização dos recursos da empresa e a escolha dos melhores meios a empregar para atingir os objetivos organizacionais. Em virtude disso, Fayol atribui grande importância a esse elemento.

Organização

Fayol[29] definiu que organizar uma empresa "(...) é dotá-la de tudo o que é útil ao seu funcionamento: matérias-primas, utensílios, capitais e pessoal". Organizar envolve constituir o organismo material e o organismo social. Estabelecido o organismo material, ou seja, os recursos materiais necessários, o corpo social ou pessoal deve executar todas as operações que a empresa demanda.

Entretanto, Fayol adverte que não basta agrupar homens e distribuir funções; é preciso que o organismo social se adapte às necessidades da empresa. Fayol queria dizer que as pessoas certas deveriam constituir o corpo social e que essas pessoas deveriam receber as funções corretas para que a alta produtividade fosse conquistada. Em outras palavras, o indivíduo certo deve executar a função correta no lugar exato para que atinja o máximo de sua capacidade – o que é, indubitavelmente, um dos interesses dos administradores.

Fayol acrescentou que a constituição do organismo social, como responsabilidade do administrador, é consideravelmente importante para a empresa. Grande parte do sucesso da organização é dependente dos indivíduos que a compõem, que, por sua vez, são dependentes de dirigentes capacitados para executar a seleção e contratação desses indivíduos.

Comando

Após a constituição do corpo social, se faz necessário fazê-lo funcionar: eis a missão do comando. No entanto, "essa missão se reparte entre os diversos chefes da empresa, cada um com os encargos e a responsabilidade de sua unidade"[30].

Fayol[31] define aquilo que o chefe encarregado do comando deve fazer ou possuir:

1º   ter profundo conhecimento de seu pessoal;

2º   excluir os indivíduos incapazes;

3º   conhecer bem os convênios que regem as relações entre a empresa e seus agentes;

4º dar o bom exemplo;

5º fazer inspeções periódicas do corpo social;

6º reunir seus principais colaboradores em conferências, nas quais se preparam a unidade de direção e a convergência dos esforços;

7º não se deixar absorver pelos detalhes;

8º incentivar no pessoal a atividade, a iniciativa e o devotamento.

Resumidamente, objetiva-se alcançar o máximo de rendimento dos funcionários sob os interesses organizacionais.

Coordenação

Coordenar significa harmonizar todos os atos, tarefas ou atividades da empresa a fim de facilitar o seu funcionamento. É proporcionar mecanismos para que os organismos material e social de cada função desempenhem seu papel segura e economicamente.

Fayol acrescenta que é considerar em qualquer uma das operações – técnica, comercial, financeira ou outra – as obrigações e as conseqüências que essa operação acarreta para todas as funções da organização.

É o equilíbrio entre despesas e os recursos financeiros, entre a disponibilidade de imóveis e de equipamentos e as necessidades de fabricação, entre o abastecimento e o consumo, entre as vendas e a produção. Na verdade "é adaptar os meios ao fim, dar às coisas e aos atos as proporções convenientes"[32].

Controle

O controle consiste em verificar se as atividades estão em conformidade com o programa adotado, às ordens dadas e aos planos estabelecidos. Envolve identificar as falhas e os possíveis erros a fim de que estes possam ser corrigidos e evitados.

O controle não é restrito às atividades técnicas, mas aplicado em toda a empresa. Nas operações administrativas, por exemplo, é preciso certificar-se de que o programa de ação da empresa seja cumprido e atualizado e de que o organismo social seja completo.

Sobre todas as funções é, e deve ser exercido, o controle para que haja ajustamento entre o plano estabelecido e a prática organizacional.

Porém, Fayol é enfático e veemente sobre a maneira de desempenhar esta função. Segundo Fayol, para que o controle tenha, primeiramente, crédito e, em seguida, seja ativo e eficiente, é imperativo que existam a imparcialidade e a impessoalidade por parte do controlador: "o controle é suspeito quando o controlador depende, em qualquer grau, do controlado e mesmo quando apenas existem, entre os dois, relações muito estreitas de interesse, de parentesco ou de camaradagem"[33].

Críticas à Descrição de Fayol sobre o "Trabalho do Administrador"

Fayol propôs catorze princípios gerais e cinco elementos de Administração como sendo universais. "Fayol acreditava que os mesmos princípios da administração podiam ser aplicados a organizações de todos os tipos, industriais, comerciais, governamentais, políticas ou até mesmo religiosas, independentemente do seu tamanho"[34].

> *Entre as qualidades e os conhecimentos necessários ao chefe de uma grande empresa, mesmo a um chefe de Estado, e o que se exige de um artesão, chefe e único de sua indústria ou de seu comércio, não há, senão, diferenças de grau. São elementos da mesma natureza, associados a diferentes graus, que constituem o valor dos chefes, grandes e pequenos*[35].

Este fato fez com que Fayol sofresse muitas objeções de pensadores posteriores a ele:

> *O caráter prescritivo desses princípios é evidente. Eles são propostos como receitas para a vida diária do administrador. Por outro lado, o caráter universal desses princípios os tornava muito vagos e pouco indicativos da decisão no momento certo, ainda mais que eles podem colidir e auto-eliminar-se num dado momento*[36].

Mintzberg, também, fez duras críticas aos elementos de Administração apresentados por Fayol:

> *A verdade é que essas cinco palavras (previsão, organização, comando, coordenação e controle) que vêm dominando o vocabulário da administração desde que o industrial francês Henri Fayol as introduziu, pela primeira vez, em 1916, dizem muito pouco sobre o que os executivos realmente fazem. Na melhor das hipóteses, indicam alguns objetivos vagos adotados pelos executivos em sua rotina*[37].

Além da controvérsia sobre a universalidade do *fayolismo*, há argumentações contrárias à amplitude de análise do autor. A obra de Fayol discorre sobre as organizações como sistemas fechados, compostos por um número reduzido de variáveis que podem ser conhecidas, previsíveis e perfeitamente tratadas pelos catorze princípios gerais e universais.

Pode-se observar nos escritos de Fayol a ausência de considerações sobre as relações com clientes, fornecedores, parceiros e concorrentes, enfim, sobre o mercado no qual as organizações estão presentes; a inexistência de constatações acerca do comportamento e relacionamento humano, além da não consideração das relações informais que existem entre indivíduos de todos os níveis em todas organizações. Ademais, nota-se que a autoridade era legitimada pelos rígidos planos formais que deveriam ser instituídos pelas organizações.

Fayol[38] afirmava que se "(...) a previsão, a organização, o comando, a coordenação e o controle são exercidos eficazmente em todos os setores da empresa, todas as funções têm desempenho conveniente e a marcha da empresa é satisfatória". Ou seja, se as operações administrativas são bem cumpridas e executadas, conseqüencialmente, conduzirão qualquer tipo de organização – independentemente de suas características ou variáveis inerentes – a elevados níveis de desempenho.

Clutterbuck e Crainer[39] expõem que, embora alguns princípios ainda sejam bastante considerados pelas atuais teorias de gerenciamento, como unidade de comando e responsabilidade seguida da autoridade, "a aplicação das teorias de Fayol ao atual mundo dos negócios é, inevitavelmente, limitada".

Comentários sobre a Descrição e as Críticas

Torna-se, portanto, imperativo despir-se de uma visão unilateral e microscópica a fim de ter compreensão mais abrangente dos fatos, proposições, considerações e situações vividas e presenciadas pelos autores, em particular, neste caso, Henri Fayol.

Formação do autor

Fayol nasceu em 1841 e aos dezessete anos foi para a Escola Nacional de Minas, onde concluiu os seus estudos em Engenharia. Eis o primeiro nível ou prisma de análise sobre Fayol: sua formação.

Enquanto Frederick W. Taylor e outros engenheiros americanos desenvolviam a chamada Administração Científica nos Estados Unidos, surgia na França a Teoria Clássica da Administração, cujo nome principal era Henri Fayol.

Embora ambos, Taylor e Fayol, tivessem a mesma formação, Engenharia, o primeiro focou seus estudos nas atividades que eram realizadas pelos operários, isto é, sobre os níveis mais baixos da hierarquia da empresa por meio da divisão do trabalho e do estudo dos tempos e movimentos. Diferentemente, Fayol atentou para as atividades constituintes dos níveis mais elevados da hierarquia, ou seja, as tarefas desempenhadas pelos administradores.

Em virtude de sua formação, torna-se natural Fayol – assim como Taylor – ter focado os seus estudos em métodos de trabalho ou melhores formas de executar as atividades. Não seria surpreendente se ele tivesse atentado para tecnologias, por exemplo.

Quer-se exemplificar que Fayol objetivou maior eficiência nas organizações por meio do estudo e análise das atividades dos funcionários e que a especialidade do autor, fruto de sua formação, amiúde, o conduziu a determinados focos de análise e proposições.

Enfoque da análise

Todos aqueles que contribuem para a Teoria Administrativa o fazem sobre determinados enfoques de análise, isto é, observam os fenômenos de variadas formas.

E Fayol? Sob qual 'ótica' ele desenvolveu a sua teoria? Quais 'os óculos utilizados por Fayol para melhor enxergar os possíveis problemas e melhorias' nas organizações?

É sabido que Fayol fora engenheiro de minas. Desta forma, grande parte do que ele observou – seu foco de análise – e, posteriormente, expôs para o mundo está fortemente atrelado a ferramentas, a sistematização, a parametrização, a métodos e procedimentos para executar o trabalho.

Desta forma, seu pensamento sistemático, de precisão, de uma única forma, provavelmente originário de sua formação, também não teria relação com a ortodoxia de seus princípios e elementos constituídos como gerais e universais a todos os tipos de empresas?

Fayol, sendo psicólogo, talvez não teria focado seus estudos sobre os aspectos psíquicos ou comportamentais dos indivíduos? Sendo sociólogo, talvez não teria atentado para as relações grupais na sociedade? Sendo economista, seria excepcional dizer que Fayol poderia ter focado seus estudos sobre benefícios ou rendimentos financeiros? Tendo outro tipo de formação, talvez não teria analisado diferentes aspectos em vez de racionalização do trabalho de administradores de empresas?

A que ponto se quer chegar? Grande parte das observações e considerações apresentadas por pesquisadores e estudiosos vão ser conseqüência do que, possivelmente, fizeram, da experiência que possuem ou daquilo que eles utilizaram – dos 'óculos' utilizados – para 'enxergar os fenômenos organizativos'. Isso conduz à constatação de que, sob a mesma situação, diferentes indivíduos podem ter diversos níveis de análises e atingir variadas conclusões, assim como Fayol o fez.

Contexto histórico, político, econômico e social

Os escritos de Fayol, não diferentemente dos demais estudiosos, refletem o momento histórico, político, econômico e social vivenciando por ele.

Fayol, ao assumir uma empresa que de 1885 a 1888 não pagara dividendos e estava declinando rumo à bancarrota, desenvolveu e pôs em prática sua teoria, a qual tornou a mineradora bastante rentável e a deixou em situação financeira bem confortável.

Além de ter assumido uma empresa com situação interna desfavorável, enfrentara situação externa caracterizada por sensíveis transformações em diversos aspectos. O momento histórico era marcado por constantes e acentuadas mudanças em âmbito mundial. Na época, havia grande crescimento no número de fábricas, bem como no porte médio e no quadro de funcionários das organizações. Porém, o mercado, ora estava em ascensão, ora em recessão. Ademais, os conflitos entre nações se intensificavam.

Esses fatos exigiam novas maneiras de gerenciar o pessoal e empresas para que as organizações não se tornassem 'inadministráveis' ou, mesmo, deixassem de existir. E foi exatamente a essa 'exigência' que Fayol procurou atender. Criou uma teoria para ajudar os administradores a melhor compreenderem e desempenharem as atividades de gerenciamento.

É precisamente a esse ponto que se objetiva chegar. Os contextos histórico, político, econômico e social foram e continuam sendo aspectos profundamente influenciadores das análises e conclusões dos autores, e isso permite afirmar que, se Fayol estivesse inserido em contextos diferentes, possivelmente, sua obra teria proposições e constatações diferentes.

Métodos

Enquanto posteriores estudiosos e pesquisadores, críticos ou simpatizantes à obra *fayoliana* desenvolveram seus trabalhos baseados em observações ou análises de diários e anotações de executivos, Fayol instituiu seus preceitos fundamentado na sua prática diária como administrador da mineradora. As dificuldades, conquistas e experiências pelas quais ele passou foram marcantes e ampararam toda a sua teoria.

Fayol tinha papel ativo nas decisões e ações da empresa que serviu de 'estudo de campo' em sua obra, afinal, ele era o administrador da empresa; em outras palavras, ele era um dos próprios seres investigados.

Desta forma, destaca-se que os métodos são, da mesma forma, importantes para a condução de análises de fenômenos administrativos e podem conduzir a conclusões dessemelhantes, dependendo de quais forem os utilizados.

Autoridade

Um aspecto bastante interessante da *obra fayoliana* é a autoridade.

A autoridade propagada por Fayol era instituída pelos planos formais que definiam o que os indivíduos deveriam ou não fazer.

Na verdade, segundo Fayol, a definição de regras ou planos formais que direcionassem as ações e decisões dos indivíduos era suficiente para impor ordem e a conseqüente adequação aos objetivos organizacionais. A simples existência de planos seria suficiente para harmonia entre previsão e execução, entre o comandante e o comandado ou entre o chefe e o subordinado.

Fayol afirmava que os próprios planos impunham a autoridade necessária e moviam as pessoas para a maior eficiência, e que, caso não fossem cumpridos, sanções deveriam ser utilizadas.

Em outras palavras, refere-se à autoridade impessoal, legitimada pelos planos, em que prevalece aquilo que está instituído, independentemente de quem seja o superior ou subordinado.

Valores organizacionais acima dos valores individuais

Alguns pesquisadores e pensadores dos aspectos empresariais expuseram o ininterrupto conflito entre indivíduos e organização[40,41,42]. Fayol, no entanto, é enfático em apresentar os indivíduos como seres que são motivados e movidos exclusivamente pelo dinheiro – *'homo economicus'*.

Nas palavras de um dos maiores sociólogos de todos os tempos, o alemão Max Weber, juntamente com Karl Mannheim, o *'homo economicus'* exposto por Henri Fayol é o ser cuja racionalidade dominante nas suas decisões e ações é a instrumental. Neste tipo de racionalidade os meios utilizados para atingir os fins (que, neste caso, era apenas o financeiro) não são relevantes, tendo em vista que a racionalidade instrumental utiliza-se de determinadas condutas objetivando sempre os resultados.

Os mesmos pensadores – Weber e Mannheim – expuseram também outro tipo de racionalidade: a substantiva. Esse segundo tipo de racionalidade representa os indivíduos que não buscam apenas atingir seus objetivos (dinheiro, particularmente nesse caso), mas questionam os meios, as maneiras e as formas para alcançá-los. Aspectos como cultura, crenças e principalmente valores são fundamentais para as pessoas que têm esse tipo de racionalidade dominante. O fato de atingir os objetivos, na verdade, é praticamente indiferente.

Diante das proposições de Fayol, é possível constatar que ele estava conduzindo os indivíduos a incorporarem cada vez mais a racionalidade instrumental e a se despojarem da racionalidade cujos valores ou méritos intrínsecos exercem forte influência. O sexto princípio de administração – subordinação do interesse particular ao interesse geral – exposto por ele comprova esta tendência.

Em outras palavras, Fayol estava conduzindo os indivíduos a colocarem os objetivos organizacionais acima dos pessoais, a trocar os valores individuais pelos valores da empresa, pois, se as organizações tivessem indivíduos que não considerassem seus valores pessoais, que almejassem apenas o dinheiro e que fossem motivados pelo capital, inevitavelmente, a empresa seria mais produtiva, lucrativa e eficiente.

Este pensamento de acentuada impessoalidade e alienação, intrinsecamente, conduz a um trabalho sem alma, no qual apenas o corpo é exigido e o prazer é extinto, no qual os interesses organizacionais dominam sobremaneira os individuais, no qual cada vez mais os valores do 'ser chamado organização' cauterizam os valores do 'ser chamado humano'.

Homogeneidade

Fayol, ao assumir a direção da mineradora em 1888, enfrentava um mercado relativamente homogêneo. Os clientes da época não demandavam elevado *mix* de produtos, baixos preços e altos níveis de qualidade como no início do século XXI. Acrescenta-se ainda que não existia a grande quantidade de empresas competindo por produtos similares no mesmo mercado como atualmente.

Um fato que retrata isso é que a Comamboult – mineradora administrada por Fayol –, por exemplo, não possuía grande quantidade de clientes (na verdade, eram algumas ferrovias e siderúrgicas) nem muitos concorrentes. Naquele mercado pouco competitivo, detinha praticamente o monopólio e, mesmo com as crises e mudanças sociais, econômicas e políticas que ocorriam na época, as atividades da empresa, praticamente, se mantiveram as mesmas.

Ademais, não existia a comunicação via satélite, Internet, *e-commerce*; tampouco, ouvia-se falar em União Européia, Alca, Nafta, globalização e as poderosas Tecnologias de Informação. Desta forma, o mercado de atuação de muitas empresas limitava-se a sua cidade ou região próxima, diferentemente daquilo que observamos nos dias atuais, quando praticamente não existem fronteiras limitadoras.

Estes fatos refletiram-se sensivelmente não apenas na maneira de Fayol administrar a mineradora, mas, também, na forma prescritiva e normativa utilizada por ele ao propor toda a sua teoria.

Qualidades e conhecimentos desejáveis aos executivos

Kennedy[43] declara que Fayol acreditava que um administrador obtinha o máximo de desempenho de seus subordinados utilizando-se de suas qualidades de liderança, de seu conhecimento da empresa e funcionários e da capacidade de incutir um senso de dever.

Sob a ótica de Fayol, a primeira condição inerente ao chefe de uma grande empresa é ser um bom administrador. Para isso, ele apresenta as qualidades e conhecimentos desejáveis a todos os administradores de empresas:

1º   saúde e vigor físico;

2º   inteligência e vigor intelectual;

3º   qualidades morais: perseverança, vontade reflexiva e, se necessário, audácia, coragem ao assumir responsabilidades, sentimento do dever, dentre outras;

4º   ampla cultura geral;

5º   capacidade administrativa: prever, organizar, comandar, coordenar e controlar;

6º   noções gerais sobre todas as funções essenciais;

7º   maior competência possível na especialidade profissional característica da empresa.

Sistematização dos conceitos da teoria *fayoliana*

Dentre várias proposições da obra de Fayol, pode-se constatar que ele buscava:

1º   substituir o empirismo e a improvisação por ciência;

2º   racionalizar o trabalho e atingir alta eficiência;

3º   dividir e especializar o trabalho;

4º   definir e distinguir as capacidades e conhecimentos necessários aos diferentes cargos e funções;

5º   diferenciar habilidades e conhecimentos gerenciais (necessários aos 'planejadores' do trabalho) de habilidades e conhecimentos técnicos (necessários aos 'executores' do trabalho).

Considerações Finais

Henri Fayol é considerado, juntamente com Taylor, um dos fundadores da Teoria da Administração e, de acordo com Kennedy[44], foi o primeiro a perguntar 'o que é administração', a analisar a natureza da atividade administrativa e a formular uma teoria 'completa' da administração. Para Wren[45], Fayol criou a primeira teoria de gerenciamento por meio de seus princípios e elementos de gerenciamento.

Fayol observou a necessidade de uma teoria, pois "o gerenciamento era uma atividade encontrada em todos os tipos de organizações; a habilidade gerencial tornava-se mais importante à medida que uma pessoa se elevava na hierarquia e o gerenciamento poderia ser ensinado"[46].

Segundo Wren[47], "a função de gerenciamento de Fayol era uma forma de identificar a administração como algo à parte das atividades técnicas, mas essencial para conquistar economia por meio da integração de ambas".

Kennedy[48] sistematizou as cinco funções do administrador criadas por Fayol:

(...) uma organização começa com um plano estratégico ou uma definição de objetivos, evolui para uma estrutura que visa a colocar esse plano em prática, segue como uma atividade controlada entre administrador e subordinados, tem o trabalho de seus diversos departamentos harmonizado por uma administração coordenada e, finalmente, é sujeita a verificações da eficiência de seu sistema (...).

E, com isso, Fayol racionalizou tanto a estrutura da empresa quanto o próprio administrador, mostrando o que e como eles deveriam fazer para serem eficientes.

Para um dos principais nomes de toda a Teoria Administrativa, Henri Fayol, o verdadeiro executivo é aquele que executa eficientemente a previsão, organização, comando, coordenação e controle.

Ao compreender parte do contexto histórico, político, econômico e social vivido pelo autor, sua formação, seu enfoque de análise e métodos utilizados, chega-se à conclusão de que várias de suas proposições eram cabíveis à época. Da mesma forma, à luz de teorias, pesquisas e estudos posteriores comprova-se a ineficiência de alguns princípios de Fayol, o que de maneira alguma permite desconsiderar completamente o que ele apresentou.

O que se objetivou neste capítulo foi apresentar o notável legado de Fayol, que fora fundamental para o desenvolvimento da Administração contemporânea, especialmente sua contribuição sobre o trabalho do administrador.

Questões

1. Na visão de Fayol, qual era a principal função do administrador? Explique.

2. Discorra acerca dos cinco Elementos da Administração apresentados por Henri Fayol.

3. Fayol definiu aquilo que o chefe encarregado pelo comando deveria fazer ou possuir. Dê exemplos reais de cada uma dessas atitudes ou características.

4. Para Fayol, quais eram as qualidades e conhecimentos desejáveis a todos os administradores de empresa? Qual(is) delas você acrescentaria e qual(is) eliminaria? Por quê?

5. Relacione a teoria *fayoliana* ao atual contexto empresarial justificando o que poderia ser utilizado, aperfeiçoado e eliminado, ou seja, como uma empresa poderia utilizar a Teoria Clássica da Administração nos dias atuais?

6. Apresente os principais fatores que exerceram influência sobre a obra de Fayol e quais, nos dias atuais, possivelmente, exerceriam influência sobre a teoria *fayoliana*? Justifique sua resposta.

Estudo de Caso: Tudo Limpo, Mas...

Fundada na década de 1980 para atuar no segmento de serviços de limpeza, (em hotéis, empresas e universidades, como exemplos) a TUDO LIMPO S.A. tornou-se uma das maiores e principais companhias do setor no Brasil, tendo em sua carteira de clientes empresas importantes e mundialmente reconhecidas.

O aumento do número de habitantes no Brasil, a instalação de diversas multinacionais no país, mudanças de mercado, novas formas de competição, acentuada expansão do setor, grande incremento de demanda e a eficiente divulgação dos produtos e serviços oferecidos pela TUDO LIMPO S.A., dentre outros fatores, foram propulsores fundamentais ao crescimento exponencial da empresa ocorrido entre os anos de 2003 e 2005.

Porém, em virtude de como esse crescimento aconteceu e, principalmente, pela maneira como foi planejado e administrado, alguns problemas surgiram. A TUDO LIMPO S.A. ampliou sensivelmente a sua carteira de clientes sem estabelecer uma estrutura capaz de suportar tal ação, ou seja, a empresa crescia sem projetar, avaliar e se preparar para o futuro.

Destarte, alguns fatos foram observados nesse momento de crescimento exacerbado da corporação:

1. administração voltada essencialmente à solução de problemas de forma paliativa, momentânea (popularmente conhecida como aquela que apenas "apaga incêndios");
2. múltiplas, confusas e ambíguas ordens de comando;
3. inexistência de coordenação e controle de atividades;
4. manutenção de estrutura organizacional para atender a uma demanda que exigia uma estrutura muito mais preparada; e, principalmente,
5. ausência de planejamento e de visão de longo prazo.

Como conseqüência, vários problemas surgiram: problemas de comunicação interna e externa; falha na logística; falta de recursos materiais e humanos para a realização do trabalho; contratações urgentes de profissionais indicados por colaboradores do alto escalão, o que, em muitos casos, resultou na utilização de mão-de-obra desqualificada; ordem dada por um supervisor que, instantes depois, era modificada por um gerente, e vice-versa; desperdício de materiais; definição, coordenação e controle de atividades feitas por funcionários novatos e despreparados, devido à negligente execução dessas funções por parte dos profissionais responsáveis; sobrecarga de trabalho de alguns colaboradores e ociosidade de outros; gerência desempenhando funções operacionais em virtude de confuso direcionamento de mão-de-obra às corretas necessidades; além de problemas de atraso nos pagamentos de compromissos financeiros.

Inevitavelmente, esses fatores implicaram a insatisfação de grande parte dos colaboradores (especialmente os de nível operacional), a degradação da imagem da empresa e da qualidade dos produtos e serviços providos, além da perda de significativos clientes e de capitais humanos.

Questões para discussão sobre o estudo de caso

1. Na sua opinião, sob a ótica de Fayol, qual teria sido a maior falha dos administradores da TUDO LIMPO S.A? Justifique sua resposta.

2. Relacione os problemas e conseqüências apresentados na TUDO LIMPO S.A com os cinco Elementos da Administração de Fayol.

3. Disserte sobre algumas proposições que, na sua opinião, seriam fundamentais para a TUDO LIMPO S.A. eliminar alguns dos problemas apresentados e desempenhar melhor suas atividades.

Notas

1. ABREU, A. B. *Novas reflexões sobre a evolução da teoria administrativa*: os quatro momentos cruciais no desenvolvimento da teoria organizacional. *Revista de Administração Pública*, Rio de Janeiro, v. 16, n. 4, p. 41, out.-dez. 1982.

2. MINTZBERG, H. *Trabalho do executivo*: o folclore e o fato. São Paulo: Nova Cultural, 1986. p. 7-8. (Coleção Harvard de Administração, n. 3).

3. STEWART, R. A model for understanding managerial jobs and behavior. *Academy of Management Review*, v. 7, n. 1, p. 7-13, 1982.

4. SENGE, P. M. *A quinta disciplina*. São Paulo: Best Seller, 1990.

5. WREN, D. A. The emergence of management and organization theory. In: WREN, D. A. *The evolution of management thought*. 4th ed. New York: John & Sons, 1994. p. 179-198.

6. LODI, J. B. *História da administração*. 4. ed. São Paulo: Pioneira, 1976.

7. FAYOL, H. *Administração industrial e geral*. 9. ed. São Paulo: Atlas, 1981.

8. LODI, 1976.

9. FAYOL, 1981.

10. FAYOL, 1981.

11. FAYOL, 1981. p. 23.

12. FAYOL, 1981. p. 36.

13. FAYOL, 1981. p. 38.

14. SCHERMERHORN Jr., J. R. *Administração*. 5. ed. Rio de Janeiro: Livros Técnicos e Científicos, 1999.

15. FAYOL, 1981. p. 43.

16. FAYOL, 1981. p. 44.

17. BEAUD, M. *História do capitalismo*: de 1500 aos nossos dias. São Paulo: Brasiliense, 1999.

18. BEAUD, 1999.

19. BEAUD, 1999.

20. BEAUD, 1999.

21. BEAUD, 1999. p. 208.

22. BEAUD, 1999. p. 209.

23. BEAUD, 1999. p. 212.

24. BEAUD, 1999.

25. BEAUD, 1999. p. 216.

26. BEAUD, 1999.

27. BEAUD, 1999. p. 230.

28. CLUTTERBUCK, D.; CRAINER, S. *Grandes administradores*: homens e mulheres que mudaram o mundo dos negócios. Rio de Janeiro: Jorge Zahar Editor, 1990. p. 30.

29. FAYOL, 1981. p. 82.

30. FAYOL, 1981. p. 128.

31. FAYOL, 1981.

32. FAYOL, 1981. p. 135.

33. FAYOL, 1981. p. 141.

34. KENNEDY, C. *O guia dos gurus do gerenciamento*. Rio de Janeiro: Record, 2000. p. 93.

35. FAYOL, 1981. p. 105.

36. LODI, 1976. p. 47.

37. MINTZBERG, 1986. p. 7-8.

38. FAYOL, 1981. p. 103.

39. CLUTTERBUCK; CRAINER, 1990. p. 31.

40. RAMOS, A. G. *A nova ciência das organizações*: uma conceituação da riqueza das nações. Rio de Janeiro: Fundação Getúlio Vargas, 1981.

41. RAMOS, A. G. *Administração e contexto brasileiro*. Rio de Janeiro: Fundação Getúlio Vargas, 1983.

42. SAMPSON, A. *O homem da companhia*. São Paulo: Companhia das Letras, 1997.

43. KENNEDY, 2000.

44. KENNEDY, 2000. p. 93.

45. WREN, 1994.

46. WREN, 1994. p. 184.

47. WREN, 1994. p. 181.

48. KENNEDY, 2000. p. 93.

Capítulo 2

Administrar é coordenar: a visão de Koontz e O'Donnell

Giseli Diniz de Almeida Moraes
Edmundo Escrivão Filho

Introdução

Com a disseminação de seus conceitos administrativos, Fayol conquistou seguidores que analisaram suas definições e, por sua vez, baseados em seus elementos e princípios, passaram a enxergar o trabalho do administrador como um ciclo ou processo de funções. Essas funções do administrador englobam os cinco elementos da administração: prever, organizar, comandar, coordenar e controlar. Ademais, os seguidores de Fayol buscaram um corpo de conhecimento amplamente aceito que pudesse ser disseminado na forma de princípios e, conseqüentemente, conduzisse à formulação de uma teoria geral de administração, a fim de demonstrar que a administração é uma atividade intelectual universal cujas funções podem ser enquadradas em qualquer trabalho do administrador, independente do nível ou área de atuação[1].

As funções previsão, organização e controle obtiveram grande anuência. No entanto, a função comando foi causa de grandes controvérsias, pois alguns a chamaram de direção, enquanto outros optaram por supervisão, liderança, etc.[2]. Assim, apesar de as definições de Fayol terem se difundido amplamente, alguns seguidores, por não aceitarem plenamente seus elementos da administração, passaram a formular novos conceitos ligeiramente diferentes, mas sem fugir dos princípios fayolianos.

A busca de uma teoria da administração de maior aceitação foi impulsionada por diversos fatores, como o surgimento de amplos mercados, a necessidade de lidar com tecnologias avançadas que passaram a emergir, o amplo emprego de especialistas e o surgimento de estruturas organizacionais mais complexas que demandaram uma maneira mais precisa e formal de lidar com problemas de recursos humanos e físicos[3].

Mudanças importantes nos mercados, na tecnologia e nas estruturas organizacionais ocorreram logo após o fim da Segunda Guerra Mundial, tendo os Estados Unidos assumido posição de destaque e suas corporações ampliado seus tamanhos e suas influências econômicas. Na década de 1950, dois experientes professores fariam grande sucesso divulgando os ensinamentos de Fayol: Koontz e O'Donnell. Embora não haja grande inovação no conteúdo, a obra tornou-se um manual de introdução à administração amplamente adotado nas faculdades estadunidenses e brasileiras.

Biografia e Obra

Harold Koontz e Cyril O'Donnell (1900-1976), da Universidade da Califórnia, em Los Angeles, seguidores dos princípios pregados por Henri Fayol, compreenderam o estudo da administração fundamentado na análise das funções administrativas como forma de estruturar todo o conhecimento e técnicas envolvidos[4]. Em 1955 saiu a primeira edição de *Princípios de Administração*, de Koontz e O'Donnell, obra que sintetizou uma abordagem operacional à administração de empresas. Esse livro preencheu uma lacuna existente em faculdades e universidades e se tornou amplamente usado na área.

Harold Koontz (1908-1984) iniciou sua carreira como professor de administração em 1950 na Universidade da Califórnia, Los Angeles (UCLA), depois de extensa experiência em negócios e serviços governamentais, aposentando-se em julho de 1979. Destacou-se no trabalho com a alta gerência, tanto empresarial quanto governamental, além de lecionar e escrever sobre gerenciamento das organizações. É autor de 25 livros.

Cyril J. O'Donnell (1900-1976) entrou para a Faculdade de Administração da UCLA aos 48 anos, com bastante experiência na vida empresarial e acadêmica. O professor O'Donnell logo se tornou um líder no campo da teoria da administração e política de negócios. Nos 28 anos seguintes construiu uma rica carreira de professor, pesquisador e consultor. Professor O'Donnell era altamente competente na prestação de serviços a órgãos governamentais e empresariais com problemas de organização, planejamento, controle e liderança. Aposentou-se da Universidade em 1968.

Contextualização da Obra

O rápido crescimento das organizações, o aumento do quadro de funcionários, o aumento dos regulamentos governamentais, o crescimento de sindicatos trabalhistas, a emergência de aplicar tecnologias avançadas recém-desenvolvidas na guerra e, ainda, uma noção maior da importância da aplicação das tarefas de administração em ambientes complexos impulsionaram o interesse pelas teorias administrativas consideradas necessárias após a Segunda Guerra Mundial[5]. Embora a prática da administração não seja recente, apenas no século XIX houve forte conscientização da relevância da qualidade da administração, principalmente ao comparar o estudo e a análise da administração com os avanços das ciências físicas e biológicas, estas muito à frente. Essa preocupação desencadeou uma análise extensiva e uma série de estudos sobre as funções do administrador[6].

O contexto histórico após os anos 50 propiciou um novo olhar à descrição do trabalho do administrador apresentada por Fayol. As considerações de Koontz e O'Donnell ocorreram após as experiências em Hawthorne, na Western Electric Company, entre os anos de 1927 e 1932, sendo consideradas como a força propulsora e o principal pilar do Movimento das Relações Humanas[7].

Mas a Segunda Guerra Mundial trouxe mudanças nos produtos, tecnologias, mercados e trabalhadores. "(...) a mudança [do pensamento administrativo] foi de uma orientação da produção para um ponto de vista da alta gerência, que exigiu mudança no papel do executivo para enfrentar o crescimento das empresas e dos mercados"[8]. Desta forma, a doutrina fayoliana de Koontz e O'Donnell, denominada de Escola Processual ou Operacinal, ganhou aceitação empresarial e espaços nas faculdades de administração.

Descrição de Koontz e O'Donnell sobre o "Trabalho do Administrador"

A administração refere-se à criação e manutenção de um ambiente interno da organização propício ao trabalho eficiente entre as pessoas, objetivando o alcance de metas, ou seja, "administrar é a arte de fazer e administração é o corpo organizado de conhecimento em que se baseia esta arte"[9].

Em relação à classificação das funções do administrador, Koontz e O'Donnell se preocupam em, primeiramente, distingui-las das funções de operação, tais como vendas, produção, contabilidade, engenharia e compras, uma vez que estas variam de uma empresa para outra. Já as funções administrativas, pelo contrário, se mantêm comuns a todas. Assim, há uma classificação prática das funções administrativas relacionado-as com atividades de planejamento, organização, designação de pessoal, direção e controle[10].

Dessa forma, as funções adquirem uma ordem lógica e seqüencial, fator de grande preocupação entre acadêmicos, tornando a empresa seguidora sistemática de um plano-mestre. Teoricamente, o planejamento vem em primeiro lugar, mas, na prática, os administradores realizam todas as funções ao mesmo tempo, não sendo possível estabelecer uma ordem cronológica para as diversas funções[11].

Funções administrativas

Para Fayol, as funções administrativas se resumem em prever, organizar, comandar, coordenar e controlar. Já para Koontz e O'Donnell, as funções administrativas envolvem planejamento, organização, designação de pessoal, direção e controle.

Planejamento

Envolve selecionar objetivos e diretrizes, programas, procedimentos e metas departamentais e determinar os meios para atingi-los, seja para a empresa como um todo, seja para cada departamento dentro dela. Desta forma, a função planejamento significa tomada de decisões, uma vez que há uma escolha dentre muitas alternativas.

O planejamento pode ser conceituado como um processo intelectual que escolhe, de modo consciente, um curso de ação a ser utilizado no processo de tomada de decisão, com base em objetivos, fatos e estimativas submetidas à análise. Pode-se afirmar ainda que "planejar é decidir antecipadamente o que fazer, de que maneira fazer, quando fazer e quem deve fazer"[12].

Para compreender a amplitude do planejamento é necessário identificar os tipos de planos existentes na empresa, que podem ser assim classificados:

- *Objetivos*: ou metas, são os fins ou resultados que se procura alcançar com as atividades; metas departamentais podem contribuir para o alcance de objetivos da empresa.

- *Diretrizes*: são entendimentos que orientam o raciocínio no processo de tomada de decisões, são capazes de delimitar uma área dentro da qual uma decisão deve ser tomada e assegurar que a decisão seja compatível com os objetivos, contribuindo para a realização dos mesmos. Servem como guias para o raciocínio no processo decisório, devendo sempre facultar algum arbítrio.

- *Procedimentos*: são planos para estabelecer um método costumeiro de lidar com as atividades futuras, são guias de ação que especificam a maneira exata de realizar determinada atividade.

- *Normas*: referem-se a determinados tipos de planos que exigem que uma ação específica e definida seja tomada. A essência de uma norma é refletir uma decisão administrativa de que determinada ação pode ou não ser realizada.

- *Orçamentos*: são vistos como planos que afirmam os resultados esperados e os expressam em forma numérica, podendo ser usados como meios de controle.

- *Programas*: trata-se de um conjunto de elementos necessários para dar andamento a um certo curso de ação, como diretrizes, procedimentos, normas, designação de obrigações e outros, geralmente amparados pelo capital e pelos orçamentos operacionais necessários.

- *Estratégias*: referem-se a determinados programas de planejamento de natureza ampla que dá direção geral a todos os outros programas existentes que são mais detalhados[13].

Não resta dúvida da importância do planejamento, em virtude deste ser capaz de contrabalançar as incertezas e as modificações, concentrar a atenção nos objetivos, assegurar funcionamento econômico e facilitar o controle[14].

Organização

Envolve determinar e enumerar as atividades necessárias para alcançar os objetivos propostos. Além de agrupar essas atividades, deve-se atribuí-las a um administrador, delegar autoridade para sua execução e prover a coordenação às relações verticais e horizontais de autoridade na estrutura organizacional. Assim sendo, a totalidade de tais atividades associadas com as relações de autoridades desempenhadas é que constitui a função organização[15].

Ademais, organização, vista como função administrativa, refere-se à estrutura de atribuição da autoridade, por agrupar atividades necessárias para atingir os objetivos, atribuindo-as aos executivos juntamente com a devida autoridade para desempenhá-las. A organização deve ter o objetivo de esclarecer o ambiente interno, a fim de que todos saibam quem é o responsável e o que devem fazer. Deve também fornecer uma rede de comunicações de tomada de decisões que reflita os objetivos globais da empresa[16].

A partir do conceito de organização, pode-se tirar várias implicações. A princípio, a empresa de um único indivíduo não pode ser organizada, uma vez que não há como delegar autoridade se houver apenas uma pessoa desempenhando as funções administrativas. Também, todos os administradores, independente da área e do nível hierárquico, quando decidem organizar, procedem da mesma maneira, ocupando as atividades que lhes são incumbidas e atribuindo algumas delas aos subordinados, juntamente com a autoridade necessária para a realização das mesmas, além de prover a coordenação das autoridades dos subordinados[17].

Designação de pessoal

Esta função administrativa consiste em preencher os cargos existentes na estrutura organizacional. Exige que os requisitos necessários às pessoas que realizarão um trabalho específico e que, conseqüentemente, ocuparão um cargo sejam definidos, por meio de recrutamento, avaliação e seleção dos candidatos. Consiste também em prover treinamento e desenvolvimento de candidatos recém contratados, bem como do quadro de funcionários atuante, visando a um desempenho mais eficiente de suas funções[18].

As tarefas da designação de pessoal envolvem: recrutar, ou definir os cargos a serem preenchidos e a fonte dos candidatos; avaliar e selecionar, ao analisar quem é o mais apto entre os candidatos disponíveis. Quando aplicada aos administradores, avaliar significa estimar a eficiência em conseguir resultados através do uso de recursos humanos. Já o treinamento tem o propósito de criar oportunidades para desenvolver habilidades diretamente relacionadas com o exercício das funções administrativas; pode ser aplicado pelo estudo teórico e prático[19].

Assim, a função designação de pessoal, por examinar sistematicamente as necessidades de pessoal, leva um administrador a dar a devida atenção a uma função muitas vezes negligenciada e torna-o hábil a direcionar pessoas com determinados níveis de preparo para outros departamentos, mais coerentes com suas habilidades. Além disso, esta função também pode tornar a comunicação com os subordinados mais clara, deixando-os interados de suas próprias possibilidades, a fim de que possam determinar se as suas necessidades serão atendidas ou não dentro da empresa[20].

Direção

Para dirigir subordinados, os administradores têm a tarefa de motivar, comunicar e liderá-los. É uma difícil função do executivo, pois inclui todas as atividades que visam encorajar os subordinados a trabalhar eficiente e efetivamente a curto e longo prazo. A complexidade desta função administrativa é realçada ao considerar que o administrador é uma pessoa lidando com pessoas, e como tal se torna parte do problema, em razão de as pessoas não estarem exclusivamente preocupadas com os objetivos da empresa, tendo cada uma sua preocupação específica. Assim, torna-se necessário dirigir o esforço humano no sentido dos objetivos da empresa[21].

Tradicionalmente, os administradores baseavam a motivação em uma escala salarial, geralmente relacionada com a produtividade, ou em penalidades, quando regras da empresa eram infringidas. Posteriormente, estudos de psicólogos e cientistas comportamentais, como Mayo, Maslow, Roethlisberger, Whyte, Lewin, dentre outros, mostraram que os empregados gostam de participar na tomada de decisão, que eles reagem melhor quando os supervisores estão focados nos empregados e que deve haver preocupação em cultivar a auto-estima dos funcionários[22].

A comunicação tem importância especial na função direção. Por ser a transmissão de informações de uma pessoa para outra, é indispensável sua compreensão pela pessoa que as recebe. A comunicação é o método capaz de unificar uma atividade organizada. Seu propósito principal é efetivar mudanças, por influenciar a ação na direção do progresso da empresa. Além disso, a comunicação pode levar informações imprescindíveis aos administradores, capacitando-os na tomada de decisões[23].

A liderança também é um meio de direção. Liderança, para Koontz e O'Donnell, refere-se à habilidade de um administrador de persuadir os subordinados, ou seja, de convencê-los a se dedicarem com zelo e confiança. A liderança se torna especialmente necessária na ausência de um administrador: mesmo após ter cumprido todas as demais funções, o esforço grupal tende a diminuir proporcionalmente ao tempo de ausência. Além disso, os objetivos grupais precisam ser constantemente lembrados, a fim de não caírem no esquecimento ou gerarem indiferença.

Dirigir envolve orientar e supervisionar os subordinados, isto é, o administrador deve levar os subordinados a apreciarem as tradições, as histórias, os objetivos, a fim de conhecerem a estrutura da organização na qual estão inseridos, bem como as relações interdepartamentais de atividades e personalidades, seus deveres e sua autoridade. Essa orientação organizacional deve ser feita de modo contínuo, pois é responsabilidade do superior esclarecer os subordinados e guiá-los concernente às suas atribuições, motivando-os a trabalhar zelosamente, com o intuito de sempre obter desempenho eficiente na consecução dos objetivos organizacionais[24].

Controle

Controlar é adequar os fatos aos planos; aferir o desempenho em relação a um padrão; monitorar as atividades para determinar se estão em conformidade com a ação planejada (para tanto, as atividades dos funcionários devem ser prescritas em datas designadas). Além disso, controlar é o modo de medir o desempenho e corrigir desvios negativos, se houver, assegurando, assim, a consecução dos planos[25].

Para Koontz e O'Donnell, o processo básico de controle, quer seja aplicado a coisas, pessoas ou atos, envolve três etapas:

1. *Estabelecimento de padrões*: são critérios capazes de medir os resultados reais; expressam os objetivos de planejamento da empresa de tal modo que a prática efetiva dos deveres pode ser medida em relação a esses objetivos.

2. *Avaliação de desempenho*: significa confrontar o desempenho atual com o padrão estabelecido na etapa anterior, mas isso deve ser feito habilmente, numa base futura, a fim de que os desvios possam ser descobertos e evitados antes de sua ocorrência real.

3. *Correção de desvios*: envolve retraçar os planos ou modificar os objetivos, ou seja, corrigir os desvios talvez por exercitar funções administrativas (como organização, redistribuindo ou esclarecendo tarefas; designação de pessoal, treinando ou demitindo subordinados; ou, ainda, direção, ao explicar de maneira mais detalhada as tarefas ou exercer liderança mais enérgica). Desse modo, corrigir desvios significa exercer outras funções administrativas[26].

Os meios de controle mais comuns estão associados com a mensuração da realização de objetivos; por meio de contagem objetiva, verificam se os planos estão funcionando. Caso esses meios de controle apontem desvios negativos, a correção se dará sobre as atividades: identifica-se a pessoa responsável pela realização daquela atividade que causou desvios negativos da ação planejada e tomam-se as medidas necessárias para melhorar o desempenho, controlando diretamente as pessoas, ou seja, aquilo que as pessoas fazem[27].

Uma vez que todos os administradores estão interessados em um sistema de controle, que seja tanto eficiente quanto adequado, há dez requisitos que os sistemas de controle devem cumprir: refletir a natureza e as necessidades da atividade; acusar prontamente os desvios; voltar-se para o futuro; apontar exceções em pontos estratégicos; ser objetivos; ser flexíveis; refletir o padrão da organização; ser econômicos; ser compreensíveis; e indicar as ações corretivas[28].

Coordenação

Os seguidores de Fayol prosseguiram em seus estudos, revendo alguns aspectos das funções administrativas pioneiramente delineadas pelo mestre, e modificaram, principalmente em termos de terminologia, algumas funções de Fayol. De modo geral, as funções prever, organizar e controlar não resultaram em grandes controvérsias, mas comandar e coordenar foram fontes de grandes discussões e reflexões. Harold Koontz e Cyrill O'Donnell, a partir de suas análises, classificaram a função comando como sendo direção e adicionaram uma função denominada designação de pessoal, que anteriormente estava implícita na função organização. Já a função coordenação, delineada por Fayol como integrada ao conjunto de funções administrativas, permaneceu assim até 1954, quando passou a receber um olhar bem diferenciado[29].

Na visão de Koontz e O'Donnell[30] fica mais correto considerar a coordenação como uma função separada do conjunto das funções administrativas. Para eles, coordenação é harmonizar o esforço individual a fim de alcançar os objetivos do grupo; trata-se do propósito da organização como um todo. Por esta razão, a coordenação é considerada a essência da administração, isto é, cada função do administrador é considerada como um exercício da coordenação.

É importante notar que considerar a coordenação como essência da administração não significa simplesmente considerá-la como uma função separada em si mesma, mas sim como o resultado da utilização eficaz das cinco funções básicas da administração[31].

Então, Koontz e O'Donnell[32] relacionaram intimamente as funções administrativas com a coordenação, no sentido de que, ao obter esforço sincronizado por parte dos funcionários, o administrador realiza funções administrativas, ou seja, planeja, organiza, designa pessoal, dirige e controla. Ademais, coordenar é responsabilidade do administrador, ao assegurar a estrutura adequada da organização, com subordinados bem treinados que entendam os princípios de coordenação e a importância de pô-los em prática.

Universalidade das funções

As funções administrativas têm caráter universal, no sentido de que, em qualquer lugar da estrutura ou em qualquer tipo de organização, os administradores irão sempre desempenhar as mesmas funções. Uma implicação disso é que qualquer coisa significativa em relação às funções administrativas é aplicável a todos os administradores, quer seja presidente, chefe de departamento, mestre, supervisor, bispo ou um responsável por uma repartição estadual. Uma conseqüência dessa implicação é que uma teoria de administração aplicável a todos os administradores pode ser desenvolvida. Além disso, todo o conhecimento e experiência administrativos podem ser transferidos tanto de um departamento para outro como de uma empresa para outra, contanto que suas tarefas sejam administrativas e não técnicas. É importante diferenciar funções, que são deveres característicos do administrador, de técnicas, que se refere à maneira pela qual as funções são desempenhadas[33].

Críticas à Descrição de Koontz e O'Donnell sobre o "Trabalho do Administrador"

Os seguidores de Fayol, conhecidos como processualistas, receberam muitas críticas por conta do caráter formal, prescritivo e normativo das funções administrativas, que posteriormente foram classificadas, de modo geral, como planejamento, organização, direção e controle. Os críticos mais conhecidos foram Mintzberg, Stewart e Kotter, que basearam seus estudos e pesquisas nas observações, no trabalho e no comportamento do executivo.

O escritor canadense Henry Mintzberg defende uma visão bem diferente da clássica. Baseado em exame minucioso dos fatos, Mintzberg afirma que os executivos não conseguem relacionar seu trabalho com as funções administrativas. Em outras palavras, aquilo que os processualistas afirmam ser o trabalho do administrador (planejar, organizar, dirigir e controlar), para o referido autor é um mito. Segundo Mintzberg, os administradores não realizam suas funções de modo sistemático, cíclico e tão consciente como a teoria processualista afirma, podendo ser realizado de modo subjetivo e não tão arbitrariamente formalizado[34, 35].

Rosemary Stewart também discorda desse caráter formal e universal dos processualistas. Ela estabeleceu um modelo para entender o trabalho do executivo que se baseia na consideração das demandas, restrições e escolhas do cargo. Essas três categorias exercem diferentes pressões dependendo do cargo e ainda se deve considerar que as personalidades envolvidas influenciam o desempenho no trabalho, mesmo onde as demandas e as restrições parecem ser semelhantes. Para Stewart, a essência desse modelo está na identificação da flexibilidade, que é a maneira pela qual as demandas, as restrições e as escolhas se inter-relacionam num determinado momento, o que torna cada trabalho administrativo único em função da variedade de necessidades e restrições[36,37]. Essa flexibilidade mostra que o trabalho do administrador varia de organização para organização, dificultando a aplicação universal de regras e princípios seqüenciais de ações, ao contrário do que pregam os processualistas.

Kotter, que também baseou sua pesquisa na observação do comportamento de executivos, afirma que não é possível relacionar seu comportamento cotidiano com a abordagem processual e suas funções sistemáticas e repetitivas, pois o planejamento e a organização parecem ser executados à base de tentativa e erro e, em geral, o comportamento dos gerentes eficazes acaba sendo classificado como imprevisível. No entanto, os executivos eficazes dedicam a maior parte do tempo ao desenvolvimento e uso de uma rede de relacionamento com o intuito de implementar suas agendas, que nada mais são do que metas pessoais e planos relacionados entre si, prioridades, estratégias que visam cumprir objetivos tanto de curto quanto de longo prazo. Kotter não associa a rede de relacionamentos, ou seja, a cooperação entre as pessoas necessárias ao cumprimento das agendas, com a estrutura organizacional formal, uma vez que os próprios gerentes podem modificar suas redes ao criar determinados relacionamentos entre pessoas que sejam interessantes. Essa flexibilidade ao organizar ou administrar, de modo geral, vai de encontro ao caráter prescritivo, normativo, cíclico e sistemático da abordagem processual[38].

Comentários sobre a Descrição e as Críticas

Apesar das denominações distintas em relação aos elementos da administração apresentados pelos seguidores de Fayol, Koontz e O'Donnell acreditam que isso se deve apenas às diferenças de conceitos e semântica e que as várias descrições têm essencialmente os mesmos objetivos e tratam das mesmas coisas. As diferenças de semântica aparecem quando os autores discordam na interpretação de um problema, cuja dificuldade reside na palavra-chave[39].

Os elementos da administração delineados por Fayol (prever, organizar, comandar e controlar) constituem o chamado processo administrativo, sendo exercido de modo seqüencial. O desempenho dessas funções forma o chamado ciclo administrativo, que permite definir quais as correções que deverão ser introduzidas no ciclo seguinte[40]. Os elementos administrativos de Fayol assumem esse caráter cíclico, característico da abordagem do processo, mesmo caminho seguido pelos elementos da administração delineados por Koontz e O'Donnell, que assumem um caráter prescritivo, pois estabelecem passos a serem seguidos a fim de alcançar objetivos.

A organização, não como função administrativa, mas, sim, como qualquer empreendimento humano, assume um caráter formal, uma vez que se baseia numa divisão racional do trabalho, especializando órgãos e pessoas ao designar suas atividades. Assim, a organização é formalizada oficialmente, planejada no organograma, sacramentada pela direção e comunicada aos subordinados pelos manuais de administração[41]. Desse modo, Koontz e O'Donnell, como seguidores de Fayol, mantêm esse caráter formal delineado pelo fundador da Teoria Clássica.

Além disso, a própria definição de organização dada por Koontz e O'Donnell, que se trata da atribuição de atividades agrupadas a pessoas que tenham autoridade para desempenhá-las, torna evidente que já começa a haver consideração pelas pessoas dentro da organização. Os autores afirmam que é necessário delegar autoridade aos subordinados e prover a coordenação de suas atividades para uma empresa ser organizada. Trata-se, assim, de uma inovação do pensamento em relação ao caráter mais impessoal da proposta delineada por Fayol.

Peter Drucker concorda com essa implicação, ao afirmar que organizar é um processo em que o administrador dá ordem ao caos e elimina conflitos entre as pessoas, estabelecendo um ambiente conveniente para o trabalho em equipe. Dessa forma, Drucker reafirma que o reconhecimento do fator humano está implícito, uma vez que há um esforço em conceber os serviços de modo que se ajustem às pessoas que os executarão e que, além disso, as pessoas precisam ser motivadas[42].

O reconhecimento e a identificação da influência do fator humano nas organizações se deve ao fato de as análises de Koontz e O'Donnell estarem historicamente localizadas depois dos experimentos em Hawthorne. Essas pesquisas iniciaram um novo enfoque às organizações que consideravam a influência das relações humanas no desempenho do trabalho e, conseqüentemente, no desempenho das funções administrativas em relação às pessoas.

Considerações Finais

Ao analisar como as funções administrativas são concebidas por Koontz e O'Donnell, percebe-se que os mesmos ainda não tinham observado a presença e a influência do ambiente externo no trabalho do administrador. Isso é notável em suas definições, como a de administração, que se refere à criação e à manutenção de um ambiente interno que seja propício para atingir objetivos organizacionais.

Além dessa evidência, os autores pregam que a função planejamento serve para contrabalançar as incertezas e as modificações, facilitando o controle, mas sem se referir ao planejamento de nenhum fator externo à estrutura organizacional. Ademais, a função organização, delineada para esclarecer o ambiente interno, também corrobora com essa afirmação.

Os princípios ou elementos administrativos de Koontz e O'Donnell foram formulados antes da percepção da influência do ambiente externo no trabalho do administrador. Seus princípios são bem aplicáveis ao ambiente interno, sendo, por esta razão, considerados pelos autores como universais. A universalidade das funções administrativas ocorre em razão da sua aplicabilidade em qualquer lugar da estrutura ou da organização. Por reconhecerem apenas o ambiente interno das organizações, Koontz e O'Donnell supõem que todas as situações encontradas no campo administrativo serão iguais.

Questões

1. Em quais parâmetros Koontz e O'Donnell se basearam ao classificar as funções administrativas? Descreva-os.

2. Que diferenciações foram feitas por Koontz e O'Donnell nas funções administrativas originais?

3. Explique a razão de os autores afirmarem que "administrar é coordenar".

4. O que implica a universalidade das funções administrativas e como alguns críticos a consideram?

5. De que modo o conceito de organização de Koontz e O'Donnell revela uma visão mais humanística em comparação aos seus precursores clássicos?

Estudo de Caso: O Gerente Romualdo

Romualdo é gerente de projetos da Markvision, uma grande empresa de Publicidade e Propaganda. Atualmente, lidera uma equipe de oito pessoas empenhada em projetos simultâneos e variados nesta área. A diretoria designa os projetos conforme as especialidades técnicas dos membros de cada equipe. Há um ano no cargo, Romualdo foi promovido em virtude de sua incansável determinação pessoal, que chamou a atenção de seu antigo gerente, aposentado no ano passado, e também da diretoria. A empresa incentiva a realização freqüente de reuniões. A diretoria reúne-se com os gerentes mensalmente e estes, por sua vez, realizam reuniões quinzenais com os membros de suas equipes. Em certa ocasião, Romualdo se dirige um tanto apreensivo para a sala de reuniões da diretoria. Os gerentes falariam sobre o andamento ou finalização de seus projetos, conforme dados especificados no cronograma previamente informado pela diretoria.

Romualdo não consegue disfarçar a ansiedade por ter de apresentar seu projeto com discretas alterações em relação à sua última versão e ainda não finalizado, como havia sido combinado.

Antes de iniciar sua apresentação e de a diretoria questionar as razões de ser a segunda reunião na qual ele apresenta um projeto incompleto, Romualdo passa a enumerar as dificuldades que toda a sua equipe enfrentou naquele mês:

"Em razão do número de projetos em andamento, dois novos funcionários foram contratados, porém, eles ainda não estão interados o suficiente para desempenhar papel significativo no desenrolar dos trabalhos. Luiza, a designer mais envolvida no projeto, iniciou sua licença-maternidade neste mês. Humberto, que já há seis meses havia programado suas férias para agora, também não pôde dar continuidade; aliás, está prestes a vencer suas próximas férias. Na última reunião quinzenal, apresentei novamente o cronograma dos projetos em andamento a fim de conscientizá-los da necessidade de se empenharem mais, para que pudéssemos cumprir os prazos. Entretanto, dos seis membros da equipe que trabalharam este mês, dois não puderam comparecer, devido a imprevistos. Apesar de tudo, informaram-me que estão fazendo o máximo que podem, e acredito que eles estão sobrecarregados com as atividades resultantes do aumento da demanda de projetos, agravado pelo desfalque em nossa equipe. Para motivá-los tenho trabalhado além do horário normal: saio apenas quando o último membro da equipe deixa os trabalhos. De modo que esta versão é tudo o que conseguimos nestas circunstâncias."

Após ter ouvido todo o discurso meloso, o diretor pede que Romualdo não inicie sua apresentação, uma vez que não haveria avanços significativos, e passa a palavra para o último gerente apresentar o trabalho concludente de sua equipe. Terminada a reunião, o diretor dispensa todos os gerentes, mas pede para que Romualdo permaneça na sala para uma conversa particular.

Questões para discussão sobre o estudo de caso

1. Como Romualdo tem desempenhado as funções administrativas delineadas por Koontz e O'Donnell? Justifique.

2. Descreva como Romualdo poderia resolver as dificuldades em sua equipe.

3. Para Koontz e O'Donnell "administrar é coordenar". Como Romualdo tem exercido a coordenação?

Notas

1. WREN, D. A. *The evolution of management thought*. New York: John Wiley & Sons, 1994. *Apud*: CHIAVENATO, I. *Introdução à teoria geral da administração*. 4 ed. São Paulo: Makron Books, 1993.

2. WREN, 1994.

3. WREN, 1994.

4. WREN, 1994.

5. WREN, 1994.

6. KOONTZ, H; O'DONNELL, C. *Princípios de administração*: uma análise das funções administrativas. 13 ed. São Paulo: Pioneira, 1982.

7. ESCRIVÃO FILHO, E. *A natureza do trabalho do executivo*: uma investigação sobre as atividades racionalizadoras do responsável pelo processo produtivo em empresas de médio porte. 1995. Tese (Doutorado) – Universidade Federal de Santa Catarina, Florianópolis.

8. WREN, 1979. p. 417.

9. KOONTZ; O'DONNELL, 1982, p. 1.

10. KOONTZ; O'DONNELL, 1982.

11. KOONTZ; O'DONNELL, 1982.

12. KOONTZ; O'DONNELL, 1982. p. 85.

13. KOONTZ; O'DONNELL, 1982.

14. KOONTZ; O'DONNELL, 1982.

15. KOONTZ; O'DONNELL, 1982.

16. KOONTZ; O'DONNELL, 1982.

17. KOONTZ; O'DONNELL, 1982.

18. KOONTZ; O'DONNELL, 1982.

19. KOONTZ; O'DONNELL, 1982.

20. KOONTZ; O'DONNELL, 1982.

21. KOONTZ; O'DONNELL, 1982.

22. KOONTZ; O'DONNELL, 1982.

23. KOONTZ; O'DONNELL, 1982.

24. KOONTZ; O'DONNELL, 1982. p. 50.

25. KOONTZ; O'DONNELL, 1982.

26. KOONTZ; O'DONNELL, 1982.

27. KOONTZ, H; O'DONNELL, C. *Princípios de administração:* uma análise das funções administrativas. 11 ed. São Paulo: Pioneira, 1978. p. 47-59.

28. KOONTZ; O'DONNELL, 1982.

29. WREN, 1994.

30. KOONTZ; O'DONNELL, 1982.

31. WREN, 1994.

32. KOONTZ; O'DONNELL, 1982.

33. KOONTZ; O'DONNELL, 1982.

34. MINTZBERG, H. *Trabalho do executivo*: o folclore e o fato. São Paulo: Nova Cultural, 1986. p. 5-57. (Coleção Harvard de Administração, n. 3).

35. MINTZBERG, H. The fall and rise of strategic planning. *Harvard Business Review,* jan.-fev. 1994.

36. STEWART, R. A model for understanding managerial jobs and behavior. *Academy of Management Review,* v. 7, n. 1, p. 7-13, 1982.

37. HAMPTON, D. R. *Administração*: processos administrativos. São Paulo: Makron Books, 1980.

38. KOTTER, J. P. What effective general manager really do. *Harvard Business Review,* v. 60, n. 6, p. 156-67, Nov-Dec. 1982.

39. KOONTZ; O'DONNELL, 1982.

40. CHIAVENATO, 1993.

41. CHIAVENATO, 1993.

42. DRUCKER, P. F. *The practice of management*. Nova York: Harper & Row, 1954. cap 16. *Apud:* KOONTZ; O'DONNELL, 1982. p. 258.

Capítulo 3

Administrar é dirigir, dar visão e fixar o curso dos negócios: a visão de Peter Drucker

Ana Laura Wiethaus Bigaton
Sergio Perussi Filho

Introdução

Do ponto de vista econômico, buscar a eficiência no uso dos recursos escassos e a eficácia das ações são os dois grandes objetivos que desencadeiam todo o processo administrativo. Sob o ponto de vista humano, buscar a satisfação plena das pessoas que fazem parte do processo é tarefa que cabe a todos os envolvidos na condução desse processo. Portanto, atuar de forma determinada na busca desses dois objetivos é tarefa do administrador.

Ao prescrever o trabalho do administrador, Peter Drucker parece procurar, ao conciliar a busca pela eficiência e eficácia organizacional através da clareza quanto aos objetivos a serem atingidos, os quais devem, sob certa proporção, também ser decididos pelas pessoas envolvidas, dar à administração maior racionalidade econômica sem tirar do ser humano envolvido relativo domínio sobre o trabalho a ser realizado.

Autor que testemunhou quase todas as grandes transformações econômicas, tecnológicas e sociais que ocorreram durante o século XX e que dedicou a vida a refletir sobre a administração das organizações, Drucker tem lugar de destaque merecido entre aqueles que construíram a Teoria da Administração.

Este capítulo traz o seu pensamento (a sua prescrição) sobre o trabalho do administrador. Que o seu conteúdo dê ao leitor oportunidade para refletir e aprofundar a visão crítica sobre as atividades daqueles que dirigem e lideram as organizações em seus diferentes níveis!

Biografia e Obra

Peter Ferdinand Drucker, falecido aos 95 anos, em novembro de 2005, foi um homem de sete ofícios: economista, analista financeiro, jornalista, conferencista, consultor, autor e professor. Em todas essas profissões, viveu sempre de modo simples, sem secretária, batendo as próprias cartas numa máquina de escrever[1].

Peter Ferdinand Drucker nasceu em 1909 em Viena, Áustria, formou-se em Direito também na Áustria e doutorou-se em Direito Público e Internacional na Alemanha. Trabalhou numa firma de exportação, em Hamburgo, que vendia para a Índia, foi jornalista econômico e editor de jornal em Frankfurt e, posteriormente, analista no setor de investimentos em Londres (até casar com a sua companheira de sempre, Doris Drucker). Quando emigrou para os Estados Unidos (1937), com apenas 26 anos, foi, inicialmente, jornalista e economista. Em 1942 arranjou trabalho como consultor da General Motors, na época a maior empresa do mundo. Mais tarde consolidou-se consultor e professor universitário de Administração de Empresas na Universidade de Nova York (1950), sendo a primeira pessoa em qualquer parte do mundo a possuir tal título e ensinar tal disciplina[1,2].

À época de seu falecimento, Drucker morava em Claremont, cidadezinha perto de Los Angeles, Califórnia, onde lecionava no Peter F. Drucker Graduate Management Center, da Claremont Graduate School. Foi um dos mais consagrados analistas do ambiente empresarial: norte-americanos, japoneses, alemães, brasileiros, todos os executivos e empresários prestam atenção em suas lições. É o autor com mais livros publicados no mundo sobre gestão, economia e análise social. Está por trás das principais teorias de gestão dos últimos 50 anos, tais como: gestão por objetivos, privatização, cliente em primeiro lugar, papel do líder, descentralização e era da informação. Aliado ao fato de que Drucker ministra grandes aulas de história e traça cenários do futuro que costumam se converter em realidade[3].

Após seu primeiro livro, *The End of Economic Man*, escrito em 1939, Peter Drucker continuou a escrever sobre diversos assuntos, entre eles economia, política e análise social, com ênfase para a teoria e a técnica administrativas. Entre seus principais títulos estão: *O Conceito da Corporação; A Sociedade Nova; Administrando para Obter Resultados; A Nova Era da Administração; O Gerente Eficaz; Inovação e Espírito Empreendedor; As Novas Realidades; Sociedade Pós-Capitalista;* e *Administrando em Tempos de Grandes Mudanças.* O ápice da obra de Drucker foi atingido por dois livros extensos e brilhantes: *The Practice of Management*, traduzido para o português como *Prática de Administração de Empresas,* e *Management: Tasks, Responsabilities, Practices,* traduzido como *Administração: Tarefas, Responsabilidades, Práticas.* Com alcance enciclopédico e completos em sua perspectiva histórica, ambos abrangem a essência do pensamento e da prática da Administração. Em *Administração: Tarefas, Responsabilidades, Práticas,* por exemplo, são definidos todos os aspectos das habilidades administrativas e são indicadas com precisão oito áreas em que os objetivos claros são vitais: marketing, inovação, organização humana, recursos financeiros e físicos, produtividade, responsabilidade social e exigências de lucro.

Contextualização da Obra

Peter Drucker foi o principal pensador empresarial e da Administração dos últimos tempos. Poucos duvidam disso. Drucker produziu uma obra muito abrangente, na qual abordou praticamente tudo o que os executivos fazem, pensam e enfrentam. Mas a maior conquista de Drucker, no entanto, residiu em identificar a Administração como uma disciplina humana e desvinculada do tempo. "Administração significa tarefas e é sinônimo de disciplina, mas também significa seres humanos", escreveu Drucker. Também são suas as afirmações: "Toda realização da Administração é também a realização de um dirigente. Todo fracasso representa o fracasso de um dirigente. As pessoas administram, não as forças ou os fatos. A visão, a dedicação e a integridade dos gerentes determinam se existe uma administração ou um mau gerenciamento"[4].

Entre os créditos que cabem a Peter Drucker estão o fato de ter sido o primeiro a prever a transição da linha de montagem para o sistema de produção flexível, a revelar a sociedade baseada no saber e a teorizar o trabalhador do conhecimento (*knowledge worker*), a delegação de poderes e as responsabilidades aos funcionários (*empowerment*).

Com o livro *Prática da Administração de Empresas*, cuja principal contribuição foi o senso de finalidade prática dos negócios, tomou corpo mais tarde a "Administração por Objetivos", técnica que incentiva os subordinados a participarem da fixação dos objetivos organizacionais, que não são mais estabelecidos exclusivamente no topo da pirâmide organizacional. Na administração por objetivos o subordinado recebe diretrizes do superior hierárquico, mas estabelece suas próprias metas, que são discutidas até se obter consenso. Drucker acredita, então, que o trabalho do gerente deveria basear-se nas tarefas que serão executadas em benefício dos objetivos da companhia e que o gerente deveria ser dirigido e controlado pelos objetivos a serem alcançados mais do que por seu chefe.[6] A administração por objetivos tem sido aplicada em muitas empresas e, entre as diversas vantagens apontadas, está o alto grau de motivação e comprometimento que gera.

Certa vez Drucker participou de um jantar no qual a maioria dos presentes era presidente de empresas importantes. Durante o evento foi "debatido" quais seriam as atividades e deveres de um executivo, e entre tudo o que foi conversado o que mais chamou a atenção de Drucker[7] foram as seguintes colocações para o que o executivo faz:

- raciocina através do negócio em que se empenha a empresa;
- cria e estabelece objetivos gerais, tomando as decisões básicas necessárias para que sejam atingidos esses objetivos, e posteriormente comunica-os;

- compara o desempenho e os resultados com os objetivos, revisando e corrigindo-os conforme as circunstâncias exijam;

- ajuda no desenvolvimento daqueles que administrarão o amanhã, uma vez que ninguém aprende tanto sobre algo quanto aquele que é forçado a ensiná-lo e ninguém tem tanta capacidade de se desenvolver quanto quem está auxiliando os outros a se aperfeiçoarem; e

- arbitra os conflitos dentro do grupo e previne ou soluciona os choques de personalidades.

Sobre o desempenho gerencial, Drucker[8] diz que esse não é automaticamente dirigido para o objetivo comum, a menos que se tenha plena consciência dele. Acredita também que nenhum negócio vive de um objetivo único, mas sim de um conjunto de oitos tipos, que estabelecem entre si equilíbrio e hierarquia: posição no mercado, inovação, produtividade, recursos físicos e financeiros, rentabilidade, desenvolvimento dos executivos, desenvolvimento da mão-de-obra e responsabilidade pública. Sendo assim, na visão de Drucker, o segredo do sucesso das empresas é saber em que negócios estão, quais são suas competências e como devem concentrar seus esforços em seus oito objetivos-chave.

Descrição de Peter Drucker sobre o "Trabalho do Administrador"

Gerente é aquele que dirige os recursos e os esforços da empresa no sentido das oportunidades que venham a gerar resultados economicamente significativos, sendo que é responsável pelo desempenho de todas as pessoas das quais depende o seu próprio desempenho, além do desempenho da instituição e de seus resultados – dentro ou fora, sob o controle da instituição ou totalmente além desse controle[9,10,11]:

O trabalho do administrador deve ter por base atingir os objetivos da companhia (...) deve ter o mais amplo alcance e autoridade (...) tudo aquilo não expressamente excluído deve ser considerado como dentro da autoridade do gerente (...) deve ser dirigido e controlado pelos objetivos a realizar e não pelo seu superior[12].

Além disso, "o gerente tem o encargo de criar um verdadeiro todo que seja maior do que a soma de suas partes, uma entidade produtiva que execute mais que a soma dos recursos nela aplicados"[13]. Mas para que o gerente consiga isso é preciso que ele equilibre e harmonize as três principais funções da empresa: a administração do negócio, a administração dos chefes e a administração do trabalhador e do trabalho. Ele também precisa harmonizar, em cada decisão e ação, os requisitos do futuro, tanto imediatos como remotos, pois não pode sacrificar qualquer um dos dois sem pôr em risco a empresa.

Para o próprio Drucker[14] o livro *Administrando para Obter Resultados* era "a primeira tentativa de apresentar de forma organizada as funções econômicas do executivo e o primeiro passo na direção de uma disciplina de desempenho econômico no empreendimento comercial". Pensando nisso, Drucker[15] também identificou os requisitos básicos de um administrador:

- saber administrar por objetivos;

- conseguir correr mais riscos e por um período mais longo, mas lembrando-se de que as decisões que impliquem mais riscos devem ser tomadas em níveis superiores da organização;

- capacidade de tomar decisões estratégicas;

- capacidade de formar uma equipe integrada, na qual cada membro esteja apto a administrar, assim como avaliar seu próprio desempenho e seus resultados com relação aos objetivos comuns;

- capacidade de comunicar informações de forma rápida e clara;

- capacidade de motivar pessoas, assim como ser capaz de obter a participação responsável de outros administradores, dos profissionais especializados e de todos os demais trabalhadores;

- capacidade de ver o negócio como um todo e nele integrar sua própria função;

- capacidade de relacionar o produto e a indústria com o ambiente total, percebendo, dessa forma, o que é significativo nele e o que levar em conta em suas decisões e ações; e

- cada vez mais aprender a ver os acontecimentos econômicos, políticos e sociais em escala mundial e de integrar tendências mundiais em suas próprias decisões.

Drucker diz que são três as funções básicas do administrador profissional: empresarial; de movimentar recursos do passado para o futuro; e não minimizar riscos, mas sim maximizar oportunidades. E juntando essas três funções o resultado serão recursos humanos produtivos, pois trabalharão em conjunto, unindo habilidades e conhecimentos de cada um a fim de tornar produtivas as qualidades positivas e irrelevantes as deficiências[16].

Mas para que o gerente consiga ser eficaz ele deve atender a cinco pontos[16]: saber onde gastar o próprio tempo; concentrar esforços em resultados mais do que em atividades; basear-se nas qualidades pessoais mais fortes; concentrar-se nas tarefas-chave; e tomar decisões efetivas.

Já as tarefas da alta administração exigem: diversidade de aptidões e de temperamentos; capacidade de analisar, de pensar, de pesar as alternativas e de harmonizar as dissensões; audácia e coragem intuitiva; consciência do ser humano, empatia e, no todo, interesse ativo pelas pessoas e respeito pelas mesmas. Algumas dessas tarefas da alta administração seriam de representação e cerimonial, que são tarefas externas e envolvem o gosto político pelas multidões e protocolo[17].

Drucker[18] parece concordar com George Siemens, que percebeu que o primeiro requisito de uma alta administração eficaz é identificar objetivamente todas as atividades e tarefas decisivas da alta administração na empresa. Essa concordância pode ser percebida quando Drucker[19] fala sobre aquelas que acredita serem as cinco atividades básicas do administrador:

1. Determinar e estabelecer, objetivos para cada área e o que tem de ser feito para atingi-los, e posteriormente torná-los eficazes através da comunicação às pessoas cujo desempenho é necessário para atingi-los.

2. Organizar através da análise das atividades, decisões e relações necessárias; da classificação do trabalho e da divisão desse trabalho em atividades e posteriormente tarefas administráveis; do agrupamento das unidades e tarefas em uma estrutura organizacional; e, por fim, através da seleção das pessoas para a administração dessas unidades e para as tarefas a serem realizadas.

3. Motivar e comunicar, transformando as pessoas que são responsáveis por várias tarefas em uma equipe. Para isso utiliza o relacionamento com seus colegas de trabalho, através das "decisões de seu pessoal" no que concerne a pagamentos, colocações e promoções.

4. Avaliar os funcionários e também ajudá-los a se auto-avaliarem, tanto em termos do desempenho de toda a empresa como em termos do desempenho individual. Além de posteriormente analisar e interpretar o desempenho e realizar feedback com seus subordinados, superiores e colegas, ou seja, comunicá-los do significado das avaliações e suas descobertas.

5. Promover o aperfeiçoamento dos funcionários e, inclusive, o seu próprio.

De forma mais resumida, Drucker[20] apresenta que a tarefa da alta administração é dirigir, dar a visão e fixar o curso do negócio, tanto no presente como para o futuro. E mais tarde Drucker[21] estabeleceu algumas regras que devem ser seguidas pelos executivos da alta administração para que a gerência seja eficaz. São elas:

- fazer o que precisa ser realmente feito e não o que o executivo simplesmente quer;

- concentrar-se em uma das coisas, de cada vez, que precisam ser feitas, pois se pensar em várias ao mesmo tempo, nada sairá direito;

- nunca apostar em algo que se tenha como certa, ou seja, sempre procurar certificar-se que dará certo antes de colocá-la em prática;

- não perder tempo administrando detalhes, isto é, deve resistir a tentação de analisar os mínimo detalhes e se preocupar em assegurar que as operações estão sendo cuidadas; e

- separar a vida pessoal, e os amigos, da gerência.

Drucker, como grande preditor, já dizia há mais de 40 anos que o trabalho dos executivos do futuro incluirá a compreensão de instrumentos de análise, de síntese e de medição matemática e lógica, como a "pesquisa operacional", a "teoria da informação" e a "lógica simbólica"; exigirá capacidade de ver onde esses instrumentos poderão ser aplicados e de ensinar outros membros a verem seu significado e motivá-los a usá-los; e, sendo assim, o trabalho do executivo exigirá um "homem de fachada", de "pensamento", de "ação", além de analista e sintetizador, afinal necessita-se de gerentes capazes de enfrentar as tarefas de amanhã, não as tarefas de ontem[22].

Resumindo, o líder empresarial do futuro precisará: ser capaz de organizar e ter espírito de empresa, tornando-a capaz de preparar sistematicamente um futuro novo e diferente; saber prever a inovação e como torná-la economicamente realizável, através do conhecimento da dinâmica da tecnologia e sua relação com os recursos e resultados econômicos; saber organizar os trabalhadores do conhecimento quanto ao desempenho, motivando-os, recompensando-os e, acima de tudo, tornando-os produtivos; saber operar em diversas culturas e numa diversidade de leis e soberanias, sendo então capaz de trabalhar em conjunto com homens de diversas bases culturais, lingüísticas e étnicas; além de conhecer tanto a respeito de outras instituições da sociedade, especialmente sobre governo, quanto conhece de negócios[23].

Críticas à Descrição de Peter Drucker sobre o "Trabalho do Administrador"

Peter Drucker, sem dúvida, pode ser considerado o patrono da moderna administração. Parte do seu sucesso se deveu a seu extremo poder de antever situações e circunstâncias, com base em sintomas muitas vezes pouco aparentes. Além disso, Drucker tinha um estilo de trabalho que o distinguia dos demais administradores, afinal não escrevia livros encomendados e recusava-se a virar uma celebridade.

Em relação ao trabalho do executivo, Piero[24] afirma fazer parte do folclore acreditar que o gerente eficaz não tem deveres regulares para executar. Na verdade, o executivo que deseja ser bem-sucedido executa um número regular de deveres, como rituais, cerimônias, negociações e coleta informal de informações. E sobre esse assunto Drucker tinha bastante conhecimento, afinal sua real preocupação era descobrir e conseguir passar a mensagem do que os administradores fazem de fato, ou seja, a prática da administração, e por isso é visto por muitos como o mentor da administração. Inclusive, seus cinco princípios básicos da administração continuam válidos: estabelecer objetivos, organizar, motivar e comunicar-se, criar escalas de avaliação do desempenho e promover o aperfeiçoamento dos funcionários.

O'Toole[25] destaca que Drucker foi o primeiro a definir o papel dos administradores de alto escalão como guardiões da cultura empresarial e o primeiro a dizer que o sucesso depende da visão articulada do presidente da empresa.

Enfim, Drucker centrou sua ênfase em como os administradores devem pensar e o que devem fazer para ser eficazes e assim utilizar melhor seus recursos humanos, uma vez que para ele o bom uso desses é o segredo de uma organização produtiva e geradora de lucros.

Entretanto, nem só de elogios viveu Drucker. Campos e Giardino[26] apresentam afirmações de alguns profissionais sobre a reputação e notoriedade de Drucker:

"Creio que ela foi construída por dois motivos: primeiro, porque, para sua audiência, o que ele falava realmente soava como algo novo; segundo, porque a máquina promocional que o seguia o promovia como um pensador original e inovador, o que ele não era", diz Thomaz Wood Jr. , professor da Escola de Administração da Fundação Getúlio Vargas (Eaesp-FGV). Sua crítica ao pensador é que sua perspectiva é hiper-racional e reducionista. "Nesse sentido, ela teria fornecido explicações simplistas para fenômenos complexos", diz. Assim, seus livros, artigos e conferências teriam ajudado a criar os mitos modernos da administração. "Mitos que cegam os executivos para os verdadeiros problemas do dia-a-dia." Mas o grande feito de Drucker, segundo o próprio Wood, foi identificar tendências e questões importantes em cada momento da história da administração e transformá-las em livros de fácil leitura, acessíveis para um público pouco afeito a idéias complexas. "Ele inovou na forma de transmitir seus pensamentos para as pessoas", diz Júlio Cardozo, presidente da Ernst & Young para a América do Sul. "Sua obra é um contraponto aos indigestos livros do mundo acadêmico", diz. Esse talento para ser um grande comunicador ajudou a formar uma legião de admiradores de várias gerações. "Gente de 20 e 70 anos estão lado a lado gostando do que ele diz", diz Fátima Zorzato, presidente da Russell Reynolds no Brasil. O fato de ele ter produzido muito e massificado seu conhecimento em vez de ter se acomodado na posição de intelectual bem-sucedido, na opinião da headhunter, ajudou a consolidar seu posicionamento diferenciado entre os escritores da área. "Ele aceitava participar de videoconferências aos 90 anos", lembra. "Era muito ágil e revisitava sua obra constantemente." Sua simplicidade era, sem dúvida, uma de suas grandes virtudes.

Comentários sobre a Descrição e as Críticas

Peters[27] alega que algumas das grandes contribuições de Drucker foram: a descentralização, o gerenciamento por objetivos e a idéia das estratégias empresariais que afirmam que o cliente vem em primeiro lugar.

Para Lodi[28], no plano ideológico Drucker não esconde suas tendências conservadoras, sua aversão pelo estatismo comunista e o seu desinteresse pelo populismo demagógico.

Beatty[29] acredita que a idéia mais importante de Drucker foi a sua impressionante concepção do *management*, pois foi o primeiro a dar uma visão completíssima (*sic*) da gestão. E Beatty lembrou que alguém certa vez disse: "Se a Natureza se esquecesse de si própria algum dia, poderia reencontrar-se em Shakespeare, tal como a gestão o poderá fazer em Drucker".

Crainer[30] afirma que Drucker é um dos poucos pensadores que se pode afirmar que mudou o mundo: é o inventor da privatização, o apóstolo de uma nova classe de trabalhadores do conhecimento, o defensor da administração como uma disciplina intelectual séria.

Beatty[31] diz também que Drucker é marcante não pelo seu futurismo, mas pela sua imaginação social. Afinal Drucker tenta pensar fora das relações causais: pensa em termos de procura de padrões, de configurações, de "conceitos globais". Drucker explica-se: "Precisamos de uma disciplina que explique os acontecimentos e os fenômenos em termos da sua direção e do seu estado futuro, em vez de vasculhar nas suas causas. É mais importante um cálculo do potencial do que um de probabilidades"[32].

Considerações Finais

Com mais de sessenta anos dedicados a refletir, escrever e ensinar sobre a administração, Peter Drucker é considerado o autor que produziu o mais extenso – não necessariamente o mais importante e/ou mais profundo – conjunto de fundamentos e prescrições sobre como conduzir os processos gerenciais.

Entretanto, como bem enfatiza Wood, "teve a seu favor uma máquina promocional" que bem soube aproveitar os anos de expansão e domínio absoluto da economia americana no mundo. Isoladamente, essa questão não tira o mérito do seu trabalho, uma vez que as ações de marketing são importantes também para a difusão do conhecimento. De qualquer forma, esse domínio americano na economia durante a maior parte do século XX, período no qual viveu e trabalhou intensamente, permitiu forte difusão de seus escritos e propiciou grande visibilidade para as suas prescrições, mesmo que para algumas das propostas falte a comprovação científica. Talvez seja por isso que, apesar de sua evidente desaprovação, é considerado por muitos estudiosos como um dos maiores "gurus" da administração.

Questões

1. Qual a nacionalidade e as principais atividades profissionais exercidas por Peter Drucker.

2. Quais os principais livros escritos por Drucker e respectivos anos de publicação?

3. Quais os requisitos básicos dos administradores segundo Drucker? Você concorda com essa prescrição?

4. Quais as cinco atividades básicas do administrador segundo Drucker? Você concorda com essa prescrição? Na empresa que você trabalha ou conhece essas são realmente as atividades desenvolvidas pelos administradores? De todos os níveis?

5. Quais regras devem ser seguidas pelos executivos da alta administração para a eficácia da gerência? Você concorda?

6. O que Drucker prescreve para as habilidades do administrador do futuro? Você concorda?

7. Quais as principais críticas ao trabalho de Drucker? Além do conteúdo do capítulo, procure na Internet e/ou outros livros informações que possam auxiliá-lo(a) em sua resposta.

Estudo de Caso: Retífica de Motores Piracema Ltda.

Após mais de trinta anos de sucesso, a Retifica Piracema Ltda. passava por enormes dificuldades financeiras.

Fundada no início da década de 1960 por um técnico mecânico, seu foco de mercado era a retífica de motores de automóveis de pequeno porte. De fato, era a principal empresa retificadora de motores do Fusca, tradicional líder de mercado de automóveis populares do Brasil.

Nesses mais de trinta anos de sucesso a empresa trabalhou de forma reativa, uma vez que o mercado era amplamente comprador de serviços, o que facilitava extremamente a viabilização do processo operacional em função da alta demanda por serviços. O foco principal era a organização da produção e, durante os planos econômicos lançados pelo governo, cuidar para que os recursos financeiros não se depreciassem – gerenciar as finanças nessas fases era a principal atividade dos empresários, deixando inclusive as operações em segundo plano. De toda forma, planejar as vendas e ações estratégicas para competir no mercado não era sequer necessários, haja vista a enorme demanda por serviços de retífica de motores graças ao aumento da frota brasileira de automóveis conjugada com a crise financeira crônica durante os anos inflacionários, além da falta de competição no mercado brasileiro de automóveis. Esse último aspecto do mercado acabava por se refletir no aumento de serviços de manutenção de veículos, que eram então mantidos por longo tempo pelos seus compradores, além do ciclo de vida útil natural.

Com as mudanças colocadas em marcha pelo governo brasileiro, especialmente com a abertura do mercado brasileiro à competição internacional pelo governo Collor e a estabilização da moeda durante o governo Itamar Franco, aprofundada durante o governo FHC, a frota brasileira passou a ser renovada e as retíficas tiveram de competir de forma aberta por clientes no mercado.

Nessa época, a Retifica Piracema encontrava-se totalmente desarticulada no que tange a procedimentos administrativos modernos. Aliadas a esses fatores de mercado, mudanças tecnológicas traziam grandes impactos à forma de conduzir o processo operacional de retífica. Mais críticas ainda eram as mudanças ocorridas na sociedade – demandas de trabalhadores por mais qualidade de vida no trabalho – e, de forma especial, a era dos computadores, com reflexos fundamentais na maneira de conduzir a administração dos negócios e os relacionamentos com todos os *stakeholderds*.

Pela tradição da empresa no mercado, algo deveria ser feito. Entretanto, o atual dirigente, já em fase de aposentadoria, não tinha mais fôlego para iniciar um processo de reestruturação da empresa, que se encontrava sem rumo, e, adicionalmente, enfrentava problemas de envolvimento e disputas familiares.

O dirigente nomeou seu genro, Francisco, que era engenheiro mecânico, para conduzir o processo de mudança organizacional. Francisco, quando estudante de Engenharia, morava em uma república com colegas que cursavam Administração. Durante anos ouviu os colegas discutindo os ensinamento de Drucker sobre como administrar organizações e em uma oportunidade, durante um evento científico, pode participar de um debate caloroso sobre as prescrições de Drucker para uma administração de sucesso. Ficou convencido de que um dia utilizaria os ensinamentos desse "guru" da administração para administrar a sua empresa, já que era forte sua tendência para se tornar empreendedor.

A oportunidade apareceu, não em uma empresa própria, mas numa empresa que acabaria herdando, a Retífica Piracema. Mas Francisco era engenheiro por formação e não administrador, apesar de ter cursado boas disciplinas de administração durante o curso de Engenharia e apreciar a atividade administrativa.

Para tomar uma decisão sobre o futuro da empresa procurou o auxílio de um dos antigos amigos da república, uma vez que todos àquela época trabalhavam no mercado e tinham boa experiência da atividade administrativa.

Questões para discussão sobre o estudo de caso

1. Se você fosse o amigo procurado por Marcos, qual seria a sua orientação para que ele pudesse implantar um modelo de gerenciamento que fizesse da Retífica Piracema novamente uma líder de mercado, seguindo as prescrições de Drucker?

2. Com base no texto deste capítulo e nas considerações de Drucker sobre o trabalho do administrador, quais seriam as suas orientações acerca de como ele deveria tratar e orientar os trabalhadores para o sucesso da organização? Você acha que essa abordagem criaria um ambiente de cooperação entre todos os funcionários da Retífica Piracema?

3. Você acha que as prescrições de Drucker podem auxiliar uma empresa na situação da Retífica Piracema a recuperar o terreno perdido e voltar a ser bem-sucedida? Argumente.

Notas

1. CARDOSO, J. F.; RODRIGUES, J. N. *P. Drucker*: o essencial sobre a vida e a obra do homem que inventou a gestão. Portugal: Edições Centro Atlântico, 2006.

2. LODI, J. B. *História da administração*. 4. ed. São Paulo: Pioneira, 1976.

3. *Management experts de A a Z*. Disponível em: http://www.calidad.org. Acesso em: 7 jan. 2004.

4. CRAINER, S. *Os revolucionários da administração*. São Paulo: Negócio, 1999.

5. DRUCKER, P. F. *Prática de administração de empresas*. Rio de Janeiro: Fundo de Cultura, 1962.

6. WREN, D. A. *The evolution of management thought*. New York: John Wiley & Sons, 1994. p. 365-367.

7. DRUCKER, 1962. p. 232.

8. LODI, 1976.

9. DRUCKER, P. F. *A profissão de administrador*. São Paulo: Pioneira, 1998.

10. DRUCKER, P. F. *Administrando para o futuro*: os anos 90 e a virada do século. 5. ed. São Paulo: Pioneira, 1998.

11. DRUCKER, P. F. *Desafios gerenciais para o século XXI*. São Paulo: Pioneira, 1999.

12. DRUCKER, 1962.

13. DRUCKER, 1962. p. 216.

14. KENNEDY, C. *O guia dos gurus do gerenciamento*. Rio de Janeiro: Record, 2000. p. 82-91.

15. DRUCKER, 1962. p. 232.

16. DRUCKER, P. F. *O gerente eficaz*. 4. ed. Rio de Janeiro: Zahar, 1974.

17. DRUCKER, P. F. *Administração*: tarefas, responsabilidades, práticas. São Paulo: Pioneira, 1975. v. 3.

18. DRUCKER, 1975. p. 683

19. DRUCKER, 1962. p. 232.

20. DRUCKER, P. F. *Novos padrões para as organizações de hoje*. São Paulo: Nova Cultural, 1986. p. 20.

21. DRUCKER, P. F. *Administrando em tempos de grandes mudanças*. São Paulo: Pioneira, 1995. p. 37-40.

22. DRUCKER, 1962. p. 232.

23. DRUCKER, P. F. (Org). *Formação de dirigentes*. Rio de Janeiro: Expressão e Cultura, 1971.

24. PIERO, F. A. D. *A função gerencial*. Disponível em: http://www.terravista.pt. Acesso em: 7 jan. 2004.

25. CLUTTERBUCK, D.; CRAINER, S. *Grandes administradores*. Rio de Janeiro: Jorge Zahar, 1993. p. 77-87.

26. CAMPOS, S; GIARDINO, A. *Ex-alunos, executivos e professores falam da influência da obra de P. Drucker no mundo corporativo contemporâneo*. Senioridade. Disponível em: http://www.senioridade.com.br. Acesso em: 28 ago. 2006.

27. CLUTTERBUCK; CRAINER, 1993. p. 79.

28. LODI, 1976.

29. RODRIGUES, J. N. *O papel de P. Drucker nos 50 anos de história da disciplina do Management*. Disponível em: http://www.indeg.org. Acesso em: 7 jan. 2004.

30. CRAINER, 1999.

31. BEATTY, J. O Doutor Management. In: *Janela na Web*. Disponível em: http://www.janelanaweb.com. Acesso em: 7 out. 2004.

32. BEATTY, 2004.

Capítulo 4

Administrar é comunicar e obter cooperação: a visão de Chester Barnard

Antonio Luiz Tonissi Migliato
Sergio Perussi Filho

Introdução

O que faz um executivo no seu dia-a-dia? Quais seriam suas principais atividades? Seu trabalho poderia ser predefinido por meio de um processo sistemático? Ou seria possível apenas esboçá-lo por meio de um conjunto informal de tarefas?

Essas questões remetem a uma área de estudo da Administração com resultados controversos: a busca pela definição e caracterização das funções do executivo. A descrição e compreensão das funções do executivo são, de fato, ambíguas e imprecisas, e a discussão em torno do assunto, embora remonte ao início do século passado, ainda não levou os pesquisadores da área a um ponto de comum acordo.

Enquanto alguns alegam que as funções do executivo deveriam ser definidas por meio de um processo prescritivo e normativo, por intermédio do qual seriam predefinidas de forma objetiva e sistemática, outros preferem acreditar que essas funções assumem papel mais subjetivo e descritivo, sendo executadas de maneira mais descontraída e informal.

Essas duas linhas de raciocínio constituem-se nas duas abordagens principais que descrevem o trabalho do executivo: a abordagem processual – mais prescritiva e sistemática – e a abordagem dos papéis – mais descritiva e informal[1]. Enquanto os autores da abordagem do processo procuram prescrever o que os executivos devem fazer para ter sucesso, os autores da abordagem dos papéis buscam descrever o que o executivo realmente faz para alcançá-lo[2].

A abordagem dos papéis tem sua origem com a publicação do livro *As Funções do Executivo*, em 1938, por Chester I. Barnard. Este capítulo está centrado nas idéias e conceitos sobre as funções do executivo disseminadas por esse autor.

Biografia e Obra

Chester Irving Barnard nasceu em Malden, Massachusetts, em 1886, filho de mecânico. Sua mãe faleceu ao dar à luz o terceiro filho, quando Barnard contava com cinco anos de idade. A família de Barnard se diferenciava das famílias típicas da classe trabalhadora. Vários membros eram considerados "intelectuais" e alguns pertenciam à maçonaria[3].

Após concluir o primeiro grau, Barnard, então com 15 anos, trabalhou como afinador de pianos. Movido por ambições maiores, matriculou-se em uma escola preparatória e depois estudou economia em Harvard. Porém, a falta de recursos financeiros o forçou a abandonar o curso antes de completá-lo. Entretanto, mesmo sem o bacharelado, conquistou sete doutorados honoráveis por haver dedicado sua vida a entender a natureza e os propósitos das organizações.

Em 1909 filiou-se ao departamento estatístico da American Telephone and Telegraph e em 1927 tornou-se presidente da New Jersey Bell. Era um entusiasta do trabalho organizacional, atuando como voluntário em diversas outras organizações. Barnard, um autodidata, aplicou em seu trabalho as teorias de Vilfredo Pareto, Kurt Lewin e Max Weber. Utilizou também as filosofias de Alfred North Whitehead para concretizar a primeira análise profunda das organizações como sistemas cooperativos. Quando faleceu, em 1961, Barnard havia conquistado um lugar na história como administrador erudito[4].

Apesar da profundidade de sua obra, Barnard pode ser caracterizado como um executivo prático e um acadêmico amador[5]. O trabalho mais conhecido de Barnard, *As Funções do Executivo*, consiste na publicação de oito exposições teóricas apresentadas no Lowell Institute, em Boston, em 1937. O seu propósito explícito com essas exposições foi o de desenvolver uma teoria das organizações, além de estimular outros a examinar a natureza do que ele denominou sistemas cooperativos[6].

Ao registrar suas idéias nesse célebre livro, Barnard utilizou um nível complexo de discurso, tornando-o excessivamente teórico e abstrato, num estilo muitas vezes frustrante aos leitores modernos. Na expectativa de passar suas idéias com maior precisão, o autor criou uma terminologia própria que, na realidade, em vez de tornar as coisas mais claras, transformou a leitura do livro em tarefa extremamente árdua. Apesar disso, o livro registra, nas entrelinhas, sua experiência prática[7].

Outra característica marcante de Barnard presente no livro é sua habilidade em passar do domínio empírico ao teórico diversas vezes, unindo pensamentos recentes da psicologia à sociologia. Kenneth Andrews, na introdução da edição de 1968, afirmou não conhecer outra pessoa que superasse Barnard no "exercício simultâneo das capacidades gêmeas da razão e da competência ou na exploração de seu poder conjunto". Na opinião de Andrews, essa é a razão pela qual o livro continua sendo a publicação mais provocante sobre organização e gestão desde seu lançamento, escrito por um executivo prático[8].

Além de *As Funções do Executivo*, Barnard publicou uma segunda obra em 1948, intitulada *Organização e Administração*.

Contextualização da Obra

Até o final da década de 1930, somente poucas empresas americanas podiam ser tomadas como modelo por apresentarem alto grau de profissionalismo na gestão e, ao mesmo tempo, desempenharem um papel na promoção da estabilidade social e da prosperidade econômica da sociedade como um todo. Entre essas empresas está a American Telephone and Telegraph (AT&T). No início da Segunda Guerra Mundial, a AT&T representava um modelo de negócio de sucesso, com laboratórios de pesquisas científicas prestes a se tornarem importantes centros de desenvolvimento tecnológico americano. A empresa ficou conhecida como pioneira em diversos métodos de produção. Além disso, no início da década anterior, colaborara com a Academia Nacional de Ciências nos famosos experimentos de Hawthorne, cujos resultados revolucionariam a gestão de pessoal[9].

Por esses motivos, e por conduzir uma gestão responsável como prioridade estratégica, a AT&T foi pioneira do chamado capitalismo de bem-estar. Para ela, essa estratégia seria importante para influenciar a opinião pública no que diz respeito à aceitação de seu monopólio no setor de telecomunicações.

Foi presidindo uma empresa com tais ideologias que Chester I. Barnard escreveu o já citado livro *As Funções do Executivo*, o qual ficou conhecido como uma das maiores obras sobre gestão e liderança corporativa. Por ter sido escrito na década de 1930, tem abrangência de idéias consideravelmente ampla, antecipando diversos princípios importantes da administração moderna. Enfatizou, por exemplo, os aspectos psicológicos e comportamentais da liderança, em vez do modelo autoritário de comando e controle que prevalecia na época, destacando que a autoridade da gerência fundamentava-se mais na habilidade de persuadir do que na de comandar. Dessa forma, considerava que seu principal desafio consistia em equilibrar as necessidades individuais dos trabalhadores e os objetivos da organização. Barnard também reconheceu que as redes informais representavam importante fonte de criatividade para a empresa, que o conflito possuía aspectos positivos e que o sistema de remuneração não poderia ser tratado com uma abordagem simplista de pagamento por desempenho, antecipando o debate sobre recompensas financeiras e sociais que ocuparia os teóricos da administração nas décadas seguintes.

Durante a década de 1920, várias consolidações e criações de oligopólios foram concretizadas. Dessa forma, os motivos e as disposições em defender o interesse público da nova elite gerencial, que ganhava mais poder, passaram a ser questionados. Um dos motivos de desconfiança era o fato de os preços aos consumidores finais nunca diminuírem tanto quanto os custos de produção. O início da Depressão, em 1929, gerou descrédito em relação à própria legitimidade do capitalismo gerencial, tornando-se, assim, alvo de ataques. Alguns críticos desse sistema argumentavam que seria melhor para os interesses da nação se as empresas fossem dirigidas por meio de políticas públicas. Dessa forma, defendiam que o governo impusesse uma regulamentação mais firme sobre os setores industriais para salvaguardar os interesses públicos. Caso isso não fosse feito, acreditavam que o interesse público poderia ficar à mercê dos desejos e caprichos dos gerentes.

Para responder aos críticos, defensores do capitalismo gerencial procuraram reconquistar a autoridade moral perdida durante os anos 30 e reacender o espírito de voluntariado que fora aceso durante a Primeira Guerra Mundial. Nesse momento, fazia-se importante que as grandes empresas mostrassem um novo senso de responsabilidade, quase pública, perante seus clientes, funcionários e a sociedade como um todo.

É nesse ponto que a obra de Barnard tem impacto fundamental. Ela articulou a principal defesa do capitalismo gerencial, ao argumentar que a gestão profissional era dotada de autoridade moral para conduzir e modernizar o país, controlando as forças de mudança tecnológica com o objetivo final de defender os interesses públicos[10].

Descrição de Barnard sobre o "Trabalho do Administrador"

A obra *As Funções do Executivo*, segundo o próprio autor, pode ser dividida em dois assuntos interdependentes tanto na prática quanto na teoria. O primeiro tema apresenta a teoria da cooperação e da organização formal. O segundo é um estudo sobre as funções e os métodos dos executivos nas organizações formais. Nesta seção esses dois assuntos serão expostos.

Teoria da cooperação e da organização formal

Em quase todos os seus aspectos, *As Funções do Executivo* estava décadas à frente de seu tempo, pois, em contraste com as concepções mecanicistas de Taylor e até de Fayol, Barnard via a organização como um sistema social complexo. Ele se concentrou no elemento humano da organização, nas forças psicológicas do comportamento humano e nas abordagens comportamentais à gestão das complexidades do comportamento humano e às formas de lidar com suas limitações[11].

Barnard reconheceu que as organizações são formadas por seres humanos com motivações individuais e que toda grande organização formal engloba uma grande quantidade de grupos menos formais cujos objetivos precisam ser vinculados aos da unidade principal. Barnard via esse vínculo como responsabilidade da administração. Seu principal objetivo com *As Funções do Executivo* era fornecer uma teoria abrangente do comportamento cooperativo em organizações formais[12].

Barnard foi também o primeiro teórico a se debruçar sobre a natureza e a importância da organização informal. Além disso, ele reconheceu a importância do que agora é denominado cultura corporativa e o papel desempenhado pela organização informal no desenvolvimento dos valores e rituais de uma empresa. Considerava a organização informal sob uma perspectiva mais positiva do que o fizeram os autores da Escola de Relações Humanas. As redes informais, acreditava, eram conseqüência natural e necessária da hierarquia formal da organização. "A organização informal é uma condição que necessariamente precede a organização formal. As organizações formais são vitalizadas e condicionadas por organizações informais"[13].

O principal desafio da gestão, de acordo com Barnard, é obter a cooperação de grupos e indivíduos dentro desse sistema social, visando a alcançar os objetivos da organização. A magnitude do desafio cooperativo é tal que "a cooperação bem-sucedida em ou por organizações formais é uma condição anormal e não a normalidade"[14].

No centro da argumentação de Barnard está a tensão entre a obtenção dos objetivos organizacionais que ele denominou de eficácia e a necessidade dos indivíduos de alcançar seus objetivos pessoais, um processo que chamou de eficiência. Os objetivos organizacionais, prossegue o autor, não podem ser alcançados a menos que a liderança da organização reconheça um conjunto de aspirações individuais e descubra um meio de ajudar os funcionários a alcançá-los. O sistema cooperativo funciona melhor se há equilíbrio entre ambos[15]. Dessa forma, na opinião de Kennedy[16], Barnard acreditava que, para ser eficazes, os objetivos de uma empresa deveriam ser aceitos por todos aqueles que tentam atingi-los e que o desejo de todos os interessados de cooperar por um objetivo comum era essencial para a sobrevivência de uma organização.

Barnard também reconhece o elo entre autoridade e legitimidade e argumenta que a autoridade deriva daqueles que estão sendo liderados, não dos líderes. Observando que a maioria dos empregados esconde os punhos cerrados em seus bolsos, ele argumenta que eles aceitam a autoridade em vários graus. Nesse sentido, acreditava que a tarefa da gerência era ampliar a zona de ordens aceitáveis, "porque os comportamentos positivos do funcionário que daí decorrem estabelecem a legitimidade da gestão". Embora sempre exista tensão entre objetivos pessoais e organizacionais, o desafio da gerência é encontrar o modo de torná-los complementares[17].

Ao navegar entre eficácia e eficiência, Barnard argumenta que um dos maiores desafios da gestão está em lidar com o lado irracional, emocional, do comportamento humano. A tomada de decisões não lógicas, para ele, predominava e levantava um desafio especial para a gerência. Na verdade, Barnard acreditava firmemente no poder da intuição e prevenia contra a dependência exagerada da razão dos racionalistas[18].

O trabalho de Barnard também incluiu um pensamento pioneiro sobre a natureza da liderança, no qual outros autores se basearam, e sobre a cultura empresarial e a formação de valores, trinta anos antes do resto do mundo administrativo se dar conta de sua importância[19]. Embora Barnard não fizesse referência explícita à noção de cultura corporativa, ele reconheceu que os valores de uma organização residem na organização informal, sendo esta também fundamental à comunicação, que Barnard identificou como uma das funções mais importantes do executivo[20].

O verdadeiro papel do diretor executivo, sugeriu ele, era gerir os valores da organização, assim como assegurar o compromisso do empregado. A contribuição de Barnard para a teoria da liderança está ligada a esse conceito do bom administrador como um formador de valores. Ele contrastou esse conceito com o do administrador autoritário e manipulador que trabalha estritamente em um sistema de recompensas e eficiência a curto prazo[21].

Assim, para Barnard, o executivo não era uma figura ditatorial voltada para realizações de curto prazo. Parte de sua responsabilidade consistia em criar os valores e as metas da organização. Ele argumentava que valores e metas precisavam ser convertidos em ações, não em palavrório motivacional sem sentido. Dessa forma, ele adotou o que hoje é denominado abordagem holística, argumentando que em uma comunidade todos os atos das pessoas e das organizações estão direta ou indiretamente interligados e são interdependentes[22].

Barnard também apresentou os fundamentos para o que veio a ser conhecido, anos mais tarde, como gestão por objetivos. Uma das maiores tarefas da gerência é comunicar e vender a idéia de cooperação a seus funcionários, bem como um propósito organizacional específico. Significativamente, ele entendeu melhor do que a maioria dos executivos a importância e as dificuldades dos esquemas convencionais de "incentivo"[23].

Ao cuidar da questão do estabelecimento de um propósito comum e dos objetivos subsidiários para auxiliar as organizações a atingir o propósito, Barnard se concentrou no problema da tomada de decisões. Reconheceu que a escolha e as ações humanas são restringidas por um leque de "fatores físicos, biológicos e sociais (...) Cada vez (...) o executivo se confronta (...) com exigências, proibições, limitações, incapacidades, inércia, obstrução, recalcitrância, influências desagregadoras (...)"[24].

Barnard considerava a organização comercial um meio para que as pessoas realizassem o que não conseguiriam como indivíduos. Definiu uma organização como um sistema de atividades conscientemente coordenadas envolvendo os esforços de duas ou mais pessoas. Ele propôs uma dimensão moral para o mundo do trabalho, afirmando que a marca distintiva da responsabilidade executiva é que ela requer não apenas a conformidade a um código de conduta complexo, mas também a criação de códigos de condutas para outras pessoas. Ao argumentar que existia uma moralidade na Administração, representou papel importante na ampliação do desempenho gerencial, passando de uma atuação simplesmente voltada à medição, ao controle e à supervisão para outra, preocupada também com noções abstratas, de mais difícil compreensão, como valores[25].

As funções do executivo

Resumidamente, pode-se dizer que, na opinião de Barnard, as principais funções da Administração são a formulação de objetivos e a aquisição dos recursos necessários para atingi-los. Para tanto, enfatizou a necessidade de haver comunicação eficaz entre as partes, sendo esse aspecto um meio importante para realizar as metas grupais[26].

Assim, uma organização pode ser vista como um sistema de cooperação que exige a coordenação dos esforços e um sistema de comunicação no qual o executivo ocupa pontos centrais. Dessa forma, uma das funções dos executivos é a de "servir como canal de comunicação, na proporção em que as comunicações têm de passar através de posições centrais"[27]. O objetivo do sistema de comunicação, afirma o autor, é a coordenação de todos os aspectos da organização, e as funções dos executivos se relacionam com todo o trabalho essencial à manutenção e sobrevivência de uma organização.

Barnard pregava que as funções executivas não consistem somente na administração de um grupo de pessoas, o que, na sua opinião, seria uma concepção estreita, conveniente e errônea. As funções executivas, para ele, serviriam para sustentar e promover o sistema de esforço cooperativo, ao contrário do que muitos teóricos acreditam.

Barnard deixa claro, então, que as funções executivas essenciais respondem aos elementos da organização e consistem em[28]:

1. "prover o sistema de comunicação;

2. promover a garantia de esforços essenciais; e

3. formular e definir o propósito".

Segundo Barnard[29], a primeira função executiva refere-se a desenvolver e manter um sistema de comunicação, sem o qual nenhuma organização pode existir. Isso envolve a coordenação entre a estrutura formal da organização e o pessoal executivo, que deve definir os deveres organizacionais, deixar claro as linhas de autoridade e considerar tanto os meios formais de comunicação quanto os informais.

O processo deve envolver seleção de homens e oferecimento de incentivos; técnicas de controle, permitindo efetividade na promoção, rebaixamento e demissão de pessoas; e garantia de uma organização informal, que promova compatibilidade entre o pessoal. As funções mais importantes da organização informal incluem a expansão dos meios de comunicação com redução da necessidade de decisões formais, a diminuição das influências indesejáveis e a promoção de influências desejáveis em concordância com o esquema das responsabilidades formais.

A segunda função do executivo, segundo Barnard[30], refere-se a promover e assegurar os serviços pessoais que constituem o material das organizações. Essa função envolveria duas atividades principais. A primeira implica trazer pessoas para o relacionamento cooperativo com a organização. A segunda significa obter os esforços essenciais, depois que tais pessoas fossem trazidas até a organização.

A terceira função do executivo envolve formular e definir os propósitos, objetivos e fins da organização. O propósito seria, entretanto, formado mais pelo conjunto de ações tomadas do que por formulação de palavras. Para Barnard[31] essa função depende de toda a organização executiva, e nenhum executivo, isoladamente, seria capaz de realizá-la.

Segundo Wren[32], Barnard ampliou esta função para incluir as funções de tomada de decisões e delegação. Delegação foi entendida como a decisão que envolve os objetivos almejados e os meios necessários para alcançá-los. Os resultados consistem em decisões sobre a alocação de responsabilidade e autoridade dentro do sistema cooperativo para que o pessoal compreendesse como poderiam contribuir para os objetivos almejados. A tomada de decisões teria duas faces: análise, significando a busca de fatores estratégicos que criariam o conjunto necessário de condições para que a organização alcançasse seus propósitos; e síntese, implicando o reconhecimento das inter-relações entre diversos elementos ou partes que, juntos, formam o sistema como um todo.

Críticas à Descrição de Barnard sobre o "Trabalho do Administrador"

O professor Andrews observa que as fraquezas mais evidentes do livro de Barnard estão no tom abstrato da apresentação das idéias, na dificuldade de estilo e na pobreza dos exemplos. Além disso, Barnard praticamente omitiu um estudo das instituições de cúpula da organização[33].

Richard Pascale[34] oferece uma das principais críticas às idéias de Barnard, fundamentada no equilíbrio que Barnard tanto buscava. Segundo Pascale, Barnard procurava mostrar a coerência entre diversos elementos organizacionais, tais como valores, redes sociais informais, sistemas formais e objetivos, acreditando que, quanto maior o equilíbrio entre eles, melhor o desempenho da organização. Para Pascale, "a organização vital de hoje deve aceitar a mudança, a descontinuidade e até mesmo o conflito, e administrar essas coisas criativamente".

Comentários sobre a Descrição e as Críticas

As idéias de Barnard complementaram a teoria administrativa num momento em que as empresas enfrentavam novos problemas e, conseqüentemente, necessitavam de novas respostas e soluções. Esses problemas surgiram principalmente pela situação do ambiente empresarial, como, por exemplo, a crise econômica da década de 1930, que levou ao questionamento da própria legitimidade do capitalismo gerencial.[35]

Dessa forma, as concepções de Barnard surgiram como prerrogativas no sentido de buscar reconquistar a moral perdida nos anos 30. Foram idéias, além de inovadoras, reveladoras, no sentido de trazer à tona aspectos organizacionais que, até então, estavam subjacentes à administração e eram, na maioria das vezes, esquecidos pela gerência ou, até mesmo, tratados com menos cuidado do que mereciam.[36]

O trabalho de Barnard não recebeu crítica ferrenha de nenhum outro autor, provavelmente por seus aspectos inovadores para a época. Ele reconheceu a importância de assuntos agora denominados de cultura organizacional, gestão por objetivos[37] e liderança[38], que na época, pode-se dizer, foram pouco valorizados. Quando tais assuntos passaram a ser considerados pela teoria administrativa, a crítica à sua obra não seria válida, pois se tratava do precursor de tais conceitos e, como tal, deveria ser tratado com certa reverência.

Considerações Finais

Barnard foi o primeiro autor a se preocupar em expor consistentemente as funções do executivo, concentrando-se nas questões humanas, psicológicas e comportamentais. Ele compreendeu, provavelmente de forma mais lúcida do que outros teóricos e executivos da época, que as organizações são compostas por seres humanos com motivações individuais. Além disso, identificou que as grandes organizações, embora formalmente constituídas, possuem grupos informais como característica inerente, cujos objetivos devem ser compreendidos pelos dirigentes para que possam ser atrelados aos da organização. Em suma, a responsabilidade do executivo repousa sobre essa função, um aspecto tão importante de seu trabalho que Barnard o relacionou ao conceito de eficácia. Para ele, a organização é eficaz quando seus objetivos são aceitos por todos os seus membros. Dessa forma, considerava essencial para a organização que todos os seus integrantes cooperassem ao trabalharem para alcançar objetivos comuns.

Relacionado a esse assunto, Barnard insistia que só haveria autoridade em uma organização a partir do momento em que fosse aceita por seus integrantes. Isso só poderia ser conseguido por meio de um sistema eficaz de comunicação, aspecto esse bastante enfatizado pelo autor em seu livro. Dessa forma, ele acreditava que todos na organização deveriam conhecer e ter acesso aos canais de comunicação formal. Para aumentar a eficácia do sistema, recomendava que as linhas de comunicação deveriam ser o mais curtas e diretas possíveis.

Assim, em resumo, Barnard afirmava que o trabalho do executivo consistia em: conceber e gerenciar esse sistema de comunicações, visando à comunicação eficaz com os grupos informais; incentivar os integrantes a cooperarem para atingir os objetivos da organização; e elaborar e definir objetivos coesos que possam ser facilmente comunicáveis a todos os participantes na organização.

A concepção de Barnard sobre quais seriam as funções dos executivos se diferenciava das idéias que dominavam e fundamentavam a teoria administrativa sobre o assunto na época, baseadas exclusivamente no trabalho de Fayol, conhecido hoje como abordagem do processo.

Barnard abriu outra linha de pensamento sobre o trabalho do executivo, que, mais tarde, ficou conhecida como abordagem dos papéis. Essa abordagem, que veio fundamentar diversas outras pesquisas recentemente, apresentou-se em oposição às idéias de Fayol. Com isso, Barnard derrubou barreiras na teoria administrativa e forneceu as bases para o desenvolvimento de um novo e vasto campo que ainda hoje tem muito a ser explorado.

Além disso, Barnard pode ser considerado o precursor de diversas teorias administrativas consideradas da mais alta relevância hoje para as organizações[39]. Embora a maioria dos conceitos apresentados por ele tenha se destacado quando da publicação de sua obra, em 1938, outros, no entanto, não receberam a devida atenção de organizações e teóricos da época.

Foram as mudanças ambientais e organizacionais que se sucederam nas décadas subseqüentes, e a conseqüente evolução do pensamento administrativo, que revelaram a contribuição das idéias de Barnard e a forma pela qual proporcionaram melhor compreensão desse complexo sistema social que é a organização.

Questões

1. O livro *As Funções do Executivo*, de Chester Barnard, escrito na década de 1930, antecipou diversos princípios importantes da administração moderna, entre eles a liderança. Segundo a contextualização histórica da obra de Barnard, qual o papel da liderança nas organizações e quais aspectos marcavam o ambiente organizacional daquela época.

2. Barnard foi o primeiro teórico a centrar a atenção sobre a natureza e a importância da organização informal.

   a) Explique, a partir de pesquisa em outros livros, o conceito de organização informal.

   b) Quais as considerações feitas por ele a respeito da organização informal e para a solução dos conflitos de interesse entre os objetivos individuais dos trabalhadores e os da própria organização?

3. Barnard afirma que a autoridade deriva daqueles que estão sendo liderados, não dos líderes. Nesse sentido, em uma passagem de seu livro ele afirma que "a maioria dos empregados esconde os punhos cerrados em seus bolsos (...)". Você concorda com Barnard? Como então definir o que é autoridade segundo essa concepção de Barnard? Dê um exemplo extraído de uma situação empresarial.

4. Segundo Barnard, quais os maiores desafios da gestão?

5. Barnard foi pioneiro ao conceber fundamentos do que hoje é conhecido como "abordagem holística" da administração e "administração por objetivos", a qual foi aprofundada e definitivamente caracterizada por Peter F. Drucker mais de 20 anos depois. Procure neste capítulo passagens que expressam esse pioneirismo e, complementarmente, defina, por meio de consultas a outros textos, o que é "administração holística" e "administração por objetivos".

6. Após a leitura do capítulo, qual o resumo que você faz da contribuição de Barnard ao estudo da administração e, de forma especial, qual a importância do administrador para as organizações segundo Barnard?

Estudo de Caso

Kiko, Cabeça, Du Bola e Salsicha formam uma equipe altamente competitiva na modalidade esportiva de "corrida de aventura". Por várias vezes estiveram competindo com grandes chances de vitória em corridas realizadas em cidades como Brotas, Itirapina, São Pedro e Analândia, todas no interior de São Paulo, assim como em outros estados e países, como Minas Gerais, Rio de Janeiro e mesmo na Floresta Amazônica e Venezuela.

Apesar do potencial individual de todos os componentes da equipe, espelhado na forte motivação, no treinamento sistemático e na constante participação em competições, essa equipe não tem conseguido traduzir plenamente o potencial individual em potencial coletivo, perdendo algumas vezes importantes títulos para equipes potencialmente menos preparadas.

O clima de amizade entre os integrantes da equipe parece ser bom, uma vez que o grupo é visto junto com freqüência, principalmente nos momentos de *happy hour* após as longas "pedaladas" vespertinas pelos campos da região de São Carlos, SP, e em churrascos que os colegas da equipe promovem para os momentos de descontração, quando gostam de ouvir músicas eletrônicas. Kiko, o líder da equipe, parece ser bem aceito pelos demais integrantes.

Sabedor do potencial individual dos componentes da equipe, um empresário do setor de alta tecnologia do Pólo Tecnológico de São Carlos decide patrocinar a equipe. Entretanto, ao analisar o portfolio de títulos, percebe que "os caras" "nadam, nadam e... morrem na praia", ou seja, são competitivos, mas não ganham "medalhas de ouro" de forma consistente, ficando ora com as de prata, ora com as de bronze. No jargão da estratégia, não conseguem obter vantagem competitiva sustentável ao longo do tempo. De fato, o empresário, experiente em patrocínios de esportistas, acha que a equipe realmente tem potencial individual enorme, pelo perfil de seus integrantes, mas vive algum tipo de problema administrativo que pode estar relacionado à liderança ou mesmo à condução do processo administrativo. Afinal, diz o patrocinador, "uma equipe de corrida de aventura é na realidade uma organização que trabalha em um ambiente competitivo, da mesma forma que uma empresa. Assim sendo, o seu sucesso depende muito do sucesso da sua administração, além da competência individual de seus componentes. É uma questão de técnica e de gestão de todo o processo – antes, durante e depois da corrida".

Questão para discussão sobre o estudo de caso

1. O patrocinador da equipe entra em contato com você e solicita-lhe que faça um diagnóstico da equipe do ponto de vista administrativo. À luz da teoria de Chester Barnard sobre o trabalho do administrador vista neste capítulo, apresente ao patrocinador da equipe um relatório no qual expõe os prováveis problemas que a equipe possa estar enfrentando e as soluções possíveis.

Notas

1. ESCRIVÃO FILHO, E. *A natureza do trabalho do executivo*: uma investigação sobre as atividades racionalizadoras do responsável pelo processo produtivo em empresas de médio porte. 1995. Tese (Doutorado), Universidade Federal de Santa Catarina, Florianópolis.

2. ESCRIVÃO FILHO, 1995.

3. GABOR, A. *Os filósofos do capitalismo*. Rio de Janeiro: Campus, 2001.

4. WREN, D. A. *The evolution of management thought*. New York: Wiley, 1994.

5. LODI, J. B. *História da administração*. São Paulo: Thomson, 2003.

6. WREN, 1994.

7. GABOR, 2001.

8. BARNARD, C. I. *As funções do executivo*. São Paulo: Atlas, 1971.

9. GABOR, 2001.

10. GABOR, 2001.

11. GABOR, 2001.

12. KENNEDY, C. *O guia dos gurus no gerenciamento*. Rio de Janeiro: Record, 2000.

13. GABOR, 2001.

14. GABOR, 2001.

15. GABOR, 2001.

16. KENNEDY, 2000.

17. GABOR, 2001.

18. GABOR, 2001.

19. KENNEDY, 2000.

20. GABOR, 2001.

21. KENNEDY, 2000.

22. CRAINER, S. *Os revolucionários da administração*. São Paulo: Negócios Editora, 1999.

23. GABOR, 2001.

24. GABOR, 2001.

25. CRAINER, 1999.

26. PARK, K. H. (Coord.). *Introdução ao estudo da administração*. São Paulo: Thomson, 2002.

27. BARNARD, 1971. p. 213.

28. BARNARD, 1971. p. 215.

29. BARNARD, 1971.

30. BARNARD, 1971.

31. BARNARD, 1971.

32. WREN, 1994.

33. LODI, 2003.

34. KENNEDY, 2000. p. 51

35. GABOR, 2001.

36. GABOR, 2001.

37. GABOR, 2001.

38. KENNEDY, 2000.

39. KENNEDY, 2000.

Capítulo 5

Administrar é decidir: a visão de Simon

Alexandre Farias Albuquerque
Edmundo Escrivão Filho

Introdução

Numa sociedade organizacional e empresarial a figura do administrador ganha muita importância, pois a geração de riqueza e bem-estar das pessoas depende em grande parte de sua atuação.

Administrador é uma denominação geral para todo aquele (gerente, executivo, diretor, etc.) que é responsável por coordenar o esforço grupal e realizar o objetivo predeterminado pela organização. Várias abordagens procuram explicar qual deve ser o trabalho do administrador, mas todas elas apresentam apenas uma visão parcial do tema estudado.

Uma dessas abordagens é descrita por Herbert A. Simon no livro *Comportamento Administrativo*, no qual o autor mostra que é possível coordenar o esforço grupal a partir do entendimento do processo decisório.

Para Simon, a organização é um complexo sistema (unidades interdependentes e inter-relacionadas que formam um conjunto) de decisões e cabe ao administrador distribuir as funções decisórias com o propósito de influenciar o comportamento das pessoas que realizam "o trabalho físico" (nível operacional) na organização, de forma a conseguir a integração do comportamento de seus integrantes.

Biografia e Obra

Herbert Alexander Simon (1916-2001) graduou-se em Ciência Política pela Universidade de Chicago em 1936, onde obteve também o título de Ph.D. na área, em 1943. Lecionou em diversas universidades norte-americanas, entre elas na Universidade Carnegie Mellon (Pittsburgh) e no Instituto de Tecnologia de Illinois (Chicago)[1]. Iniciou suas atividades de pesquisa na Administração Pública e posteriormente voltou-se mais à administração de empresas. Foi também consultor do governo e da NASA e diretor do Conselho de Pesquisas de Ciências Sociais[2].

Seus trabalhos sobre a decisão e o comportamento humano têm até hoje influência marcante nos campos da Administração, Economia, Psicologia e Ciência da Computação e lhe renderam, além do Prêmio Nobel de Economia em 1978[3], o prêmio Turig em Ciência dos Computadores e a primeira Medalha Nacional da Ciência, concedida por seu trabalho em ciências do comportamento[4].

Seu interesse na tomada de decisões gerenciais começou em 1935, quando ainda era estudante de graduação em Ciência Política na Universidade de Chicago e realizou um trabalho para a disciplina de Governo Municipal, estudando um problema clássico de orçamentação na administração do lazer público de Milwaukee, que se dividia entre o Conselho Escolar e o Departamento de Parques. Simon verificou que a simples decisão de distribuir recursos entre as duas divisões ia muito além do que os manuais de economia ensinavam, percebendo que as preferências e fidelidades do tomador de decisão, geralmente, pesavam mais do que as considerações economicamente racionais (investir no que traz resultados melhores). A partir desse estudo Simon viu o problema como sendo uma questão de tomada de decisões humanas e de racionalidade limitada e em 1945 publicou *Comportamento Administrativo*, um estudo dos processos decisórios nas organizações administrativas, que têm suas raízes no estudo de Milwaukee[5].

Contextualização da Obra

A teoria decisória da gerência proposta por Simon, em 1945, no livro *Comportamento Administrativo*[6], é reconhecida pelos estudiosos da teoria administrativa como pertencente à abordagem comportamental (ou behaviorista) da administração, que estuda o comportamento do indivíduo e suas relações dentro das organizações. No entanto, reflete uma forma modificada de comportamentalismo, pois procura demonstrar como as escolhas individuais na organização podem ser influenciadas[7] pela determinação de algumas premissas decisórias (critérios em que se baseiam as decisões). Simon, dessa maneira, não se enquadra no behaviorismo clássico[8], pois ele quer entender o comportamento da organização estudando a maneira pela qual as pessoas decidem e como a administração pode influenciar esse processo de tomada de decisão.

Os primeiros passos do estudo do comportamento humano podem ser situados em 1879, quando Wilhelm Wundt instalou em Leipzig um laboratório com este objetivo, iniciando o processo de transformação da Psicologia numa ciência experimental. Leipzig foi onde Hugo Munsterberg estudou, em 1885, mas foi como professor em Harvard, em 1913, que ele publicou *Psicologia e Eficiência Industrial*, criando o campo da Psicologia Industrial[9].

Foi a partir do fim da Primeira Guerra Mundial que o estudo científico do comportamento humano aplicado à Administração começa a ganhar força, inicialmente com o exército americano recrutando pessoas que tivessem maior aptidão para aprender e desempenhar as funções militares. Logo depois, esse processo de seleção ótima ganhou as empresas, que passaram a realizar testes para medir a inteligência e aptidões específicas e compreender características da personalidade dos candidatos[10]. Durante essa época é a concepção do homem econômico que prevalece. Um ser capaz de produzir os melhores resultados desde que possua as condições físicas ideais e seja remunerado adequadamente.

Na década de 1930, a preocupação com o comportamento humano nas empresas foi intensificada por dois acontecimentos: "os estudos conduzidos por Elton Mayo em Hawthorne e a promulgação nos EUA do National Labor Relations Act em 1934, garantindo o direito de associação dos trabalhadores americanos". Estes fatos levaram os empresários a utilizar técnicas para motivar os funcionários: "planos de seguros, canais de comunicação com a direção, encontros, festas e competições foram implementados, na tentativa de agradar os trabalhadores"[11]. A partir daí é reconhecido um outro tipo de natureza humana, que deu origem ao homem social. Um ser que tem valores diferentes da organização e que precisa ser respeitado e estimulado para que se consiga melhor rendimento por parte do trabalhador.

Surge, assim, uma nova abordagem do pensamento administrativo, a abordagem behaviorista, que concebe a organização "não apenas como um espaço de realização das atividades desejadas pela organização formal", a que está prevista e escrita nos regulamentos, "mas também como um lugar onde os indivíduos ou grupos procuram satisfazer as suas necessidades particulares"[12]. É a partir dessa idéia e das duas concepções (econômica e social) da natureza humana, predominantes na época, que Simon propõe a sua teoria da decisão, para análise e descrição das organizações.

Descrição de Simon sobre o "Trabalho do Administrador"

Foi Herbert A. Simon o primeiro a caracterizar os processos administrativos como processos decisórios[13]. Na obra *Comportamento Administrativo: estudo dos processos decisórios nas organizações administrativas*, Simon analisa a estrutura da escolha racional humana, ou seja, o modo como o indivíduo decide, para estudar a anatomia (estrutura) e a fisiologia (funcionamento) da organização e descrever o trabalho do administrador.

Na opinião do autor, a definição do que é administração (a arte de conseguir realizar as coisas) faz com que se dê maior ênfase aos métodos e ao que é realizado e pouco destaque à escolha que antecede a ação, isto é, "a determinação do que se deve fazer". Há a preocupação em descrever orientações que possibilitem uma ação coordenada dos indivíduos para realização de uma tarefa, mas não em elaborar princípios que orientem a escolha que antecede a ação. Para Simon, uma teoria geral da administração não deve incluir apenas princípios que assegurem uma ação efetiva, mas também princípios de organização que assegurem decisões corretas[14].

Para explicar sua idéia, Simon cita o seguinte exemplo: embora seja o soldado com a metralhadora quem lute no campo de batalha e não seu comandante, este, provavelmente, exercerá mais influência no resultado da luta do que qualquer soldado. A probabilidade de o comando afetar o resultado da batalha depende do grau de influência (como a determinação do objetivo e da posição estratégica da tropa) a que será submetido o soldado.

Analogamente, pode-se citar o exemplo de uma fábrica de eletrodomésticos. Uma geladeira é construída pelos operários na linha de montagem e não pelo administrador da produção, mas este último, provavelmente, exercerá mais influência no bom resultado da produção do que o operário. Dessa forma, a proposta de Simon é saber como o administrador pode influenciar os operários a fim de obter um comportamento coordenado, ou seja, como as decisões e comportamento desses operários podem ser determinados pela organização para que eles produzam geladeiras de acordo com o método estabelecido.

Segundo Simon, há dois extremos nas ciências sociais quando o assunto tratado é a racionalidade. Em um extremo está o homem econômico atribuído pelos economistas como um ser de onisciência racional. É um ser capaz de ter acesso a todas as informações necessárias à sua decisão, que conhece todas as alternativas de comportamento e suas conseqüências e que tem capacidade de escolher a alternativa que maximiza os resultados e chegar à melhor alternativa[15].

No outro extremo estão os discípulos de Freud, que tratam de reduzir todo conhecimento à afetividade, o que significa dizer que as pessoas não são tão racionais como gostariam de ser[16]. Para o autor, o comportamento humano nas organizações é, se não totalmente, pelo menos em boa parte, intencionalmente racional, pois a pessoa busca a melhor solução, mas não a consegue em conseqüência de suas limitações ou critérios em que ela baseia a sua escolha. Simon vê "o homem como um ator econômico bombardeado por escolhas e decisões, mas possuindo um estoque limitado de informações e capacidades de processamento"[17].

Sendo assim, sua proposta não visa substituir a psicologia pela economia como base para formulação de uma teoria organizacional, mas observar a área em que o comportamento humano é intencional (que pode ser moldado aos interesses organizacionais), embora racionalmente limitado, para desenvolver uma autêntica teoria de organização e administração.

Na sua visão, a organização é um sistema de decisão do qual a pessoa participa de forma racional e consciente, escolhendo entre alternativas mais ou menos racionais[18]. A racionalidade da decisão (adequação entre meios e fins) torna-se, então, a principal preocupação da teoria administrativa, cabendo ao administrador a tarefa de distribuir e influenciar a função decisória numa determinada organização. O processo administrativo consiste na tarefa de estabelecer o pessoal operativo e superpor um nível administrativo que seja capaz de influenciar as suas decisões, a fim de obter um comportamento coordenado e efetivo[19].

O processo de decisão racional

Para Simon, a decisão representa o processo pelo qual uma alternativa de comportamento ou estratégia é selecionada e realizada em determinado momento, como a escolha em fabricar sapatos masculinos em vez de sandálias femininas ou a escolha entre comprar uma casa maior e mais confortável num bairro distante ou uma casa menor e menos confortável num bairro mais bem localizado e com futuro promissor. A melhor alternativa é a que objetiva o bairro em que se quer adquirir o imóvel ou o tamanho e a estrutura da casa? Quais as conseqüências dessas alternativas? A proposta de Simon baseia-se nas possibilidades de comportamento alternativo e suas conseqüências.

A tarefa de decidir é composta de três etapas[20]:

1. O relacionamento de todas as possíveis estratégias que poderão ser adotadas (a estratégia representa o conjunto de decisões que determinam o comportamento a ser seguido num determinado período de tempo).

2. A determinação de todas as conseqüências decorrentes da adoção de cada estratégia.

3. A avaliação comparativa de cada grupo de conseqüências e escolha de uma alternativa entre várias disponíveis, a partir de valores pessoais e organizacionais. A escolha indica a preferência por um conjunto de conseqüências.

No entanto, Simon alerta que, mesmo a palavra *"todas"* sendo usada deliberadamente, "é impossível, evidentemente, que o indivíduo conheça *todas* as alternativas de que dispõe ou *todas* as suas conseqüências"[21]. Isto significa que o administrador não terá acesso a todas as informações necessárias e não será possível saber qual a melhor alternativa de comportamento ou estratégia a ser selecionada e implementada, como pressupõe o homem econômico. A situação se assemelha à do alpinista que escolhe uma montanha (o pico Everest) como seu objetivo imediato: dos vários caminhos alternativos que lhe possibilitam chegar lá, "ele pode, de fato, percorrer apenas um e nunca saberá se aquele que escolheu é o melhor, embora sob certas condições ele possa ter um palpite razoável"[22].

Percebe-se que, para realizar todas as etapas citadas acima, o indivíduo é limitado na sua racionalidade. Para Simon, o comportamento real não alcança a racionalidade objetiva (a melhor escolha), pois o indivíduo é limitado e influenciado, muitas vezes, por sua capacidade física, por seus valores e pela extensão de seus conhecimentos[23].

Quanto às limitações de conhecimentos, Simon[24] propõe que não é possível ao administrador ter acesso a todas as possibilidades de ação, medindo todas as opções, tendo em vista a impossibilidade material de obter todas as informações, dados problemas de tempo e custo. O administrador contenta-se em adquirir um número limitado de informações, "um nível satisfatório", que possibilite a identificação dos problemas e algumas soluções alternativas. "O que o indivíduo faz, na realidade, é formar uma série de expectativas das conseqüências futuras, que se baseiam em relações empíricas já conhecidas e sobre informações acerca da situação existente"[25]. Para ilustrar a imperfeição ou ausência de conhecimento, Simon cita o exemplo do corpo de bombeiros de uma cidade[26], que poderia bem ser a cidade de São Paulo, SP:

"A fim de aplicar, com pleno êxito, os recursos existentes para resolver o problema de proteção contra incêndios de certa cidade, os membros do corpo de bombeiros necessitariam saber com detalhes as probabilidades de ocorrência de incêndios em cada parte da cidade – em cada edifício, para sermos mais precisos – e o efeito exato que teriam sobre os prejuízos causados pelo fogo", considerando "determinadas mudanças no processo administrativo, ou na redistribuição das equipes de combate a incêndios".

Em relação à capacidade do ser humano, mesmo que fosse possível ter acesso a todas as informações de que necessita, ele não seria capaz de interpretá-las todas, tendo em vista a impossibilidade física de relacionar tantos fatos em sua mente, tornando improvável a escolha da solução ideal ou a melhor alternativa[27].

Quanto às limitações relacionadas aos valores e conceitos de finalidades que influenciam o tomador de decisão, a lealdade à organização por parte do administrador é fundamental ao alcance dos objetivos organizacionais. Se os valores individuais não coincidirem com os valores e finalidades organizacionais, o administrador pode tomar decisões contrárias aos interesses da unidade mais ampla. Pressões afetivas, culturais e jogos de poder[28] influenciam o conteúdo das decisões.

Em resumo, para Simon é impossível o indivíduo conhecer todas as alternativas de que dispõe e as suas conseqüências. Por isso, a teoria administrativa deve ser, na sua essência, a teoria da racionalidade intencional e limitada do comportamento do ser humano, que contemporiza porque não possui meios para maximizar os resultados. A teoria deve ficar preocupada "com os limites da racionalidade e com a maneira pela qual a organização afeta esses limites no caso do indivíduo que vai decidir"[29].

No modelo de racionalidade limitada de Simon[30] as decisões são satisfatórias, mas não ótimas. A otimização das decisões é uma ficção, pois elas são limitadas ou influenciadas pelas limitações do ser humano em ter acesso e processar cognitivamente todas as opções, pela impossibilidade de obter todas as informações decorrentes de problemas de custo e tempo e pelas crenças, conflitos e jogos de poder que ocorrem dentro das organizações.

Influência organizacional

A administração da organização deve trabalhar nos limites da racionalidade (capacidade, valores e extensão dos conhecimentos) que afetam o indivíduo na tomada de decisão, proporcionando as condições ideais para uma escolha satisfatória. Para isso, a organização precisa criar o ambiente psicológico da escolha, isto é, os pressupostos – premissas (referências) que são aceitas pelo indivíduo como bases para sua escolha – que influenciem as decisões de seus membros em benefício dos objetivos organizacionais. Deve definir os critérios que limitam o processo de escolha e o número de alternativas disponíveis[31], que os participantes irão considerar antes de optarem por uma alternativa satisfatória e não ótima.

Como "a escolha individual ocorre num ambiente de pressupostos e o comportamento é flexível apenas dentro dos limites fixados por esses pressupostos", o ambiente psicológico da escolha (premissas ou referências) pode ser deliberadamente escolhido e modificado, tornando-se um papel da organização fornecer referências (conhecimentos, valores) sintonizadas aos objetivos organizacionais que possibilitem as escolhas corretas[32]. Em outras palavras, a organização seleciona os objetivos do indivíduo, faz treinamento para que ele adquira certas habilidades e lhe fornece informações úteis à decisão racional, à luz dos objetivos. Em suma, a organização adapta o comportamento do indivíduo num sistema integrado, isto é, influencia suas decisões[33].

O processo de integração do comportamento ou coordenação envolve três etapas[34]:

- O desenvolvimento de um plano para todos os participantes da organização – no plano constam as decisões mais gerais, que irão orientar as ações dos integrantes da organização. Essas decisões correspondem aos objetivos e aos meios de colocá-los em prática. Por exemplo, a aceitação da mudança do conceito de bom para excelente em produção científica, como objetivo de uma universidade, significa que foi estabelecido um critério (uma referência) que orientará todas as decisões do diretor, coordenador, professores e alunos da instituição ao desempenharem suas atividades. Simon afirma que "é dessa possibilidade de influenciar a escolha futura por meio de decisões presentes que a idéia de um complexo de decisões decorre"[35], isto é, planejar (orientar) o comportamento dos membros da organização a partir da definição de critérios ou referências gerais que influenciem as suas escolhas futuras.

- A comunicação do plano aos participantes – nesta etapa são definidos os mecanismos (autoridade, treinamento, manuais etc) que dirigirão a atenção e canalizarão a informação e os conhecimentos que irão permitir que decisões específicas (ou individuais) se conformem às decisões gerais (objetivos da organização). Deve haver preocupação se os ofícios, memorandos, manuais e outros meios de influência estão orientando as pessoas em suas decisões.

- A aceitação do plano pelos participantes – os membros da organização aceitam o plano quando suas decisões e atividades diárias estão baseadas nas referências gerais. Quando o diretor da universidade faz a opção de aplicar os recursos escassos em novas concessões de bolsas para realização de pesquisas científicas, por exemplo, ele foi influenciado pelo objetivo da instituição.

As decisões mais gerais preparam o ambiente psicológico, isto é, fornecem os pressupostos (referências) para as decisões mais detalhadas. O nível inferior de integração especifica essas decisões gerais, determinando que atividades serão realizadas. E, assim, a cada nível subseqüente essas decisões são detalhadas considerando como pressuposto a decisão tomada no nível imediatamente acima[36]. Fica claro que a influência é exercida através do controle das premissas decisórias, ou seja, da imposição de critérios. "A organização proporciona ao indivíduo, por meio do sistema de autoridade e dos outros tipos de comunicação, algumas de suas principais premissas decisórias de valor fundamental – os objetivos da organização – e fornece todas as classes de informações de que necessita para poder realizar esses valores"[37] ou objetivos.

Diz-se que a influência é completa sempre que uma decisão tomada por um indivíduo orienta o comportamento total de outrem, como é o caso do subordinado que aceita a ordem do superior como base (premissa) para suas escolhas. Simon cita o exemplo de um soldado que desfila numa parada militar. Todos os seus movimentos, o garbo e a extensão de seus passos são determinados por seu comandante. Isto significa que as decisões do subordinado estão de acordo com as premissas que foram selecionadas para ele pelo seu chefe (comandante)[38].

Entretanto, segundo Simon, "na maioria das vezes, a influência estabelece apenas limites parciais ao exercício do arbítrio. Pode-se dizer a um subordinado o que fazer, deixando-lhe... considerável liberdade para decidir sobre como executar a tarefa". Dessa forma, para determinar a extensão da influência é preciso saber que partes são estabelecidas pelo superior e que partes são deixadas à vontade própria do subordinado[39].

As influências da organização que determinam algumas das premissas decisórias do indivíduo podem ser divididas em externas (a autoridade, o aconselhamento, a informação e o treinamento) e internas (o critério da eficiência e as identificações com a organização). O problema está em determinar o alcance e o modo pelo qual se deve utilizar cada umas dessas formas de influência. "O exemplo mais simples disso é o aumento gradual da liberdade de decidir que se permite ao empregado, à medida que ele vai se familiarizando com o trabalho"[40] e com as referências (premissas) determinadas pela organização.

Elementos da decisão

Para o administrador é importante, também, entender os elementos componentes de toda decisão administrativa e como elas serão avaliadas. Na opinião de Simon "(...) toda decisão compõe-se de dois tipos de elementos, denominados elementos de fato e elementos de valor, respectivamente"[41]. Significa que "cada decisão envolve a seleção de uma meta (elemento de valor) e de um comportamento (elemento de fato) com ela relacionada"[42], que privilegiam certas escolhas do estado futuro em detrimento de outras, orientando o comportamento na direção da alternativa selecionada.

Simon distingue as proposições factuais, que representam os meios que levam à consecução dos objetivos, das proposições valorativas (objetivos ou metas), de forma a avaliar se as decisões administrativas estão certas ou não. Em suma, "uma decisão representa uma conclusão de um conjunto de premissas de fato e de valor"[43]. Para o autor, essa distinção é de suma importância para a administração, pois possibilita ao tomador de decisão a compreensão do que se entende por decisão administrativa satisfatória (correta).

Em princípio, as proposições factuais podem ser testadas, para se determinar a sua veracidade ou não, isto é, se o que elas afirmam a respeito de determinada coisa ocorre ou não na realidade. Já as proposições éticas ou valorativas não podem ser testadas ou comparadas com fatos, pois elas expressam muito mais deveres do que fatos. "Por conseguinte, não existe nenhuma maneira de demonstrar, empírica ou racionalmente, a correção das proposições éticas"[44]. Isto significa que os objetivos determinados pela organização não podem ser avaliados como corretos ou incorretos, mas sim, em tese, os meios escolhidos para alcançá-lo. Em outras palavras, isto demonstra que os objetivos organizacionais são estabelecidos para orientar as ações dos participantes da organização e não para serem questionados se estão certos ou errados.

Desse modo, "se uma frase declara que determinado estado de coisas deve ser, ou que é preferível, ou desejável, ela passa a desempenhar uma função imperativa, e não é nem verdadeira nem falsa, nem correta nem incorreta"[45]. Sendo assim, então, como as decisões administrativas podem ser avaliadas quanto a sua exatidão? Para responder a esta questão, Simon cita o exemplo de uma companhia de infantaria que busca vencer uma batalha[46]:

A surpresa constitui a essência de um ataque bem-sucedido. Seus efeitos devem ser procurados tanto em operações em pequena como em grande escala. A infantaria alcança a surpresa, mantendo sigilo sobre a hora e o local do ataque, camuflando suas posições, pela rapidez nas manobras de envolvimento, dissimulações e precauções contra processos estereotipados. O parágrafo pode ser descrito de maneira diferente, separando-o em três frases, a primeira ética, e as outras puramente factuais:

1. Ataque com sucesso!

2. Um ataque só pode ser bem-sucedido quando efetuado de surpresa.

3. As condições que determinam a surpresa são o sigilo quanto a hora e o lugar do ataque, etc.

Esta ilustração, na opinião do autor, demonstra o caráter dual das decisões que o comandante da companhia deve tomar para alcançar a surpresa (dissimular a disposição de suas tropas) e, conseqüentemente, para o sucesso na batalha. Dessa forma, há um meio para avaliar a exatidão das decisões tomadas pelo comandante: "saber se as medidas que toma, a fim de alcançar seus objetivos, são medidas apropriadas". Para Simon "é sempre possível avaliar as decisões nesse sentido relativo, podendo-se determinar, por exemplo, se elas são corretas à luz dos objetivos a que visam". O autor conclui dizendo: "o que se avalia (...) não é a decisão do comandante de tomar certas providências, a fim de alcançar a surpresa; o que se avalia é o julgamento para saber se as medidas que ele toma permitirão, realmente, alcançá-la"[47]. No caso da universidade, o que será avaliado é se as escolhas do corpo administrativo, docente e discente irão levar a instituição ao conceito de excelência na produção científica.

Críticas à Descrição de Simon sobre o "Trabalho do Administrador"

Como Taylor e Fayol, Simon acredita na condução racional e científica das organizações. Sua teoria conserva os pressupostos fundamentais da teoria desses autores clássicos, caracterizando uma continuidade da corrente racionalista da administração[48]. Simon desejava "estudar o comportamento nas organizações usando todo o moderno instrumental da análise empírica e matemática em sua pesquisa", a fim de que fosse possível "tirar a teoria organizacional do campo dos ideais e preceitos para colocá-la no mesmo patamar científico da engenharia..."[49]. A teoria de Simon ensina o administrador a modificar e criar as referências (um ambiente psicológico ideal) que possibilitem a tomada de decisão correta pelo nível operativo da organização, tendo por premissa essencial os objetivos organizacionais. Esta intenção ratifica a maquiagem da teoria dos clássicos e a aceitação dos pressupostos fornecidos pela organização como referência.

Como Barnard, Simon caracteriza a organização como um sistema social cooperativo no qual as pessoas interagem de forma coordenada na busca de objetivos comuns[50]; a ameaça ao sistema é externa e não deve existir conflito de natureza interna. Esta abordagem é conservadora e antiquada, pois entende o desequilíbrio como um mal indesejado ao sistema cooperativo. Isto significa[51] "que a existência de diferentes interesses não é aceitável pela teoria do equilíbrio..." Esta afirmação de Burrel e Morgan comprova a reforma das idéias clássicas mencionadas no parágrafo anterior. Só os problemas externos, como a recessão econômica, a queda na demanda, entre outros, podem contribuir para o insucesso organizacional. As pessoas com suas crenças e hábitos devem se moldar à cultura da organização, se submeter as suas orientações e contribuir para a harmonia dentro da organização.

A crítica de Guerreiro Ramos[52] ratifica que a teoria de Simon é neo-racionalista, ao afirmar que "tudo mostra que Simon se desinteressa totalmente pela racionalidade substancial" (valores individuais), "incidindo também ao temerário procedimento de submergi-la na racionalidade funcional" (valores organizacionais). A premissa fundamental para a minha decisão como homem participante da organização deve ser os objetivos organizacionais (racionalidade funcional) e não os meus valores, crenças ou objetivos pessoais (racionalidade substantiva).

Guerreiro Ramos chega a essa conclusão ao analisar as distinções do conceito de racionalidade (objetivamente racional, subjetivamente racional, conscientemente racional, deliberadamente racional, organizativamente racional e pessoalmente racional) descritos por Simon, rotulando essa descrição de insatisfatória. Para Guerreiro Ramos, "a organização não ocupa, jamais ocupará, todo o espaço existencial humano". Assim, o administrador irá conviver com as duas razões (funcional e substantiva) e com a tensão que isso causa dentro das organizações[53], pois não conseguirá eliminar os limites a uma ação intencionalmente racional (orientada para os objetivos) através da criação do ambiente psicológico ideal.

Comentários sobre a Descrição e as Críticas

O estudo de Simon sobre o comportamento administrativo nas organizações proporciona a descrição e análise da estrutura (anatomia) e do funcionamento (fisiologia) da organização a partir da análise do processo de decisão racional e descreve o trabalho do administrador para conseguir a integração dos comportamentos individuais e grupais.

Para Simon é papel do administrador saber de que maneira a função decisória deve ser distribuída em uma organização de forma a alcançar a essência da administração: um comportamento coordenado, ou seja, quem planeja (cria as referências) e influencia (impõe) e quem aceita e executa os propósitos organizacionais. Ao estabelecer a estrutura organizativa através da divisão do trabalho e da autoridade, o administrador deve considerar as vantagens e desvantagens da centralização ou descentralização das funções decisórias. Um pouco de centralização é indispensável e assegura a coordenação, a especialização (a perícia) e a responsabilidade. Por outro lado, os custos da centralização não devem ser subestimados, pois podem sobrecarregar pessoas altamente remuneradas com decisões que não merecem sua atenção e levar à duplicação de funções, tornando os subordinados inúteis para a organização[54].

O outro aspecto do papel do administrador é influenciar as decisões das pessoas (o nível operativo) que "realizam fisicamente" os objetivos da organização. Para isso, é preciso estabelecer algumas das premissas. Criar referências que orientem as decisões do nível operacional da organização, de forma que essas decisões se aproximem da exatidão (correção) quando avaliadas à luz dos objetivos organizacionais.

Para impor as premissas decisórias, o administrador pode utilizar mecanismos de natureza externa (autoridade, informações, etc.) e interna (critério de eficiência, lealdade organizativa), transmitindo a premissa essencial – que é o objetivo organizacional – e distribuindo conhecimentos, habilidades e informações necessárias à sua concretização.

Enfim, é dever do administrador criar um ambiente psicológico que permita ao nível operativo escolher as alternativas satisfatórias para a realização dos objetivos organizacionais. Para Simon, isto significa dizer que a pessoa aceitou participar da organização, que lhe retira a faculdade de decidir independentemente e a substitui por um processo decisório próprio[55]. Este processo, que é conduzido pelo administrador e é chamado pelo autor de modelo de comportamento planejado, define as funções, a autoridade e os limites de ação individual de forma a obter a coordenação de todos os membros da organização. Todas essas decisões são relacionadas num plano, comunicado aos membros pelo administrador, que utiliza os mecanismos de influência para aceitação desse plano.

Considerações Finais

O estudo da obra de Simon intitulada *Comportamento Administrativo* apresenta mais um instrumento para o executivo realizar a principal tarefa da administração: a coordenação dos esforços organizacionais. Até Simon, os mecanismos utilizados eram a tecnologia, a estratégia (o plano), a estrutura e o comportamento (no sentido clássico). Agora a tomada de decisão assume o papel do processo administrativo para integração dos esforços individuais e grupais.

A idéia de Simon foi formular uma teoria administrativa que possibilitasse a análise e descrição da estrutura e do funcionamento da organização a partir da definição de mecanismos que pudessem influenciar as decisões e o comportamento das pessoas que realizam fisicamente os objetivos organizacionais. Cabe ao administrador definir quem irá tomar as "decisões planejadoras" e a maneira de comunicar essas decisões (ou premissas decisórias) ao nível executor das atividades de modo a alcançar os objetivos da organização.

Simon propõe também a idéia do homem administrativo – uma alternativa ao homem econômico e ao homem social –, apresentando uma concepção de natureza humana diferente dos estudiosos da escola clássica e de relações humanas. O homem administrativo não é um ser nem onisciente nem irracional, como propunham as escolas anteriormente citadas, mas é um ser que age intencionalmente, é racionalmente limitado (habilidades, valores e conhecimento) e pode tomar decisões satisfatórias para a organização, ou seja, corretas quando relacionadas aos objetivos preestabelecidos. Essas limitações devem ser superadas pela preparação do ambiente psicológico (determinação das premissas decisórias), fornecendo os conhecimentos e informações necessários para que o tomador de decisão escolha as alternativas mais vantajosas para a organização.

Como os estudiosos anteriores, que formularam teorias para o entendimento da organização e do trabalho do executivo, Simon tem uma visão reducionista da organização, ou seja, só observa um de seus aspectos (o processo decisório) para compreender a sua estrutura e o seu funcionamento. Ele adota o "viés funcionalista", a corrente dos estudiosos que acredita que a coordenação ou a harmonia organizacional só é possível quando se priorizam a organização e seus objetivos e depois as pessoas que a construíram e os seus valores, como foi denunciado por Guerreiro Ramos[56] na crítica às idéias de Simon. A ética que deve prevalecer na organização, de acordo com Simon, é a ética da responsabilidade, que representa o compromisso do homem organizacional em guiar suas ações sempre pelas premissas (referências) determinadas pela organização em detrimento de sua liberdade.

Questões

1. Que fatores (ou aspectos) limitam o comportamento humano plenamente racional na hora de decidir? Justifique.

2. O que significa uma decisão administrativa satisfatória? Cite um exemplo.

3. Quais os passos para tomar uma decisão satisfatória (racional)? Cite a experiência da empresa que você trabalha ou conhece.

4. Qual é o papel da administração para que os colaboradores tomem decisões satisfatórias? Exemplifique.

5. Que mecanismos o administrador pode utilizar para influenciar as escolhas dos seus colaboradores? Descreva uma situação que comprove sua resposta.

6. Explique as críticas dos estudiosos da Administração e das organizações à teoria decisória da gerência de Simon. Cite um exemplo real ou fictício que comprove sua explicação.

Estudo de Caso: Comprar ou Fabricar?

A Gráfica Três Lagoas S.A. é uma empresa de médio porte que industrializa diversos tipos de formulários e outros produtos em papel. A empresa está envolvida em um processo de decisão sobre a possibilidade de diversificar produtos. Na indústria gráfica há grande concorrência e a conjuntura é de crescimento.

A diversificação pretendida é também uma forma de aproveitar a boa situação financeira da Gráfica Três Lagoas, que tem dinheiro em caixa para novos investimentos. Numa reunião da diretoria, foram apresentadas várias sugestões de novos produtos. O gerente comercial sugeriu a entrada no mercado de rótulos auto-adesivos e não-adesivos e fundamentou sua proposta com os seguintes argumentos:

- Apenas três empresas no mercado brasileiro utilizam a mesma tecnologia de produção: uma com 35% de participação no mercado, outra com 40% e a última com 25%.
- A Gráfica Três Lagoas será a primeira da região Centro-Oeste.
- Existe capacidade de absorção do mercado, já que as empresas do setor estão trabalhando com plena capacidade de produção instalada.
- Importância das indústrias alimentícia, de cosméticos, farmacêutica, entre outras, que utilizam os rótulos na embalagem dos seus produtos.
- Excelência da força de vendas e reputação dos produtos da Gráfica Três Lagoas.
- Acréscimo estimado em 30% na receita da empresa.

Para viabilizar sua proposta, o gerente comercial sugeriu a compra de uma das três empresas existentes, que apresentava problemas financeiros. Em sua opinião, era o melhor caminho, pois oferecia a oportunidade de aproveitar imediatamente o mercado. Entretanto, o gerente de produção sugeriu que o setor de Pesquisa & Desenvolvimento (P&D) da empresa desenvolvesse o novo produto e o lançasse no mercado com marca própria.

Questões para discussão sobre o estudo de caso

1. Considerando as idéias de Simon sobre a escolha racional humana, qual a natureza da decisão que a direção da Gráfica Três Lagoas está tomando? Justifique.

2. Que passos devem ser dados para que a direção faça sua escolha? Detalhe.

3. As propostas distintas dos gerentes sobre o caminho para diversificar o negócio é positiva ou negativa para a empresa? Por quê?

4. Você considera o cálculo financeiro como a única informação útil à decisão estratégica da empresa?

Notas

1. PARK, K. H.; BONIS, D. F de; ABUD, M. R. *Introdução ao estudo da administração*. São Paulo: Pioneira, 1997.

2. LODI, J. B. *História da administração*. 11. ed. São Paulo: Pioneira, 1993.

3. PARK; BONIS; ABUD, 1997.

4. GABOR, A. *Os filósofos do capitalismo*. Rio de Janeiro: Campus, 2001.

5. GABOR, 2001.

6. ESCRIVÃO FILHO, E. Fundamentos de administração. In: ESCRIVÃO FILHO, E. (Ed.). *Gerenciamento na construção civil*. São Carlos: EESC/USP, 1998.

7. ESCRIVÃO FILHO, E. *A natureza do trabalho executivo*: uma investigação sobre as atividades racionalizadoras do responsável pelo processo produtivo em empresas de médio porte. 1995. Tese (Doutorado), Universidade Federal de Santa Catarina, Florianópolis.

8. LODI, 1993.

9. GEORGE Jr., C. S. *História do pensamento administrativo*. São Paulo: Editora Cultrix, 1972.

10. PARK; BONIS; ABUD, 1997.

11. PARK; BONIS; ABUD, 1997. p. 83.

12. PARK; BONIS; ABUD, 1997. p. 84.

13. ESCRIVÃO FILHO, 1995.

14. SIMON, H. A. *Comportamento administrativo*: estudo dos processos decisórios nas organizações administrativas. 2. ed. Rio de Janeiro: Fundação Getúlio Vargas, 1965.

15. PARK; BONIS; ABUD, 1997.

16. PARK; BONIS; ABUD, 1997.

17. MOTTA, F. C. P.; VASCONCELOS, I. F. G. *Teoria geral da administração*. São Paulo: Thomson, 2002.

18. LODI, 1993.

19. SIMON, 1965.

20. SIMON, 1965.

21. SIMON, 1965. p. 80.

22. GABOR, 2001. p. 261.

23. SIMON, 1965.

24. MOTTA; VASCONCELOS, 2002. p. 105.

25. SIMON, 1965. p. 81.

26. SIMON, 1965. p. 96.

27. MOTTA; VASCONCELOS, 2002.

28. MOTTA; VASCONCELOS, 2002.

29. SIMON, 1965. p. 282.

30. MOTTA; VASCONCELOS. 2002.

31. MOTTA; VASCONCELOS. 2002.

32. SIMON, 1965.

33. SIMON, 1965.

34. SIMON, 1965. p. 127.

35. SIMON, 1965. p. 115.

36. SIMON, 1965.

37. SIMON, 1965. p. 200.

38. SIMON, 1965.

39. SIMON, 1965. p. 261.

40. SIMON, 1965. p. 264.

41. SIMON, 1965. p. 53.

42. SIMON, 1965. p. 5.

43. SIMON, 1965. p. 144.

44. SIMON, 1965. p. 54-55.

45. SIMON, 1965. p. 55.

46. SIMON, 1965. p. 56-57.

47. SIMON, 1965. p. 58.

48. ESCRIVÃO FILHO, 1995. p. 41.

49. GABOR, 2001. p. 262-263.

50. ESCRIVÃO FILHO, 1995.

51. ESCRIVÃO FILHO, 1995. p. 41.

52. RAMOS, A. G. *Administração e contexto brasileiro*. Rio de Janeiro: FGV, 1983. p. 49.

53. RAMOS, 1983.

54. SIMON, 1965.

55. SIMON, 1965.

56. RAMOS, 1983.

Capítulo 6

Administrar é desempenhar papéis gerenciais: a visão de Mintzberg

Odemilson Fernando Sentanin

Introdução

Desde o final do século XIX, quando a administração passou a ser estudada de forma científica, até os dias atuais, falar sobre o trabalho do administrador remete às funções apresentadas por Fayol: o administrador planeja, organiza, comanda, coordena e controla as atividades.

Henry Mintzberg, único autor a desafiar a hegemonia de Fayol sobre o trabalho do administrador, enfatiza que a administração, que tanto se preocupa com o progresso e as mudanças, há mais de meio século não enfrenta seriamente a pergunta fundamental: o que fazem os administradores. Para ele, não se pode ensinar administração sem saber exatamente o que faz o administrador[1].

Apresentando uma nova abordagem para as funções do administrador, denominada Abordagem dos Papéis, Mintzberg expõe um ponto de vista diferente da abordagem processual apresentada por Fayol. Mintzberg argumenta que o caráter prescritivo dos clássicos, no qual a execução de planos formais, através de um grupo de atividades seqüenciais, seria suficiente para orientar o trabalho do administrador, está longe de ser sua verdadeira função. "Na melhor das hipóteses, indicam alguns objetivos vagos adotados pelos administradores em sua rotina. (...) Apesar do que afirma a literatura tradicional, o trabalho do administrador não cria planejadores reflexivos; ele reage aos estímulos como um indivíduo condicionado por seu trabalho a preferir a ação imediata à tardia"[2].

Somente os planos não são suficientes para a eficiência organizacional, como apresentado por Fayol, devendo o administrador influenciar as pessoas em suas crenças, valores, atitudes pessoais, através da comunicação e contatos informais, para que estas deixem de se preocupar com as racionalidades dos fins (valores) e se preocupem com a eficiência (meios), colocando seus objetivos em prol dos objetivos da organização.

Em seus trabalhos acerca das funções do administrador, Mintzberg faz, também, uma crítica às escolas de administração de empresas, enfatizando que elas somente darão início a um treinamento sério de administradores quando o treinamento prático ocupar um lugar importante próximo ao conhecimento cognitivo. Em uma analogia com um nadador, enfatiza que o aprendizado cognitivo de um nadador não o impediria de se afogar caso pulasse em uma piscina sem antes ter sido levado à mesma por seu treinador. "Em outras palavras, aprendemos uma profissão por meio da prática e também da orientação em uma situação real ou simulada. Nossas escolas de administração de empresas precisam identificar as habilidades usadas pelo administrador, selecionar estudantes que revelem potenciais e, para desenvolver tais habilidades, colocar os estudantes em situações nas quais possam praticar essas habilidades e, então, dar-lhes instruções sistemáticas sobre seu desempenho"[3].

Baseado em pesquisas empíricas, Mintzberg propõe outras funções para o trabalho do administrador que, segundo ele, realmente representam uma descrição mais adequada e mais útil do trabalho do administrador. Conclui que as funções do administrador apresentadas por Fayol são constituídas por folclores e não representam a realidade. Estes papéis e folclores serão apresentados e discutidos ao longo deste capítulo.

Biografia e Obra

Nascido em Montreal (1939), Henry Mintzberg formou-se em engenharia mecânica na Universidade McGill, Canadá, em 1961, onde é professor de estratégia e organização desde 1968. Iniciou sua carreira prática com pesquisa operacional nas Ferrovias Canadenses, onde aprendeu que as burocracias funcionavam, quando funcionavam, porque as pessoas subvertiam os regulamentos e não por se comportarem de forma lógica e prescrita.

O próprio Mintzberg relata que, nas Ferrovias Canadenses, aprendeu acerca de burocracia e politicagem em grandes organizações. Sendo um *voyeur* empresarial e ocupando uma posição no *staff*, pôde dar um passo atrás e encarar a organização quase como se fosse de fora. Sua obra desafiou grande parte do pensamento convencional sobre gerenciamento, desde a natureza e estrutura das organizações até a criação de estratégias.

O próprio Mintzberg distribuiu seu modelo de pensamento baseado em duas transformações *gestalt*. A primeira foi o conceito de configuração, que consistia em afirmar que as organizações juntam as coisas de maneira adequada às suas circunstâncias particulares. Não planejam a ponto de ter um sistema coerente para organizar seus próprios atributos. Este primeiro conceito resultou de seus estudos acerca do trabalho do administrador. A segunda mudança sustenta que "a sociedade tornou-se inadministrável como conseqüência da administração", afirmando que as disciplinas administrativas expulsaram a intuição – elemento vital na direção da organização e na tomada de decisões eficazes.

Da análise do trabalho administrativo Mintzberg passou para o estudo da estrutura das organizações, na busca de entender como as organizações formavam sua estratégia. Identificou cinco categorias básicas de estruturas organizacionais[4]:

- **Estrutura simples:** caracterizada pela baixa formalização do comportamento e mínimo uso do planejamento, com um fluxo de trabalho flexível. A coordenação é efetuada pela supervisão direta, enquanto o poder sobre todas as decisões importantes está centralizado nas mãos do principal executivo. É tipicamente um negócio pequeno, normalmente dirigido pelo proprietário ou sua família. A formulação da estratégia, única responsabilidade do principal executivo, é um processo altamente intuitivo que, na maioria das vezes, consiste na extrapolação direta de suas crenças pessoais – uma extensão de sua própria personalidade. Este tipo de estrutura desperta sentimentos de lealdade por sua simplicidade, flexibilidade e informalidade, mas, como não há poderes que se contrabalancem, o principal executivo pode facilmente abusar de sua autoridade. Exemplo: pequenas e microempresas.

- **Burocracia mecanizada:** estrutura inflexível caracterizada pelo extremo controle. Possui vários níveis hierárquicos em que prevalecem muitas regras e normas com nível operacional altamente especializado. Os gerentes desta estrutura estão ocupados com o afinamento preciso de suas máquinas burocráticas e boa parte de sua energia é consumida para manter a estrutura unida em face de seus conflitos. Busca-se eliminar toda incerteza possível, para que a máquina burocrática opere suavemente e sem interrupções. Esta configuração representa bem a visão clássica, na qual as pessoas se vêem como fatores mecânicos de produção, ressaltando a racionalidade instrumental descrita por Weber. Exemplo: montadora de automóveis.

- **Burocracia profissional:** o trabalho é controlado diretamente pelos operadores que o executam, pois são especialistas altamente treinados e doutrinados. Buscam não somente o controle de seu próprio trabalho mas também o controle coletivo sobre as decisões administrativas que os afetam. Esses profissionais atuam com relativa independência de seus colegas, mas perto de seus clientes. O administrador profissional gasta muito tempo resolvendo perturbações na estrutura; no entanto, raramente impõe uma solução aos profissionais. O administrador profissional conserva seu poder somente até quando os profissionais o percebem como servindo eficazmente a seus interesses. Exemplo: universidades, hospitais.

- **Forma divisionalizada:** considerada uma ramificação da burocracia mecanizada, na qual várias burocracias operam sob o controle de uma equipe central. As divisões possuem autonomia para tomar suas próprias decisões, mas os resultados dessas decisões são monitorados pelo escritório central. Seu sucesso depende diretamente da competência dos gerentes divisionais, uma vez que a eles é delegado muito poder para a tomada de decisões. Os gerentes divisionais tendem a se concentrar nas conseqüências econômicas de suas decisões em detrimento das conseqüências sociais, como forma de garantir a sobrevivência de sua divisão dentro da organização. Exemplo: grandes corporações multinacionais.

- **Adhocracia**: estrutura orgânica com pouca formalização de comportamento, inserida em um ambiente dinâmico e complexo. É a configuração que menos se identifica com os princípios básicos de administração. Constituída basicamente de equipes multidisciplinares, cada uma formada ao redor de um projeto, coordenadas por peritos que realmente executam o trabalho de projetar, levando com isso ao ajustamento mútuo. Os gerentes não gastam muito tempo formulando estratégias explícitas mas demandam muita atenção às atividades de interligação e negociação com o objetivo de conseguir um fluxo constante de trabalho. Mintzberg divide a *adhocracia* em dois tipos: *adhocracia* operacional, que inova e resolve problemas precisamente de interesse de seus clientes (exemplo: agência de propaganda), e *adhocracia* administrativa, que empreende projetos para servir a si mesma (exemplo: empresas petrolíferas).

Nesses cinco tipos de estrutura há cinco elementos comuns[5]:

- A *cúpula estratégica*: executivos seniores que definem os rumos da companhia, estabelecem estratégia e supervisionam as atividades. Mais forte na estrutura simples.

- A *tecno-estrutura*: pessoal que projeta os sistemas e elabora as normas e procedimentos para controlar o que fazem as pessoas do núcleo operacional. Mais forte na burocracia mecanizada.

- A *assessoria de apoio*: pessoal que proporciona os serviços internos necessários ao funcionamento do negócio. Mais forte na *adhocracia*.

- A *linha intermediária*: gerentes de linha responsáveis pela ligação entre a cúpula estratégia e o núcleo operacional. Mais forte na forma divisionalizada.

- O *núcleo operacional*: pessoal que faz o produto ou fornece o serviço. Mais forte na burocracia profissional.

Da estrutura, Mintzberg passou a examinar o poder nas organizações, novamente na busca de entender a natureza da estratégia, refletindo sua abordagem ao comportamento gerencial[6]. Enfatiza que a visão tradicional da formulação de estratégia é, uma vez mais, uma visão racional. Gerentes analisam os problemas e oportunidades, decidem por uma estratégia e então procuram recursos para implementá-la.

Afirma também que, em grandes organizações, os métodos formais de planejamento estratégico são tão complicados que é de admirar que algumas vezes dêem certo. Em termos gerais, o objetivo final do trabalho administrativo e do funcionamento de qualquer unidade organizacional – a tomada de atitude – pode ser diretamente administrado por meio de ações e indiretamente por meio das pessoas e das informações que chegam a elas.

Entre as principais obras de Mintzberg estão: *The Nature of Managerial Work* (1973), *The Structuring of Organizations* (1979), *Structures in Fives: Designing Effective Organizations* (1983)* , *Mintzberg on Management: Inside our Strange World of Organizations* (1989), *The Rise and Fall of Strategic Planning* (1974)**. Em seu livro mais recentemente publicado, *Why I Hate Flying: Tales for the Tormented Traveler*, Mintzberg investiga minunciosamente as práticas de gestão das companhias aéreas e dos aeroportos e, de forma humorada, apresenta uma visão do que é a gestão e de como ela não funciona. Atualmente, Mintzberg dedica-se a escrever um livro sobre os cursos de MBA, inicialmente intitulado *Developing Managers, not MBAs* (Mintzberg, 2003).

Contextualização da Obra

Baseado em seus estudos empíricos, Mintzberg conclui que as funções de planejar, organizar, comandar, coordenar e controlar, apresentadas por Fayol e aceitas como sinônimo das funções do administrador, não retratam a realidade e ainda são um empecilho à mudança e inovação. Enfatizando que os administradores desempenham suas atividades por meio dos dez "papéis", ele procurou mostrar as funções do administrador por outro prisma.

No entanto, para se ter um quadro de análise entre a abordagem clássica e a abordagem dos papéis, é necessário contextualizar os momentos vividos por Fayol e Mintzberg.

Quando Fayol descreveu as funções do administrador, vivia-se um momento de grande crescimento das empresas, associado à expansão dos mercados e aparecimento de tecnologias cada vez mais sofisticadas, em que a preocupação predominante era com a execução do trabalho na produção. As organizações eram vistas como um sistema fechado, que não interagia com o ambiente, e o empregado, um elemento preocupado exclusivamente com o lado econômico. Com base nesse contexto, era necessária a criação de regras e planos para buscar o controle sobre o comportamento humano de forma a torná-lo previsível.

Na busca dessa previsibilidade, Fayol enfatiza a estrutura organizacional na qual o administrador tem papel fundamental na consecução desses objetivos. Para isso delimita as funções básicas do administrador. Para Weber, a burocracia é uma forma de dominação racional-legal, ou seja, forma de legitimar o poder e exercer o controle sobre o comportamento dos subordinados, por meio de normas e regulamentos.

Criando Organizações Eficazes: estruturas em cinco configurações. Atlas, 1995.

**Ascensão e Queda do Planejamento Estratégico*. Bookman, 2004.

Mintzberg, ao descrever os papéis do administrador, está inserido em um momento de reestruturação dos conceitos gerenciais apresentados até então, uma vez que a organização passa a ser analisada como um sistema aberto interagindo com o ambiente e suas partes internas (subsistemas) em interação dinâmica. Diante desta nova dimensão de organização, alguns conceitos dos momentos anteriores são atualizados, passando-se a enfatizar os resultados e objetivos (eficácia) e não somente a eficiência, e vêem a administração como técnica social, em que os objetivos do grupo devem ser alcançados com o mínimo dispêndio de recursos e esforço e com menos atritos.

Mintzberg segue a mesma linha de pensamento de Barnard e Simon. Barnard teve grande contribuição para o Movimento das Relações Humanas, enfocando a cooperação entre os grupos de qualquer organização como essencial para ela atingir sua finalidade. O trabalhador obedece a ordens quando as acha legítima, e um meio de conseguir sua cooperação é através da comunicação. Para ele, a organização é um sistema cooperativo, ou seja, um sistema no qual as pessoas interagem e contribuem para os objetivos comuns. As pessoas são racionais, diz Barnard, avaliando sempre os benefícios pessoais que alcançarão com seu esforço despendido, cabendo à gerência coordenar os esforços pessoais para a realização dos objetivos.

Simon[7] enfatiza a tomada de decisões nas organizações administrativas. Para ele os processos administrativos são processos decisórios nos quais a organização retira de seus membros a faculdade de decidir independentemente.

O enfoque de Mintzberg baseia-se na obra de Simon, pois faz uma crítica à gerência. Onde Simon fala de provérbio, Mintzberg fala de folclore com trinta anos de distância[8].

Descrição de Mintzberg sobre o "Trabalho do Administrador"

Mintzberg faz uma crítica às atividades do administrador propostas por Fayol, que, segundo ele, são muito formais e abstratas e não retratam a verdadeira função de um administrador.

Em seus estudos, envolvendo cinco diretores-presidentes de grandes e médias organizações norte-americanas – uma empresa de consultoria, uma tecnológica, uma de bens de consumo, uma escola e um hospital –, Mintzberg analisou esses executivos por meio de anotações e diários e, também, observando atentamente suas atividades. Concluiu, em 1986, em seu livro *Trabalho do Administrador: folclore e fato*, que as conhecidas descrições do trabalho do administrador apresentadas pelos clássicos são verdadeiros folclores, não correspondendo à realidade dos fatos.

Folclore 1: o executivo é um planejador sistemático e reflexivo.

Realidade: estudos provam que os executivos trabalham em ritmo intenso e suas atividades caracterizam-se pela brevidade, variedade e descontinuidade, estando firmemente orientados para a ação, não apresentando inclinações para as atividades de reflexão. Os executivos respondem às pressões de seu trabalho e, quando precisam planejar, normalmente o fazem durante suas ações diárias e não por meio de um processo abstrato reservado. Em geral, os planos dos executivos parecem existir somente em suas próprias mentes, como intenções flexíveis, mas freqüentemente específicas.

Nenhum estudo constatou a existência de padrões definidos na maneira como os executivos organizam seu tempo. Eles parecem ocupados com problemas, continuamente respondendo às solicitações do momento.

Folclore 2: o verdadeiro executivo não executa tarefas de rotina.

Realidade: o executivo se envolve na execução de uma série de deveres rotineiros, incluindo rituais, cerimônias, negociações e coleta informal de informações. Em uma pequena empresa, por exemplo, um presidente se ocupa de atividades de rotina, pois normalmente não possui pessoal suficiente para executar todas as tarefas.

Folclore 3: o executivo necessita de informações agregadas e elas são melhor obtidas por meio de um sistema formal de informação.

Realidade: o executivo prefere fortemente os meios verbais, como telefonemas, e reuniões informais. É assim que o executivo identifica problemas e informações ao seu redor, construindo seu próprio modelo de decisão. "Os executivos parecem apreciar as pequenas informações, especialmente fofocas, boatos e especulações." No entanto, a ênfase em informações verbais, traz dois problemas: os dados estratégicos da empresa encontram-se na memória do executivo, dificultando o acesso das demais pessoas. Este fato remete a outro problema, a dificuldade de delegar, pois torna-se mais fácil executar a tarefa do que recorrer à memória para repassar tudo sobre determinado assunto.

Folclore 4: a administração é, ou pelo menos está se transformando rapidamente em, uma ciência.

Realidade: os programas dos executivos permanecem trancados em seus cérebros. Para descrever esses programas empregamos palavras como julgamento e intuição, raramente constatando que elas sejam meros rótulos para classificar nossa ignorância. Tendo-se que uma ciência implica o desenvolvimento de processos ou programas sistemática e analiticamente determinados, verifica-se que a administração não é uma ciência, pois não se sabe bem ao certo os métodos usados pelos executivos. Para conseguir as diferentes informações de que necessitam, eles as procuram da mesma maneira que seus colegas de cem anos atrás – ou talvez de mil anos atrás – ou seja, por meio da palavra verbal, enquanto a ciência administrativa não lhe oferece qualquer ajuda. Atividades características do trabalho do administrador, como brevidade, variedade e fragmentação, muitas vezes forçam-no a executar tarefas superficialmente, impedindo o êxito das tentativas científicas de melhorá-lo. Neste sentido, os cientistas da administração têm concentrado seus esforços nas funções especializadas da organização, nas quais podem facilmente analisar os métodos e quantificar as informações importantes.

Nessas contradições de folclores e realidades, Mintzberg define o administrador como aquela pessoa responsável por uma empresa ou unidade de organização, revestida de autoridade formal e, inevitavelmente, um *status* correspondente ao cargo. A autoridade formal investe-o de grande potencial, mas é a liderança que determina, em grande parte, o uso que ele fará da autoridade.

O processamento da informação também é uma peça fundamental no trabalho do administrador. Ela não é um fim em si mesma, mas um insumo fundamental para a tomada de decisões que determinam a estratégia da organização.

Dessa autoridade derivam várias relações interpessoais que originam relações ou papéis informacionais. Esses dois grupos de papéis permitem ao executivo desempenhar as funções decisionais. Isto significa que somente dotado de autoridade formal o executivo conseguirá introduzir métodos de ação na organização.

A partir desta descrição, bastante diversa do enfoque clássico, Mintzberg apresenta a tarefa do administrador em termos de dez "papéis" componentes de seu cargo.

Papéis interpessoais

a) **Representante:** por sua posição de chefe, o executivo desempenha alguns deveres de caráter cerimonial, como participação em almoços com clientes, cumprimentos a visitantes, entre outros. Essas obrigações, às vezes, rotineiras produzem comunicações pouco importantes e nenhuma decisão considerável, mas são fundamentais para o funcionamento de uma organização e não podem ser ignoradas.

b) **Líder:** por estar encarregado de uma organização ou unidade organizacional, o executivo é responsável pelo trabalho de todos os funcionários da unidade. Neste papel, a influência do executivo é mais visível pois, por meio da liderança direta, ele motiva e encoraja os funcionários, de modo a conciliar suas necessidades individuais com os objetivos da empresa.

c) Contato: o executivo mantém relações fora de sua cadeia vertical de comando. Como centro nervoso de sua unidade organizacional, o executivo tende a conhecer mais de perto todo ambiente que o cerca, mantendo para isso uma rede de contatos interna e externa que o auxiliam na obtenção de informações que o ajudarão em sua tomada de decisão. Os contatos envolvem uma vasta variedade de pessoas, tais como: clientes, executivos de organizações semelhantes e altos funcionários governamentais.

Papéis informacionais

a) Monitor: o executivo observa permanentemente seu ambiente em busca de informações, interrogando seus contatos e seus subordinados. Boa parte dessas informações é conseguida sob a forma de fofocas, boatos e especulações. No entanto, como resultado de sua rede de contatos pessoais, ele recebe muitas informações não solicitadas.

b) Disseminador: o executivo compartilha e distribui grande parte das informações privilegiadas, transmitindo-as diretamente a seus subordinados, os quais não teriam acesso a elas de outra maneira.

c) Porta-voz: o executivo envia algumas de suas informações a pessoas fora de sua unidade. O presidente de uma grande empresa pode despender considerável tempo lidando com diferentes grupos de interesses. Um exemplo é o discurso do presidente em busca de apoio para uma causa de sua organização.

Papéis decisionais

a) Empreendedor: o executivo constantemente procura melhorar sua unidade, agindo de forma pró-ativa, adaptando-a às mudanças do ambiente. As boas idéias conseguidas por meio do papel de monitor são transformadas em projetos que serão supervisionados, juntamente com os demais existentes na organização.

b) Solucionador de distúrbios: o executivo responde, involuntariamente, às pressões que ocorrem sem seu controle. O executivo emprega boa parte de seu tempo respondendo às interferências, como uma greve, falência de clientes importantes, entre outras.

c) Alocador de recursos: o executivo decide quem obterá o que em sua unidade organizacional. Ele é, também, encarregado de projetar a estrutura de sua unidade e o modelo de relacionamento formal que determina como o trabalho deve ser dividido. Além disso, o executivo autoriza importantes decisões de sua unidade, antes que sejam executadas. Talvez, o mais importante recurso que o executivo distribui seja seu próprio tempo.

d)Negociador: o executivo gasta considerável parcela de seu tempo em negociações. Elas são parte integral do seu trabalho e não podem ser deixadas de lado, pois somente o executivo possui as informações e autoridade para tomar decisões relativas ao assunto em questão.

Mintzberg destaca que esses dez papéis descritos não são facilmente separáveis, pois a ausência de um prejudicaria fundamentalmente o trabalho do administrador, o que não significa que todos os executivos dêem igual atenção a todos os papéis. Sustenta que os administradores podem adotar qualquer um desses papéis ou todos, dentro de um curto período, sem pensar em qual papel desempenham no momento. Por exemplo, um executivo de vendas enfatiza os papéis interpessoais, enquanto um executivo do setor de produção dá relativa atenção aos papéis decisionais.

Para desenvolver esses papéis, Mintzberg sugere uma série de importantes habilidades administrativas, como: desenvolver relações com seus pares, fazer negociações, motivar os subordinados, solucionar conflitos, estabelecer redes de informações e, posteriormente, difundir informações, tomar decisões e alocar recursos.

Em síntese, a eficiência do executivo é consideravelmente influenciada por sua compreensão do próprio trabalho; seu desempenho depende da maneira pela qual ele entende e responde às pressões e dilemas de sua função.

Mintzberg conclui, a partir dessas variáveis, que a administração é uma arte e não uma ciência que pode ser ensinada, e que exige um processo contínuo de autodidatismo e auto-avaliação.

É uma profissão vital à nossa sociedade, pois é o executivo que determina se nossas instituições sociais funcionam bem ou se desperdiçam talentos e recursos.

Enfatiza que já está na hora de abandonar esses folclores acerca do trabalho do administrador e começar a estudá-lo realisticamente, para que se possa iniciar a difícil tarefa de melhorar o seu desempenho.

Críticas à Descrição de Mintzberg sobre o "Trabalho do Administrador"

A abordagem apresentada por Mintzberg, focada nos papéis gerenciais (interpessoais, informacionais e decisionais), tem grande relevância na busca da compreensão do trabalho do administrador nas organizações. Ao tecer críticas às funções de planejar, organizar, comandar, coordenar e controlar, apresentadas por Fayol, Mintzberg apresenta um novo enfoque ao trabalho do administrador. No entanto, alguns comentários sobre sua contribuição são necessários.

Mintzberg estudou uma gama muito ampla de administradores em vários tipos de organizações. A grande maioria dos administradores estudados ocupava cargos de alta gerência, como diretores-executivos, deixando de lado níveis hierárquicos inferiores da organização, como supervisores e gerentes de linha. As organizações estudadas eram grandes corporações, nas quais as funções de um administrador diferem das funções de um administrador de uma pequena ou microempresa.

Rosemery Stewart, em 1982, alerta para o perigo de generalizar o trabalho e o comportamento gerencial, como faz Mintzberg ao descrever os papéis do administrador. Para ela, antes de generalizar o trabalho do administrador, é necessário levar em consideração as variações do comportamento e as diferenças das atividades gerenciais.

Escrivão Filho[9] argumenta que tanto a abordagem dos processos de Fayol como a abordagem dos papéis de Mintzberg são limitadas para compreender o trabalho do administrador, pois falham em seus modelos de base: o modelo de execução, no caso da primeira, e o modelo de decisão, no caso da segunda. Para ele, a execução continua sendo uma dimensão importante para descrever a natureza do trabalho do administrador, mas incapaz de revelar toda a sua abrangência. O mesmo se aplica ao modelo de decisão.

Outro ponto destacado por Escrivão Filho[10] diz respeito à deficiência das abordagens sobre o trabalho do administrador, incluindo-se a abordagem dos papéis de Mintzberg, que, além de seus modelos limitados, se fundamenta no paradigma funcionalista, conceituado por Burrel e Morgan[11], como quadro de análise da dinâmica organizacional. Para Weber[12], os modelos funcionalistas são "insuficientes" para fundamentar a análise organizacional. Pode-se caracterizar o funcionalismo, na análise organizacional, como uma produção de conhecimento orientada para a manutenção da ordem social, da integração, da estabilidade e do consenso[13].

Verifica-se que ambos os autores – Fayol e Mintzberg – deram sua parcela de contribuição para a Teoria Administrativa no que diz respeito às funções do administrador, mas não contemplaram, em seus modelos, a influência do ambiente externo às organizações bem como das variáveis e seus relacionamentos entre si – fator de grande importância para as transformações organizacionais. Mintzberg critica Fayol, mas também não consegue fazer a ligação entre os modelos de administração. Enquanto Mintzberg observa o que faz o administrador contemplando seu comportamento, Fayol se baseia em sua experiência pessoal.

Comentários sobre a Descrição e as Críticas

Os papéis do administrador apresentados por Mintzberg trazem grande contribuição à teoria administrativa, uma vez que apresentam uma visão diferente do que era colocado até então. A visão clássica mostra o executivo como um planejador reflexivo condicionado ao seu trabalho. Mintzberg[14] argumenta que o administrador sofre pressões em seu dia-a-dia, ocupando-se com problemas e respondendo continuamente às solicitações do momento, que o obrigam a planejar no contexto das ações diárias.

Levando em consideração essa superficialidade e as pressões exercidas sobre o administrador, Mintzberg critica com veemência os cursos de MBA. Para ele tais cursos não deveriam instruir os jovens a serem mestres em administração, mas, sim, transformá-los em gerentes, oferecendo-lhes estudos de casos reais e solicitando soluções. Assim, esses futuros gerentes ganhariam habilidades administrativas para lidar com as pressões e não se tornariam tão superficiais em suas atividades.

Ao apresentar esta visão diversa do trabalho do administrador, Mintzberg procura alertar tanto os executivos como os professores e autores da área para a necessidade de reverem cuidadosamente alguns conceitos sobre administração.

Para ele, os executivos dedicam 40% do seu tempo exclusivamente à comunicação, a obter e partilhar informações. Em outras palavras, o trabalho administrativo é basicamente o de processar informações: de forma geral falando e, especificamente, ouvindo.

Considerações Finais

Em decorrência de uma "selva de teorias" apresentada pelos estudiosos, os administradores tendem a buscar apoio em uma abordagem, tornando-se, assim, especialistas em determinado tema. No entanto, é necessário que os administradores abram seu leque de informações sobre todas essas "teorias" para que possam melhor aproveitá-las. No dizer de Abreu[15], "cada vez menos é admissível a existência de uma só teoria organizacional, aplicável, indistintamente, a qualquer tipo de organização social". Do ponto de vista dos teóricos de administração ocorre a mesma coisa; eles têm dificuldade em formular algo que reflita o verdadeiro papel do administrador em nível geral, ou seja, desde um supervisor de linha até um alto gerente executivo, uma vez que são superespecialistas em determinada área, ficando suas contribuições condicionadas pelo objeto e método da disciplina científica da formação de cada autor.

Ao longo da evolução do pensamento administrativo, a Teoria Administrativa auxilia o administrador a selecionar qual ação administrativa deve ser adotada. Ela não o substitui, pois cabe a ele tomar a melhor decisão, com base no contexto em que está inserido.

No entanto, à medida que evolui hierarquicamente na pirâmide organizacional, são necessárias ao administrador habilidades técnicas para manusear processos ou objetos físicos; habilidades humanas para trabalho com outras pessoas e para conhecer a si próprio e ao seu grupo de trabalho; e habilidades conceituais que demonstrem sua capacidade criativa e proporcionem uma visão da empresa como um todo[16]. Tais habilidades capacitarão o administrador a fazer diagnósticos e, dentro das várias técnicas disponíveis na teoria administrativa, escolher aquelas que melhor se adaptem às variáveis organizacionais relevantes.

Isso mostra que as abordagens administrativas, com seus respectivos pressupostos, vêm procurando idealizar e apresentar os melhores modos de administração. Procuram auxiliar o administrador a encontrar a forma mais adequada de controlar as pessoas, buscando sua legitimidade e influenciando-as através de seu poder e informação em prol da efetividade organizacional. Buscam criar e elaborar modelos para o gerenciamento e controle das organizações, para que estas possam, cada vez menos, se expor aos riscos de mercado.

Ramos[17] salienta que a teoria organizacional atual, ao admitir como legítima a intrusão do mercado na vida humana, é teoricamente incapaz de oferecer diretrizes para a criação de espaços sociais nos quais os indivíduos possam participar de relações interpessoais verdadeiramente autogratificantes.

No aspecto das racionalidades descritas por Weber, essas "teorias organizacionais" se baseiam na racionalidade instrumental, predominante na sociedade, exercendo impacto negativo no elemento humano. Com o aparecimento do capitalismo e da sociedade moderna, essa racionalidade instrumental forçou o indivíduo a deixar de lado sua racionalidade substantiva – componente intrínseco do ser humano, independente de suas expectativas de sucesso e resultados.

Tanto Fayol como Mintzberg, ao tentarem definir as funções e papéis do administrador, respectivamente, demonstram que em uma organização a principal função deste é fazer com que as pessoas deixem de lado suas crenças, valores e atitudes pessoais em prol dos interesses da organização.

O poder de influência imposto pelas organizações leva o indivíduo a aceitar esta dominação por achá-la legítima, mas está sempre calculando as conseqüências em prol de seus interesses pessoais. A organização dificilmente alcançará dedicação total do indivíduo e sempre necessitará criar novos mecanismos para que possa equacionar este jogo de interesses entre indivíduo e organização.

Neste sentido, torna-se necessária uma mudança de foco em termos organizacionais de modo a se buscarem novos modelos que ofereçam aos seus empregados oportunidades para alcançar níveis mais altos de realização em seu trabalho, aproximando-o cada vez mais de suas crenças e valores.

Este é o grande desafio do administrador, na busca de compreender essas variáveis apresentadas, bem como novas variáveis a surgir, de modo que ele consiga proporcionar essa maior interação e harmonia organização/indivíduo, por meio de decisões que contribuam para um desempenho efetivo em termos organizacional, individual e grupal.

Questões

1. Quais as diferenças entre a abordagem apresentada por Mintzberg para as funções do administrador e a visão clássica apresentada por Fayol?

2. Tendo em vista as cinco estruturas organizacionais apresentadas por Mintzberg, qual deve ser o papel do administrador em cada uma delas?

3. Para Mintzberg, as descrições do trabalho do administrador apresentadas pelos clássicos são verdadeiros "folclores", não correspondendo à realidade dos fatos. Em função desta constatação de Mintzberg, como o administrador deve desempenhar suas atividades?

4. Na sua visão, os papéis do administrador apresentados por Mintzberg contemplam toda a descrição do trabalho do administrador?

5. Comente as seguintes citações:

   a) "A teoria organizacional é incapaz de oferecer diretrizes para a criação de espaços sociais nos quais os indivíduos possam participar de relações interpessoais verdadeiramente gratificantes."

   b) "A principal função do administrador é fazer com que as pessoas deixem de lado suas crenças, valores e atitudes pessoais em prol dos interesses da organização."

Estudo de Caso

Na estrutura funcional de uma empresa de médio porte o organograma estava distribuído pelas áreas financeira, de recursos humanos, compras e suprimentos, desenvolvimento e comunicação. Todas as áreas possuíam um gerente que era responsável pelas atividades e pela avaliação de seus funcionários, tendo imediatamente acima, na hierarquia, uma gerência responsável pelos gerentes intermediários. Os gerentes intermediários contavam com alguma autonomia nas tomadas de decisões, com liberdade para desenvolverem e implementarem melhorias em suas respectivas áreas. No entanto, a partir de uma reunião estratégica da diretoria da empresa, decidiu-se eliminar as gerências intermediárias com o objetivo de flexibilizar a estrutura, passando todos os funcionários, inclusive os gerentes intermediários, a se subordinarem diretamente à gerência superior. O gerente intermediário, inclusive, deixaria de receber a gratificação adicional pelo cargo. Neste sentido, a gerência imediata passou a ser diretamente responsável por todos os funcionários lotados em sua área de atuação e por todo o processo de tomada de decisão e avaliação.

Questões para discussão sobre o estudo de caso

1. Tendo em vista os papéis do administrador apresentados por Mintzberg, quais os papéis que deverão ser mais destacados no gerente superior para que ele possa obter sucesso nesta nova estrutura organizacional?

2. Compare as funções do gerente superior antes e depois da mudança na estrutura organizacional. Relacionando a abordagem apresentada por Mintzberg com a abordagem dos clássicos (Fayol, por exemplo), qual deverá prevalecer após a mudança de estrutura. É possível adotar somente uma abordagem?

3. Qual deve ser o papel do gerente superior em relação aos gerentes intermediários e suas novas funções?

Notas

1. MINTZBERG, H. *Trabalho do executivo*: o folclore e o fato. São Paulo: Nova Cultural, 1986.

2. MINTZBERG, 1986. p. 8.

3. MINTZBERG, 1986. p. 36.

4. MINTZBERG, H. *Criando organizações eficazes:* estruturas em cinco configurações. São Paulo: Atlas, 1995.

5. MINTZBERG, 1995.

6. CLUTTERBUCK, D.; CRAINER, S. *Grandes administradores*: homens e mulheres que mudaram o mundo dos negócios. Tradução de Octávio Alves Velho. Rio de Janeiro: Jorge Zahar Ed., 1993.

7. SIMON, H. *Comportamento administrativo*: estudo dos processos decisórios nas organizações administrativas. Rio de Janeiro: Editora Fundação Getúlio Vargas, 1979.

8. ESCRIVÃO FILHO, E. *A natureza do trabalho executivo*: uma investigação sobre as atividades racionalizadoras do responsável pelo processo produtivo em empresas de médio porte. 1995. Tese (Doutorado), Universidade Federal de Santa Catarina, Florianópolis.

9. ESCRIVÃO FILHO, 1995.

10. ESCRIVÃO FILHO, 1995.

11. BURREL, G.; MORGAN, G. *Sociological paradims and organizational analysis*. London: Heinemann, 1979.

12. WEBER, M. *Sobre a teoria das ciências sociais*. São Paulo: Moraes, 1991.

13. ESCRIVÃO FILHO, 1995.

14. MINTZBERG, 1986.

15. ABREU, A. B. de. Novas reflexões sobre a evolução da teoria administrativa. *Revista de Administração Pública,* Rio de Janeiro, v. 16, n. 4, p. 49, out.-dez. 1982.

16. KATZ, R. L. *As habilitações de um administrador eficiente*. São Paulo: Nova Cultura, 1986.

17. RAMOS, A. G. *Administração e contexto brasileiro*. Rio de Janeiro: Editora Fundação Getúlio Vargas, 1983.

Capítulo 7

Administrar é estabelecer agenda e criar redes de contatos: a visão de Kotter

Vanda Marques Burjaili Romeiro
Edmundo Escrivão Filho

Introdução

As organizações pós-modernas atuam em ambientes cuja velocidade de mudança é acelerada, exigindo de seus gestores habilidades e competências no processo gerencial capazes de torná-las competitivas, dando-lhes, desta forma, condição de sobreviverem ao longo do tempo.

Neste contexto, o trabalho do administrador revela-se de suma importância, quer seja na liderança institucional ou nos diversos setores que compõem o ambiente organizacional. Desta forma, o objetivo deste capítulo é apresentar aspectos relevantes da atuação do administrador e refletir sobre os estudos de John P. Kotter.

Em uma volta ao passado, no início do século XX, as organizações foram visualizadas como sistemas fechados, atuando em ambientes estáveis e voltadas para a eficiência interna. A atuação dos administradores encontrava-se centrada em um comportamento fiscalizador das ações de seus subordinados, inibindo a criatividade, a iniciativa e a participação das pessoas no processo de trabalho.

O acelerado processo de expansão das organizações, na segunda metade do século XX, propiciou aos estudiosos da Administração adotar um novo enfoque: a visão das organizações atuando como sistemas abertos, exigindo de seus gestores e das pessoas inseridas no universo organizacional mudanças comportamentais. Neste cenário, o foco de trabalho do administrador passa por transformações, voltando sua atenção às mutações do ambiente externo, captando ameaças e oportunidades, para promover adaptações nos processos internos que passam a exigir decisões rápidas. Este contexto impulsiona, entre outras variáveis, a adoção de novas tecnologias no trabalho; o repensar a estrutura organizacional; a qualificação e a participação das pessoas no processo de trabalho; e novos conceitos e paradigmas de liderança.

Biografia e Obra

Entre os estudiosos sobre liderança e mudança organizacional, deve-se destacar John P. Kotter, durante muitos anos professor da Escola de Negócios da Havard, onde ocupava em 2000 a cadeira de Liderança. No início dos anos 80 centrou seu trabalho nas qualidades e nos comportamentos administrativos para, posteriormente, ater-se à liderança das organizações. Kotter formou-se em Engenharia Elétrica no Instituto de Tecnologia de Massachusetts, fez mestrado em Administração na Escola de Administração Sloan e doutorado em Comportamento Organizacional em Harvard. Ganhou vários prêmios por suas contribuições e é, possivelmente, o orador mais requisitado mundialmente nas áreas de liderança e mudança organizacional[1].

O professor Kotter foi um dos mais jovens na história do MIT a ser honrado com o título de catedrático da Business School. É autor de sete *best sellers* de negócios e recebeu o prêmio McKinsey por seus artigos na *Harvard Business Review* e o prêmio Johnson, Smith & Knisely Award pelas novas perspectivas sobre liderança executiva[2]. Recebeu também um Exxon Award, por inovação em projeto de currículos de cursos de administração. Criou os vídeos *Leadership*, em 1991, e *Corporate Culture,* em 1993. Seus artigos na *Harvard* venderam cerca de um milhão de exemplares[3].

Nos anos de 1980, Kotter realizou pesquisas sobre o que diferencia os líderes dos administradores, publicadas em seu livro *The General Managers*, em 1982. Tais pesquisas foram realizadas em uma estrutura corporativa, afirmando que a liderança é um "processo" que desencadeia muitos "atos de liderança" em uma organização. Em 1987 publica a obra *The Leardership Factor*. Em 1990, *A Force For Change: How Leadership Differs From Management,* na qual demonstra como esse "processo" de liderança se desencadeia em empresas como a NCR, a American Express e a SAS. Também publica, em 1990, *What Leaders Really Do*[*] e dedica-se a ajudar-nos a melhor compreender o que fazem os verdadeiros líderes. Outro livro de Kotter sobre liderança muito respeitado é *Corporate Culture* and *Performance* (*A Cultura Corporativa e o Desempenho Empresarial*), com James L. Heskett, publicado em 1992. Essa obra traz uma análise dos fatores comuns aos programas de mudanças bem-sucedidas nas grandes empresas, a maioria ligada ao compromisso com a liderança[4].

É autor também de *Leading Change*[**], de 1996[5], obra baseada em sua análise sobre as iniciativas tomadas para produzir mudanças úteis e significativas nas empresas, através da reestruturação, reengenharia, novas estratégias, aquisições, *downsizing*[***], programas de qualidade e renovação cultural.

Matsushita Leadership (*Matsushita: Lições de Liderança para o Próximo Milênio*), publicado em 1997, traz um conjunto de lições para as carreiras e

---

*Obra traduzida para o português e referenciada como KOTTER, 2000.

**Obra traduzida para o português e referenciada como KOTTER, 1999.

*** Atividade na organização projetada para criar uma operação mais eficiente por meio de demissões extensivas (ROBBINS, S. P.; DECENZO, D. A. *Fundamentos de administração: conceitos essenciais e aplicações*. São Paulo: Prentice Hall, 2004. p. 387).

empresas do século XXI. Uma história interessante e um excelente exemplo negocial, com implicações poderosas para as organizações e para viver uma vida com sentido[6].

Em *Heart of Change* (*O Coração da Mudança*), de Kotter e Cohen, publicado em 2002, os autores desenvolvem narrativas sobre os desafios enfrentados, os erros cometidos e as lições aprendidas em cada um dos oito passos da mudança, oferecendo sugestões e ferramentas que poderão ser aplicadas nas organizações[7].

Contextualização da Obra

Para Kotter[8], estamos em uma nova era econômica e os impactos da globalização estão criando mais riscos e mais oportunidades para todos. Os riscos são justificados pelo ambiente volátil e de maior concorrência; as oportunidades estão relacionadas a mais e maiores mercados. Esse contexto está acelerando o ritmo de vida e produzindo mais mudanças, portanto, é preciso repensar as forma de liderança e a cultura corporativa. Para o autor, a questão-chave passa a ser indagar se nossas culturas corporativas funcionam como âncora contra a mudança ou temos culturas que permitirão adaptações às variações rápidas do ambiente empresarial. Essa questão, por sua vez, coloca o foco sobre a liderança, pois no entendimento de Kotter só por meio da liderança se pode, realmente, desenvolver e nutrir uma cultura organizacional às mudanças.

Desta forma, o trabalho de Kotter é orientado para buscar respostas às questões relacionadas à liderança, que, por sua vez, está diretamente relacionada à cultura organizacional. Nesse contexto, é de fundamental importância uma abordagem sobre suas principais publicações.

Na obra *The General Managers,* Kotter acabou com o mito de que o administrador profissional generalista podia entrar em qualquer empresa e dirigi-la. Descobriu que os gerentes gerais mais eficazes realizam seu trabalho por intermédio do conhecimento que outras pessoas da organização tinham dos negócios e das redes, adquirido ao longo dos anos. Mostrou a complexidade da função do administrador geral e das duplas competências necessárias para lidar com as responsabilidades do cargo e formar relacionamentos, esta última notável dos melhores administradores gerais[9]. Esse estudo com executivos principais revelou que eles compreendiam perfeitamente a importância do *networking**. Estabeleciam ampla rede política de pessoas-chave, tanto dentro como fora de suas organizações. Essa rede oferecia as informações e estabelecia as relações cooperativas que poderiam alavancar suas carreiras. Eles faziam favores para esses

---

* Termo utilizado para descrever o estabelecimento de relações eficazes com pessoas-chave tanto dentro como fora da organização (ROBBINS, S. P. *Comportamento organizacional*. São Paulo: Printice Hall, 2002. p. 355).

contatos, enfatizavam as obrigações desses contatos para com eles e depois cobravam quando precisavam de apoio[10].

The Leardership Factor permitiu a Kotter apresentar provas de que na organização empresarial típica não havia a tendência de encontrar pessoas com potencial de liderança e tampouco de desenvolvê-lo. Afirmou que essa liderança é necessária em todos os cargos administrativos e não mais privilégio do executivo principal ou dos administradores dos altos escalões. Um fator encontrado por Kotter em pesquisa realizada em empresas americanas renomadas no desenvolvimento em liderança foi a cultura empresarial forte[11].

Em *A Force For Change,* Kotter definiu as diferenças entre liderança e administração e a relação entre ambas. Identificou que a principal tarefa da liderança é a de produzir mudanças e fixou outras funções, como: estabelecer direção; desenvolver visão e estratégias para o futuro do negócio; alinhar pessoas, fazendo-as compreender, aceitar e seguir a direção escolhida; e motivar e inspirar as pessoas, apelando para necessidades, emoções e valores humanos bastante básicos, mas muitas vezes desconhecidos. Também definiu os papéis administrativos: planejar e orçar; estabelecer objetivos de curto e médio prazos; encontrar meios de alcançá-los e distribuir recursos; organizar e contratar pessoal para as funções, estabelecendo uma estrutura organizacional para seguir o plano e comunicá-lo; delegar responsabilidades e estabelecer sistemas para monitorar a implementação; controlar e solucionar problemas; monitorar resultados; e identificar problemas e solucioná-los. Para Kotter, tanto a liderança como a administração são sistemas completos de ação e envolvem implementação, pois as organizações necessitam de liderança e administração fortes para ser bem-sucedidas. Ressalta que administração forte e liderança fraca podem gerar uma burocracia sufocante e que liderança forte e administração fraca podem resultar em situações parecidas como as encontradas nas seitas[12].

Em *Afinal, o Que Fazem os Líderes: A Nova Face do Poder e da Estratégia*[13] trata dos desafios inerentes ao que se denomina trabalho gerencial e do que diferencia as respostas eficazes a tais desafios das ineficazes. Parte da obra concentra-se nos temas liderança e mudança por serem aspectos cada vez mais importantes nas últimas décadas. Mostra, também, como o trabalho gerencial envolve, na gestão contemporânea, menos exercício de poder do que lidar com a dependência; como os gerentes são colocados em uma rede de interação muito mais complexa do que sugere um organograma; e que mais mudanças demandam mais liderança. O autor cria um conjunto de dez observações inter-relacionadas, que refletem mudanças que ocorrem nos contextos em que os gerentes trabalham, sendo que tais mudanças são motivadas pela tecnologia, globalização da concorrência e dos mercados e demografia da força de trabalho.

O trabalho de Kotter e Heskett em *A Cultura Corporativa e o Desempenho Empresarial* demonstra, através de pesquisa detalhada em empresas, que as culturas que encorajam a liderança em todos os níveis da escala hierárquica ajudam as organizações a se adaptar a mudanças e a prosperar. Os autores concluíram que a maioria das empresas não tem uma cultura adaptável e que somente com liderança conseguem-se a coragem, a visão e a energia necessárias para fazer grandes e difíceis mudanças[14]. Kotter[15] apud Gibson (1998) salienta que a combinação de preocupação com os grupos básicos que, além da gerência, formam a empresa e com a liderança em todos os níveis da hierarquia leva a uma incrível capacidade de navegar por um ambiente turbulento. Justifica que, desta forma, as pessoas não estão apenas voltadas para dentro, olhando a si próprias; elas têm um foco externo, olham para os componentes básicos, começando pelos clientes, onde está a verdadeira ação. Quando as ameaças e as oportunidades aparecem, é provável que muitas pessoas tomem atitudes para solucionar problemas ou aproveitar as oportunidades, diferentemente de quando o centro da iniciativa de liderança está em poucas pessoas[16].

Em *Liderando Mudança*[17], Kotter examina casos de mudanças em grande escala e identifica oito fases das melhores práticas no processo, todas relacionadas à atividade de liderança, na qual administradores e executivos: ajudam a criar um sentido de urgência; organizam uma coalizão orientadora das mudanças; criam uma visão adequada das mudanças; comunicam essa visão a todos; procedem ao *empowerment** das pessoas para que elas ajam segundo essa visão; criam metas de curto prazo para aumentar a credibilidade; usam esse momento para enfrentar os problemas maiores relacionados à mudança; e institucionalizam novas abordagens na cultura organizacional.

O patrono da Harvard Business School é Konosuke Matsuchita, empresário japonês que fundou uma empresa de engenharia elétrica e a quem Kotter substituiu na cadeira de liderança em 1990. Kotter publicou um estudo sobre o empresário, denominado *Matsushita: Lições de Liderança para o Próximo Milênio*, que proporcionou raro conhecimento da filosofia empresarial japonesa[18].

Em *O Coração da Mudança*, publicado em 2002, Kotter e Cohen, por meio de histórias da vida real, desenvolvem narrativas intensas e meticulosas dos desafios enfrentados pelos administradores nas organizações, as quais ajudam a compreender os aspectos intelectuais e emocionais da mudança por meio do uso de metáforas e analogias[19].

Descrição de Kotter sobre o "Trabalho do Administrador"

Segundo Escrivão Filho[20] o trabalho de Kotter investigou 15 executivos, no período de 1976 a 1981, em nove empresas norte-americanas de diferentes ramos

---

* Compartilhamento de poder, delegação de poder ou autoridade a subordinados (DAFT, R. L. *Teoria e projeto das organizações*. 6ª ed. Rio de Janeiro: LTC, 1999, p. 430).

da economia. A coleta de dados envolveu três visitas a cada gerente, e cada entrevista durou pelo menos cinco horas. Sua rotina diária foi observada por 35 horas e foram entrevistados por uma hora cada uma das pessoas-chave com quem eles trabalhavam. Os executivos preencheram dois questionários e forneceram documentos relevantes. Na pesquisa foi observado que os executivos gastam a maior parte de seu tempo com outras pessoas, e muitos desses contatos vão além da relação com subordinados ou com o superior. Os assuntos tratados são extremamente amplos. Durante a conversação os executivos fazem muitas perguntas, e, em muitos casos, a questão discutida é relativamente sem importância para a organização. Nestes encontros, raramente os executivos dão ordens ou dizem às pessoas o que fazer. Este padrão de comportamento, bastante diverso do enfoque do processo, levou Kotter a concluir que os executivos têm de lidar com dois desafios do cargo:

a) a diversidade e volume de informações potencialmente relevantes;

b) a dependência de um grande número de pessoas.

Para analisar a natureza do cargo de executivo, o autor constrói o modelo de desempenho no cargo a partir da agenda de trabalho e da rede de contatos. A ação do executivo visa a três pontos[21]:

a) Estabelecimento de uma agenda

Usada como estratégia pessoal para alcançar as metas de seu trabalho. Quando novato no cargo (de 6 meses a 1 ano), ele despende bastante tempo com a agenda. Após esse período, dedica menos tempo; apenas para atualizá-la. Os executivos eficazes destacam-se ao estabelecerem agendas[22]: procurando mais agressivamente informações de outros; fazendo mais habilmente questões; e estabelecendo com mais êxito programas e projetos que possam ajudar a realizar múltiplos objetivos de uma só vez.

b) Construção de redes de contatos

O novato gasta muito tempo com a agenda porque está começando a construir sua rede de contatos. Após construí-la, o executivo usa a rede para implementar sua agenda. Essa rede de relacionamentos cooperativos abrangerá todos aqueles de quem o executivo se sinta dependente para o desempenho eficaz do cargo, até mesmo fora da organização. Os executivos eficazes criam redes: com muitas pessoas talentosas; com laços fortes entre seus subordinados; utilizando-se de ampla variedade de métodos com grande habilidade (encoraja os outros a se identificarem com ele ou faz outras pessoas se sentirem dependentes dele para o progresso na carreira).

c) Implementação das agendas

Para isso os executivos utilizam-se de recursos orçamentários, da influência e da informação. Realizam muitas de suas influências mais indiretas através de métodos simbólicos: reuniões, linguagem, estórias. Os executivos eficazes implementam sua agenda pelo encorajamento, elogio, recompensa e, principalmente, pela motivação em situação face a face.

As descobertas da pesquisa de Kotter sobre os gerentes-gerais verdadeiros, ou "executivos profissionais", contrastam com as concepções populares e mais antigas de tais gerentes. Kotter conclui que o verdadeiro gerente-geral cria e modifica agendas, incluindo metas e planos para suas organizações; para isso desenvolvem e usam redes de relacionamentos cooperativos. Todavia, deve-se considerar que existe uma variedade na combinação de características pessoais e particulares dos trabalhos de tais gerentes que definem a eficácia de cada caso. O conhecimento técnico especializado, a classe distinta e o padrão de contatos em cada tipo de negócio podem ser menos generalizados e transferíveis para outro tipo de negócio do que muitos gerentes-gerais parecem perceber[23].

O Quadro 1 sintetiza o conteúdo de uma agenda típica de um gerente geral.

Quadro 1 – Agenda típica de um gerente-geral.

Prazo	Questões Principais		
	Financeiro	**Mercados/produtos da empresa**	**Pessoal organizacional**
Longo prazo: 5 a 20 anos	Uma vaga noção da receita ou ROI (Return on Investiment – Retorno sobre o Investimento) desejada para os próximos 10 a 20 anos.	Apenas uma vaga noção do tipo de negócio (produtos e mercados) que o gerente-geral deseja desenvolver.	Vago; às vezes inclui uma idéia do tipo de empresa que o gerente deseja e quanto gerenciamento será necessário.
Médio prazo: 1 a 5 anos	Uma série bastante específica de metas para vendas e ROI para os próximos cinco anos.	Algumas metas e planos para incrementar os negócios, tais como: a) lançar três novos produtos até 1985; b) explorar as possibilidades de aquisição no setor de comunicações.	Uma breve lista de itens como: a) até 1983 teremos de passar por uma grande reorganização e b) encontrar um substituto para Corey até 1984.
Curto prazo: 0 a 12 meses	Uma lista bastante minuciosa de objetivos financeiros para o trimestre e para o ano em todas as áreas financeiras: vendas, despesas, renda, ROI e assim por diante.	Uma série de objetivos e planos gerais visando, por exemplo: a) à participação no mercado de vários produtos e b) a níveis de estoque de várias linhas.	Uma lista de itens como: a) encontrar um substituto para Smith em breve e b) conseguir que Jones se comprometa com uma série de objetivos mais agressivos para os próximos cinco anos.

Fonte: Kotter, 2000. p. 135.

O trabalho de Hampton[24], sobre a pesquisa de Kotter aponta que entre as descobertas do estudo também se pode destacar que os executivos apresentam: ambição, realização e motivação de poder, temperamento imparcial e otimismo, certas habilidades cognitivas e interpessoais, conhecimento detalhado do negócio e da empresa e muito relacionamento cooperativo com outras pessoas do negócio e da organização; são relativamente especializados e se desenvolveram no decorrer da vida, na infância, pela educação, e no início da carreira.

Em decorrência da natureza dos trabalhos gerenciais, que requerem tomadas de decisão rápida em um ambiente de incertezas, diversificação e muitas informações relevantes e que exigem implementação da decisão através de muitas pessoas de diferentes níveis e perfis e com pouco controle sobre elas, os executivos possuem muitas características pessoais que se ajustam às complexas demandas do trabalho.

Críticas à Descrição

Argumenta Kotter[25] que por razões históricas muitas organizações não têm muita liderança e quase todos pensam que o problema é o de mudança de gerenciamento. Liderança e gerenciamento são dois sistemas de ação distintos e complementares, cada um tem sua própria função e atividades características e ambos são necessários para o êxito no contexto empresarial cada vez mais complexo e volátil[26].

Enquanto o gerenciamento é um conjunto de processos que podem manter um complicado sistema de pessoas e tecnologias funcionando satisfatoriamente, a liderança se refere a um conjunto de processos que cria organizações em primeiro lugar ou as adapta para modificar significativamente as circunstâncias e define como deverá ser o futuro, alinha o pessoal a essa visão e as inspira para a ação, apesar dos obstáculos[27].

Para Kotter[28] grande parte das empresas americanas é supergerenciada e subliderada, necessitando desenvolver sua capacidade de exercer liderança. Adverte que, enquanto ampliam suas habilidades de liderança, as empresas deveriam lembrar-se de que liderança forte com gerenciamento fraco não é melhor do que o oposto. O verdadeiro desafio está em combinar liderança forte com forte gerenciamento, usando um para contrabalançar o outro. Algumas pessoas podem se tornar excelentes gerentes, mas não líderes vigorosos; outros apresentam grande potencial para liderança e encontram dificuldade em ser bons gerentes. Empresas perspicazes valorizam os dois tipos de pessoa.

Destaca Kotter[29] que, quando se trata de preparar pessoas para cargos executivos, as empresas ignoram por completo a literatura recente que prega que não é possível alguém gerenciar e liderar. Procuram estimular o surgimento de gerentes-líderes. Gerenciar é lidar com a complexidade; suas práticas e procedimentos constituem uma resposta à emergência das grandes empresas, especialmente as do século XX. Sem um bom gerenciamento as empresam complexas tendem a se tornar caóticas e sua existência vê-se ameaçada. O bom gerenciamento introduz certa ordem e consistência em questões básicas como a qualidade e a lucratividade dos produtos. Liderar é lidar com a mudança, e sua importância reside no fato de que nos últimos anos o mundo dos negócios está cada vez mais competitivo e volátil. Entre essas mudanças que contribuíram para a transformação Kotter apresenta a tecnológica, a competição internacional mais acirrada, a desregulamentação de mercados, o excesso de capacidade em setores intensivos em capital, a instabilidade do cartel do petróleo, predadores com títulos de alto risco e características demográficas inconstantes da força de trabalho.

Para Kotter[30] essas diferentes funções – lidar com a complexidade e lidar com a mudança – moldam as atividades características do gerenciamento e da liderança. Cada sistema de ação envolve decisões quanto ao que tem de ser feito, à criação de redes de pessoas e relacionamentos que possam pôr em prática um plano e à tentativa de assegurar que a missão seja cumprida de fato. Contudo, cada um realiza as três tarefas de formas diferentes:

a) As empresas gerenciam a complexidade elaborando planos e orçamentos e alocando recursos para atingir objetivos e metas para o futuro e as etapas para atingi-los. Liderar uma empresa gerando a mudança construtiva, pelo contrário, começa com o estabelecimento de uma direção, que envolve a criação de uma visão do futuro e as estratégias para produzir as mudanças necessárias para construí-la.

b) O gerenciamento envolve a capacidade de concretizar os planos organizando e fornecendo pessoal, gerando uma estrutura organizacional e um conjunto de cargos a fim de satisfazer os requisitos do plano. Desta forma, há atribuição de cargos a indivíduos qualificados comunicando-lhes os planos, delegação de responsabilidades para realizá-los e elaboração de sistemas para monitorar a implementação. A liderança envolve alinhar as pessoas, significando comunicar a nova direção aos que podem criar coalizões que compreendam a visão e estejam comprometidas com sua concretização.

c) O gerenciamento assegura a realização dos planos controlando e resolvendo problemas, gerando o monitoramento formal e informal através de relatórios, reuniões e outras ferramentas, os resultados contrapondo-os aos planos, identificando desvios e elaborando planos para solucionar os problemas. Para a liderança concretizar uma visão requer motivação e inspiração, mantendo as pessoas na direção correta, apesar dos obstáculos à mudança, recorrendo a valores, emoções e necessidades humanas básicas, freqüentemente inexploradas.

No Quadro 2 pode-se verificar as principais diferenças entre gerência e liderança, apresentadas por Kotter[37], que ressalta que transformação bem-sucedida consiste em 70% a 90% de liderança e apenas em 10% a 30% de gerenciamento.

Quadro 2 – Gerenciamento *versus* liderança.

GERÊNCIA	LIDERANÇA
• **Planejamento e orçamento:** estabelecimento de etapas detalhadas e cronogramas para alcançar resultados necessários e, em seguida, alocação de recursos necessários para fazer a mudança acontecer. • **Organização e recrutamento de pessoal:** estabelecimento de uma estrutura para executar os requisitos do plano, recrutamento de pessoal para essa estrutura, delegação de responsabilidades e autoridade para realizar o plano, fornecimento de políticas e procedimentos que ajudarão a orientar o pessoal e criação de metodos ou sistemas para monitorar a implementação. • **Controle e solução de problemas:** monitoração de resultados, identificação de desvios do plano e planejamento e organização para que esses problemas sejam resolvidos.	• **Estabelecimento da orientação:** desenvolvimento de uma visão do futuro – freqüentemente um futuro distante – e de estratégias que produzirão as mudanças necessárias para atingir essa visão. • **Alinhamento de pessoal:** comunicação da direção a ser seguida, com palavras e ações, a todos aqueles cuja cooperação pode ser necessária, de modo a influenciar a criação de equipes e coalizões, que compreendam a visão e estratégias e aceitem sua validade. • **Motivação e inspiração:** injeção de ânimo nas pessoas para que elas superem as maiores barreiras políticas, burocráticas e de recursos opostas à mudança, satisfazendo as necessidades básicas, freqüentemente não-atendidas, dos seres humanos.

• Produz um grau de previsibilidade e ordem, e tem o potencial para produzir de forma consistente os resultados a curto prazo esperados pelos vários acionistas (por exemplo, para os clientes, estar sempre no prazo; para os acionistas, estar dentro do orçamento).	• Os produtos mudam, geralmente em um nível surpreendente, e têm a capacidade de produzir mudanças extremamente úteis (por exemplo, novos produtos desejados pelos clientes, novas abordagens das relações de trabalho que ajudem a tornar a empresa mais competitiva).

Fonte: Kotter, 1999. p. 27.

Em um mundo que muda lentamente, o que uma organização precisa é de um bom executivo de comando, não sendo essencial o trabalho de uma equipe de escalão superior. Em um ritmo moderado, uma equipe executiva é necessária para lidar com transformações periódicas, mas na maior parte do tempo o velho modelo ainda funcionará. Em um mundo de rápidas mudanças, o trabalho em equipe é extremamente útil quase o tempo todo. Por mais que tenham talento, os indivíduos não terão tempo ou sabedoria suficiente para absorver rapidamente a mudança de concorrentes, clientes e informações tecnológicas e para transmitir decisões para centenas ou milhares de outros, e raramente terão carisma ou habilidade para obterem sozinhos adeptos para as mudanças entre um grande número de pessoas[32].

Esta descrição de Kotter sobre gerenciamento e liderança é muito interessante, mas não faz jus à administração. Behn[33] vê na proposição de Kotter uma descrição do administrador como projetista, construtor e operador de uma maquinaria humana. Expressa sua indignação ao atacar a própria base de Kotter: "Se as organizações humanas [conforme construídas pelos administradores] são máquinas, elas não necessitam de motivação, e elas não necessitam de inspiração, e elas não necessitam de liderança"[34]. No entanto, as organizações [construídas pelos administradores] não são máquinas e, portanto, requerem motivação e liderança.

Talvez a razão dessa visão depreciativa da administração que Kotter apresenta esteja em sua própria concepção de administração. Behn argumenta que "a descrição de Kotter sobre o que os administradores fazem está muito no espírito do POSDCORB de Luther Gulick da obra de 1937" e que "a memória de Kotter está um pouco confusa. Por qualquer razão, ele inseriu controlar e resolver problemas no lugar de dirigir, coordenar e relatar"[35]. Além de tomar uma descrição antiga das funções do administrador, Kotter alterou-a para expressar o controle sobre as pessoas.

Desta forma, Kotter estabelece que para o líder a chave é a motivação e a inspiração e para o administrador a motivação é desnecessária e a inspiração tola. "A tarefa do administrador é fazer a maquinaria humana funcionar suave e pontualmente"[36]. Behn mostra uma visão negativa de Kotter sobre o administrador, o que possibilita a este construir uma figura "inspiradora" do líder e uma figura "controladora" do administrador. Ambos, Kotter e Behn, falam de administrador e líder, mas de um ponto de vista diferente.

Comentários sobre a Descrição e as Críticas

Sendo a "Abordagem do Processo" impessoal, para funcionar ela depende da organização, que é uma hierarquia e, neste sentido, necessita da autoridade que legitimará suas ações. Mintzberg questiona a forma restrita pela qual a abordagem tradicional trata a função do administrador: planejar, organizar, dirigir e controlar. Para ele o trabalho do administrador vai além dessa abordagem no que se refere à dinâmica organizacional, pois as ações dos administradores são muito curtas e se colocadas em uma forma seqüencial não teriam sentido, mas ao longo do tempo esses pequenos episódios vão compor as atividades organizacionais que irão levá-lo a cumprir objetivos organizacionais.

Neste sentido, Kotter apresenta opinião similar à de Mintzberg, pois há uma lacuna entre o conhecimento tradicional das funções do administrador, ferramentas e sistemas e seu atual trabalho. Suas funções são usualmente discutidas em termos de planejamento, organização, provimento de pessoal e direção e ultimamente caracterizada por longas horas, fragmentação do trabalho e comunicação oral. Esta lacuna levantou questões sobre sua atuação com relação ao planejamento formal, performance e outros sistemas, e também quanto à sua formação educacional. Esta distância gera dificuldades para que jovens executivos sejam treinados e adquiram conhecimentos que melhorem seu desempenho.

O autor produziu um estudo com base na análise de um dia típico da vida de um administrador de sucesso e concluiu que: 1) emprega mais de seu tempo com outras pessoas; 2) despende tempo com chefes, subordinados e pessoas fora da empresa; 3) discute vários assuntos; 4) em suas discussões faz muitos questionamentos; 5) durante tais conversações é raro tomar grandes decisões; 6) nelas, relata assuntos que não são de trabalho; 7) em um pequeno número desses encontros o tema é relativamente importante para o negócio; 8) nesses encontros raramente diz às pessoas o que fazer; 9) tenta influenciá-las; 10) perde algum tempo com tópicos fora de sua agenda; 11) em um curto espaço de tempo abrange vários tópicos de sua agenda; 12) seu trabalho demora muitas horas e parte dele é feito fora da empresa[37].

Segundo Kotter[38], para compreender o comportamento de um executivo eficaz e como dirige seu trabalho é necessário reconhecer tipos de desafios e dilemas: 1) compreender o que fazer apesar da incerteza, diversidade e enorme quantidade de informações relevantes; 2) compreender inteiramente os serviços feitos pelas pessoas apesar de ter pequena direção e controle sobre a maior parte deles. A intensidade desses desafios é muito grande e requer que os executivos demandem de suas tradicionais funções, sendo que a agenda organizacional e a construção de uma rede de trabalho podem colaborar para que atinja objetivos organizacionais. Os executivos eficazes desenvolvem suas agendas em harmonia com os objetivos e planos a longo, médio e curto prazo sob sua responsabilidade, contendo itens específicos e também vagos. A agenda pode ajudá-los a adquirir melhor desempenho e habilidade. Na elaboração das agendas os executivos alocam significativo tempo e esforço, desenvolvem as redes de trabalho e relacionamentos cooperativos para realizar planos importantes e emergenciais. Depois de desenvolver a agenda e redes de trabalho, usam as redes para implementar sua agenda.

O padrão diário de seu comportamento parece ser conseqüência do modo pelo qual o administrador se envolve com seu trabalho. Na construção de redes de trabalho emprega táticas interpessoais, usando desde humor até assuntos não relacionados ao trabalho como ferramentas para construir relacionamentos e mantê-los fora de condições de estresse. A agenda lhe permite reagir de forma oportunista e eficiente, pois cria uma estrutura racional. As redes de trabalho permitem acontecer breves e eficientes conversações, ainda que possam parecer insignificantes e desconexas.

Para Kotter[39] há algumas implicações referentes ao trabalho do administrador, são elas:

1. Para que não se corram grandes riscos, é preciso que ele conheça os negócios ou as pessoas envolvidas, não bastando ser um administrador profissional de sucesso. Esse conhecimento prévio poderá lhe propiciar condições de desenvolver uma boa agenda e redes de relacionamento capazes de implementá-la.

2. Cursos de treinamento em administração, em universidades e corporações, enfatizam ferramentas formais como o foco para um desempenho eficaz, situações que ajustam relacionamentos humanos e a administração do tempo. Segundo o autor, esses programas muitas vezes são relevantes, mas mal centrados.

3. Um jovem administrador deve gastar seu tempo coletando informações, estabelecendo relacionamentos, selecionando uma direção básica para sua área de responsabilidade e desenvolvendo suporte organizacional.

4. Muitos dos sistemas de planos formais nos quais muitos administradores devem operar impedem um bom desempenho, pois lhes impõem uma situação crítica e rígida, dificultando a elaboração de agendas e a construção de redes de relacionamentos, criando estresse entre as pessoas, gerando muito papel e tirando a atenção dos administradores de fazer e pensar em coisas que realmente são importantes.

Considerações Finais

Cada autor aborda a questão do trabalho do administrador segundo sua linha de pensamento. Enquanto a abordagem do processo está fundamentada na impessoalidade, a dos papéis está mais centrada nas pessoas. Ambas as abordagens são válidas; a diferença é que a abordagem processual é mais limitada.

A Abordagem do Processo foi alvo de críticas por seu caráter prescritivo, formal e idealístico do trabalho do executivo. Os críticos não apresentam uma definição comum sobre o trabalho do executivo, no entanto, além da crítica aos partidários de Fayol, une-se em torno do embasamento empírico de suas apreciações, especialmente a observação estruturada. As contribuições podem ser agrupadas sob a nomenclatura de Abordagem dos Papéis em referência à obra de seu principal autor, Mintzberg. Além dele, outros dois autores são citados, Stewart e Kotter. Para Minzberg, as descrições do trabalho do executivo apresentadas pelos seguidores de Fayol são verdadeiros folclores. O autor formula os papéis componentes do cargo de executivo: interpessoais, informacionais e decisionais. A rede de contatos interpessoais forma uma organização informal de transmissão de informações que alimenta a decisão do executivo[40].

A fonte principal de crítica é o caráter prescritivo dos clássicos, orientando seus trabalhos para "o que deve o executivo fazer" para ser eficaz. O caráter formal e sistemático que as atividades de planejamento, organização, direção e controle transmitem, na verdade, está longe das ações de um executivo de carne e osso[41].

O líder e o executivo são essenciais para o desenvolvimento de uma organização. Conforme se pode abstrair do trabalho de Kotter, o líder é o que ativa e mantém a energia necessária para promover mudanças que orientam a organização. Ao executivo cabe lidar com a complexidade de atividades e ações que as mudanças propostas pelo líder geram. A sintonia entre comportamento administrativo e de liderança por parte dos componentes da estrutura de poder é que proporcionará o bom funcionamento das organizações.

Sendo o líder o promovedor de mudanças, aspectos relativos à cultura organizacional devem ser tratados com relevância no processo de gestão, visto que as pessoas inseridas no contexto das organizações trabalharão conforme sua percepção do sistema de valores da organização e o direcionamento estabelecido por seus condutores.

Para Kotter, as empresas bem-sucedidas do século XXI terão de se parecer mais com incubadoras de liderança. O desperdício de talentos se tornará cada vez mais caro em um mundo de rápidas transformações. Desenvolver essa liderança demandará estruturas mais satisfatórias e enxutas associadas a culturas menos controladoras e que assumam mais riscos[42]. Destaca, ainda, que essa liderança não deve estar centrada somente na cúpula da hierarquia, mas ser encontrada por toda a empresa. Argumenta que ao longo das próximas décadas veremos tanto uma nova forma de organização emergir para enfrentar ambientes mais competitivos e de rápida modificação como também um novo tipo de funcionário. O funcionário do século XXI precisa conhecer mais sobre liderança e gerenciamento. O gerente do século XXI precisa conhecer bastante sobre liderança. Com esses conhecimentos o tipo de "organização que aprende" (*learning organization*) pode ser construído e mantido, pois sem esses conhecimentos as empresas adaptáveis e dinâmicas não são viáveis[43]. Desta forma, acredita Kotter, no século XXI veremos mais líderes que desenvolvem suas aptidões através de um aprendizado vitalício, pois esse padrão está sendo cada vez mais recompensado em um ambiente de rápidas mudanças e vital para o sucesso na carreira individual e para o sucesso econômico das empresas[44].

Lembra Kotter[45] que nos últimos cem anos a maioria dos profissionais bem-sucedidos encontrou trabalho em empresas conceituadas e ascenderam em estritas hierarquias funcionais, enquanto aprendiam a arte da administração. A maioria dos operários bem-sucedidos encontrou empresas com bons sindicatos, aprendeu como realizar o trabalho e permaneceu nessa situação por décadas. No século XXI nenhum desses caminhos de carreira proporcionará uma boa vida às pessoas, pois não encorajam um aprendizado vitalício suficiente, especialmente quanto às aptidões de liderança.

Questões

1. Qual o conceito principal que Kotter usa para descrever o trabalho do gerente-geral?

2. Qual a diferença entre liderança e administração para Kotter?

3. A liderança substitui a administração fraca?

4. Para analisar a natureza do cargo de executivo, Kotter construiu o modelo de desempenho no cargo. Descreva-o.

5. Conhecer previamente os negócios é importante para o sucesso dos administradores?

6. O autor observa eficácia ou ineficácia nos sistemas formais de planejamento?

Estudo de Caso: Liderando a Mudança

A empresa Farma, que atua no setor de distribuição de produtos farmacêuticos, passa por um momento de mudanças para sobreviver num cenário que se transforma rapidamente. Para atingir seu intento está reformulando o modelo de gestão que adota: um sistema engessado e burocrático em que os gerentes se mantêm distantes dos funcionários. Como conseqüência dessa postura, a Farma perdeu competitividade e a desmotivação se alastrou pela empresa.

No modelo idealizado, as regras ficam em segundo plano e a ênfase é direcionada para valores que devem ser considerados como as bases de sustentação da empresa. Entre os valores difundidos destacam-se: o sucesso do cliente, a qualidade dos produtos e do atendimento, o respeito ao trabalho em equipe, o espírito coletivo, entre outros.

Muito se deve ao diretor administrativo da empresa que, em parceria com os demais diretores, envolveu as pessoas no processo de identificação desses valores.

Após essa etapa, o grande desafio da diretoria da empresa é fazer com que todos, gerentes e funcionários em geral, saibam como aplicar tais valores no dia-a-dia para que a empresa consiga atingir seus objetivos da forma planejada.

Para implementar o novo modelo, a Farma precisou rever o tipo de profissional que a empresa deseja ter em seu quadro funcional, destacando as seguintes competências: flexibilidade, proatividade, capacidade de aprendizado contínuo. Essas exigências têm promovido certo desconforto entre as pessoas que se sentem pressionadas e inseguras pelo processo de mudança. O trabalho burocrático também foi revisto e simplificado pelo uso de planilhas e outros programas de computador.

Os gerentes e funcionários da Farma não estão habituados com um modelo de gestão que envolve maior liberdade de ação de subordinados e resulta em mais iniciativa das pessoas e maior tolerância a erros. Essa situação tem gerado conflitos, pois alguns gerentes e funcionários não conseguem incorporar a nova postura exigida pelo processo de mudança, mesmo após a empresa ter oferecido treinamentos e várias reuniões entre diretores, gerentes e equipes de trabalho para a disseminação da nova filosofia.

A mudança está sendo implantada e se nota alguma alteração no clima organizacional, fundamentada no aparente aumento da motivação entre funcionários, embora a insegurança ainda esteja presente no comportamento do quadro funcional.

Questões para discussão sobre o estudo de caso

1. De que forma a mudança da cultura organizacional está relacionada ao processo de reformulação da gestão da Farma?

2. Identifique no texto se há indicações de construção e implementação de agenda de trabalho e de redes de contato.

3. A Farma é liderada ou gerenciada? Explique.

Notas

1. KENNEDY, C. *O guia dos gurus do gerenciamento*. Rio de Janeiro: Record, 2000. p. 157.

2. GIBSON, R. (Org.). *Repensando o futuro*. São Paulo: Makron Books, 1998. p. 142.

3. KOTTER, J. P. *Liderando mudança*. Rio de Janeiro: Campus, 1999. (Título do original: Leading Change).

4. KENNEDY, 2000. p. 158.

5. KOTTER, 1999. p. 3.

6. DIAS, L. *Matsushita leadership*. Disponível em: <http://www.centroatl.pt/edigest/edicoes>. Acesso em: 6 set. 2004.

7. FONSECA, M. Disponível em: <http://www.mktonline.net>. Acesso em: 12 out. 2004.

8. KOTTER, J. P. Culturas e coalizões. In: GIBSON, R. (Org.). *Repensando o futuro*. São Paulo: Makron Books, 1998. cap. 10, p. 131.

9. KENNEDY, 2000. p. 159.

10. ROBBINS, S. P. *Comportamento organizacional*. São Paulo: Printice Hall, 2002. p. 355.

11. KENNEDY, 2000. p. 162.

12. KENNEDY, 2000. p. 159-160.

13. KOTTER, J. P. *Afinal, o que fazem os líderes?*. Rio de Janeiro: Campus, 2000. (Título do original: What Leaders Really Do).

14. KENNEDY, 2000. p. 162.

15. KOTTER, 1998. p.133.

16. KENNEDY, 2000. p. 163.

17. KENNEDY, 2000. p. 158.

18. KENNEDY, 2000. p. 158.

19. FONSECA, 2004.

20. ESCRIVÃO FILHO, E. *A natureza do trabalho do executivo:* uma investigação sobre as atividades racionalizadoras do responsável pelo processo produtivo em empresas de médio porte. 1995. Tese (Doutorado), Universidade Federal de Santa Catarina, Florianópolis.

21. ESCRIVÃO FILHO, 1995. p. 15.

22. KOTTER, J. P. What effective general managers really do. *Harvard Business Review*, v. 60, n. 6, p. 161-163, 1982.

23. HAMPTON, D. *Administração:* comportamento organizacional. São Paulo: McGraw-Hill, 1990. p. 21.

24. HAMPTON, 1990. p. 23.

25. KOTTER, 1999. p. 26.

26. KOTTER, 2000. p. 50.

27. KOTTER, 1999. p. 26.

28. KOTTER, 2000. p. 50-51.

29. KOTTER, 2000. p. 51.

30. KOTTER, 2000. p. 52.

31. KOTTER, 1999. p. 26.

32. KOTTER, 1999. p. 165-166.

33. BEHN, R. D. What right do public managers have do lead? *Public Administration Review*, v. 58, n. 3, p. 209-224, May-June 1998.

34. BEHN, 1998. p. 212.

35. BEHN, 1998. p. 212.

36. BEHN, 1998. p. 212.

37. KOTTER, 1982. p. 158-159.

38. KOTTER, 1982. p. 160.

39. KOTTER, 1982. p. 166-167.

40. ESCRIVÃO FILHO, 1995. p. 11.

41. ESCRIVÃO FILHO, 1995. p. 9.

42. KOTTER, 1999. p. 168.

43. KOTTER, 1999. p. 177.

44. KOTTER, 1999. p. 179.

45. KOTTER, 1999. p. 186.

Administrar é atender a demandas sob restrições e escolher agenda: a visão de Stewart

Ana Claudia Fernandes Terence

Introdução

O que é administração? Os livros tradicionais da área respondem que administração é o processo de planejar, organizar, liderar e controlar os esforços empreendidos pelos membros de uma empresa, usando todos os recursos organizacionais para atingir os objetivos estabelecidos[1]. Esta acepção, porém, pouco esclarece sobre o trabalho específico dos gerentes. O que fazem de fato os administradores? Como se configura a tarefa dos gerentes? Em que diferem as funções dos administradores? Estas perguntas são mais difíceis de responder do que se imaginar em um primeiro momento, considerando-se ainda que os conceitos de administração e trabalho dos gerentes são freqüentemente tratados de forma homogênea na literatura administrativa[2]. Também, de forma geral, as expressões "executivo" e "gerente" são utilizadas como sinônimo de administrador.

Desde Henri Fayol, em 1908, até os dias de hoje, os teóricos da gerência têm analisado a natureza da tarefa do executivo de maneira a poderem formular generalizações a respeito das funções que lhe são próprias. No entanto, não há uma única função de gerência e, conseqüentemente, não há um tipo único de executivo. Os enfoques relacionados ao trabalho do executivo devem estar voltados especificamente às tarefas a serem realizadas pelos administradores que ocupam cargos gerenciais[3].

No início do século, o papel da gerência era garantir que as tarefas dos trabalhadores fossem bem definidas, medidas e controladas. No intuito de tornarem as pessoas tão eficientes quanto as máquinas que operavam, os gerentes tratavam seus subordinados como um dos fatores de produção.

Atualmente, o desafio gerencial é aproveitar conhecimentos, habilidades e capacitações de cada membro da organização. Faz-se necessário, portanto, desenvolver uma filosofia de gestão baseada em uma abordagem mais personalizada, capaz de estimular tanto a criatividade e a habilidade desses indivíduos quanto a diversidade de seus pontos de vista[4].

O conceito de administração e, conseqüentemente, da abordagem do trabalho do administrador vêm se transformando e evoluindo. Diversos autores têm enfocado a questão do trabalho do executivo, construindo, através de abordagens distintas, diferentes teorias, influenciadas por idéias dominantes na época em que foram desenvolvidas.

A definição do trabalho do administrador é fundamental para ajudá-lo a pensar a especificidade de sua tarefa e o modo de realizá-la. Ressalte-se que o conhecimento das características que definem o trabalho dos administradores é útil não só aos acadêmicos e consultores, mas também, e principalmente, para os próprios gerentes.

Biografia e Obra

Rosemary Stewart é graduada em Economia pela British Columbia University e em Filosofia Social pela London School of Economics. Desenvolveu conhecimentos relacionados com problemas de administração, tendo atuado nesta área ao desempenhar as funções de diretora do Acton Society Trust, no British Institute of Management, e de pesquisadora do Departamento de Estudos de Administração, na London School of Economics. Stewart é membro honorário do Templeton College, University of Oxford[5].

No início de sua carreira, Rosemary Stewart empenhou-se em uma linha de investigação social nas áreas de saúde (medicina) e de tomadores de decisão (política). Seu interesse por pesquisa em administração surgiu quase que por acaso.

Em 1940, recém-formada, mudou-se para o Canadá e montou um grupo de pesquisa denominado IRAC – Inquiry (investigação), Research (pesquisa), Action (ação) e Council (conselho) –, que tinha por objetivo investigar problemas acadêmicos e identificar suas possíveis soluções. Posteriormente, de volta à Inglaterra, Stewart dedicou-se, durante um ano, à educação de adultos e recebeu o título de mestre (*master*) pela London School of Economics. Tendo definido, como tema de investigação, "A Filosofia Social na Inglaterra no Período de 1900 a 1940", desenvolveu, na London School of Economics, sua tese de doutorado. Este estudo, que a autora relacionou com o trabalho do executivo, deu origem ao livro *Managers and Their Jobs*[6].

O contato de Stewart com administração ocorreu quando se tornou pesquisadora na Acton Society Trust, onde estudava problemas humanos e organizacionais de grandes corporações e problemas de responsabilidade pública nas indústrias recentemente nacionalizadas. Esta atividade, realizada por meio de entrevistas semi-estruturadas, análise de documentos e discussões em grupo, despertou o interesse da autora por administração, mais especificamente em saber o que acontece nas empresas e como as pessoas pensam e vêem os seus trabalhos.

O tema principal de pesquisa de Stewart foi, por mais de 30 anos, a tarefa administrativa e o comportamento dos administradores, com ênfase nas diversas formas de gerência. Explica-se esta ênfase pelo fato de que, nas entrevistas realizadas com executivos, a autora pôde perceber como suas atividades diferem entre si[7].

A metodologia de investigação de Stewart foi influenciada pelos estudos de Sune Carlson e de seus contemporâneos, como Leonard Sayles, John Kotter, Tom Burns, Joan Woodward e membros do Instituto de Tavistock[8]. Segue-se uma descrição da pesquisa de Stewart sobre o trabalho do administrador.

Para estudar as diferenças entre trabalhos administrativos, Stewart baseou-se em Sune Carlson, um professor sueco que desenvolvera pesquisa sobre os diários de trabalho de um pequeno número de executivos de alto nível administrativo. A propósito, este autor, por estar interessado em utilizar os resultados de sua investigação como ferramenta de desenvolvimento para os gerentes, escreveu e fez publicar o livro *Executive Behavior* (1951), considerado a primeira grande contribuição neste campo de pesquisa.

Stewart, por sua vez, publicou, em 1967, seu primeiro estudo sobre trabalho administrativo, denominado *Managers and Their Jobs: a study of the similarities and differences in the ways managers spend their time*. Neste obra, caracterizada como quantitativa, por resultar de entrevistas feitas com 160 executivos, a pesquisadora apresenta uma tipologia de trabalhos administrativos. Os demais estudos que desenvolveu têm caráter qualitativo.

Em outra relevante investigação, Stewart definiu, como objetivo, elaborar uma tipologia de trabalhos gerenciais que se configurasse como tal a partir de uma coleta de dados que implicasse entrevistas, diários e observação. Os resultados desta pesquisa foram publicados, em 1976, na obra *Contrasts in Management: a study of different types of managers' jobs: their demands and choices*. Considera-se que esta obra não só contribui para a teoria e a prática da administração como também representa o começo da mudança de foco na pesquisa da autora sobre trabalho e comportamento dos executivos – as diferenças existentes entre estes dois conceitos. A propósito, Stewart procurou desenvolver um estudo que lhe permitisse construir uma tipologia que revelasse as diferenças entre os trabalhos, relacionando-as à função e ao nível hierárquico.

O subtítulo da obra *Contrasts in Management* inclui as palavras demandas (*demands*) e escolhas (*choices*). Somente em estudos subseqüentes, entretanto, a autora elaborou um modelo que visa descrever a interação entre o indivíduo e o trabalho. Vários estudos contribuíram para o desenvolvimento do modelo, como *Choices for the Manager* (1982) e *The District Administrator in the National Health Service* (Stewart et al., 1982).

As pesquisas sobre natureza do trabalho gerencial, comportamento dos executivos e diferenças entre trabalhos administrativos também foram influenciadas, no final dos anos 60, pela atividade da pesquisadora no Oxford Centre for Management Studies, posteriormente denominado Templeton College, faculdade especializada em administração da Oxford University.

Após investigar o trabalho dos administradores em seis países da Europa, Stewart iniciou uma pesquisa comparativa, juntamente com Alfred Kieser, da Mannheim University, sobre percepções e comportamento dos executivos de nível intermediário na Alemanha e Inglaterra, utilizando como ferramenta para a análise dos resultados o modelo de demandas, escolhas e restrições. Este mesmo modelo foi usado por ela em seu trabalho, durante 11 anos, no Departamento de Saúde do Reino Unido[9].

Contextualização da Obra

O estudo do trabalho dos administradores é um dos temas centrais da teoria geral da administração. Entre os principais estudiosos desta questão, Rosemary Stewart destaca-se ao apresentar resultados de pesquisas com foco no processo decisório dos executivos.

Os autores, em sua maioria, empregam as funções clássicas dos gerentes e poucos citam ou incorporam outros tipos de classificação. No entanto, as atividades administrativas clássicas têm sido questionadas por muitos pesquisadores, especialmente por Henry Mintzberg[10], John Kotter[11] e Rosemary Stewart[12], que também elaboraram uma classificação do trabalho do administrador. Porém, como na maioria dos livros de administração estas classificações são pouco citadas, deixam de ser incluídas nas discussões sobre o que os executivos fazem. Apesar de o trabalho de Stewart ser mais conhecido na Grã-Bretanha e Europa, de forma geral, que nos EUA e demais países, seu pensamento sobre a prática de administração influenciou teóricos do mundo todo, como, por exemplo, Carlson (1951), Hales (1986), Woodward (1965), Drucker (1955), Kotter (1982), Mintzberg (1973), Sayles (1964), Simon (1957), entre outros[13].

A contribuição de Stewart para a abordagem do trabalho de administrador dá-se através do modelo que define o trabalho do executivo de acordo com as restrições e demandas, confeccionado com o propósito de entender o comportamento do executivo e a natureza de seu trabalho. A autora mostrou que o trabalho do executivo não se caracteriza pela brevidade, variedade e fragmentação, como apresenta Mintzberg.

Origens e desenvolvimento do modelo

Rosemary Stewart, nos estudos que fez sobre comportamento dos gerentes no cargo, utilizou abordagens qualitativas para desenvolver um modelo de análise do trabalho do executivo. Na construção deste modelo, a autora considerou a variedade e a flexibilidade do trabalho, de modo que este resulta, por um lado, do crescimento da consciência das dificuldades para interpretar as respostas dos gerentes a questões relacionadas ao seu próprio trabalho e, por outro, da descoberta de que vários administradores, em atividades semelhantes, podem enxergar e executar suas tarefas de forma diferente[14].

O desenvolvimento do modelo iniciou-se a partir do desejo de descrever o trabalho do administrador e mostrar em que um estudo sobre o comportamento do executivo poderia acrescentar na compreensão da natureza do seu trabalho. Posteriormente, o modelo foi também utilizado para auxiliar a entender a percepção individual que o administrador tinha de seu trabalho.

Vários estudos foram desenvolvidos até que se chegasse a conceber o modelo. A seguir são apresentados os conceitos básicos desenvolvidos pela autora e sua equipe e empregados na sua construção[15].

O primeiro estudo refere-se à classificação do comportamento gerencial. Desenvolveu-se entre 1973 e 1975, período no qual foram aplicados questionários e feitas entrevistas e observações, em duas fases: a etapa de levantamento do trabalho de 260 executivos em diferentes funções, níveis e empresas e depois a fase de estudo intensivo com 16 gerentes.

O segundo estudo diz respeito à classificação das escolhas no trabalho administrativo. Realizou-se entre os anos de 1977 e 1980, quando foram feitas observações e entrevistas com gerentes e seus chefes. Ao todo, foram envolvidos no estudo, em um primeiro momento, 98 executivos e seus respectivos chefes, em diversos níveis e funções e em várias empresas. De uma segunda fase participaram apenas seis executivos, em diferentes tipos de trabalhos.

O terceiro estudo focaliza o trabalho e o papel do administrador distrital no National Health Service. Deu-se entre os anos de 1978 e 1979. Foram entrevistados e observados 41 administradores de uma amostra específica do distrito, gerentes que também participaram de discussões em grupo. Durante as entrevistas, com a duração mínima de três horas cada uma, os executivos foram questionados sobre o trabalho realizado no último mês, considerando todos os seus aspectos relevantes. O objetivo desta atividade era identificar o que os administradores realmente faziam durante o mês. As formas de trabalho tidas como atípicas foram exploradas. Acrescente-se que os administradores também foram inquiridos sobre o que tentavam executar em cada área de seu trabalho.

O quarto estudo, concernente às percepções dos gerentes relativas às suas próprias escolhas, foi feito entre os anos de 1978 e 1979. Utilizou-se, como metodologia, entrevista gravada e pessoal. Consta que 86 executivos intermediários de produção e vendas de três indústrias fizeram parte da pesquisa.

De forma geral, os métodos utilizados nos estudos qualitativos da autora incluem longas entrevistas, observações de 3 a 5 dias de duração, diários de campo e grupos de discussão. Pode-se considerar que o modelo de Stewart foi concebido no primeiro estudo, desenvolvido no segundo e aplicado no terceiro. O quarto estudo é entendido como paralelo ao segundo, ressaltando-se, porém, que implica concentração nas percepções individuais das oportunidades de escolha dos executivos. Um aspecto importante dos segundo e terceiro estudos é a comparação das diferenças de comportamento dos gerentes em atividades similares, que mostram uma variedade de tipos e padrões de trabalho. A flexibilidade revelada sugere que uma das formas para descrever o trabalho de gerência é considerar a soma de todos os comportamentos possíveis dos administradores no desempenho de sua função.

O modelo de Stewart foi utilizado e testado em vários programas gerenciais nos quais gerentes intermediários e seniores buscavam ajuda para analisar seus trabalhos e revisar a proximidades entre estes[16].

Descrição de Stewart sobre o "Trabalho do Administrador"

Stewart contribuiu para a descrição do trabalho do administrador por meio de um modelo elaborado com o intuito de entender como o estudo do comportamento do administrador pode auxiliar na compreensão da natureza do seu trabalho. Assim, a maior colaboração de Stewart para a teoria administrativa é o modelo de demandas (*demands*), restrições (*constraints*) e escolhas (*choices*) a que o executivo pode recorrer no desempenho de sua função.

A autora relaciona os conceitos de "cargo" e "agenda" com o trabalho do executivo. "Cargo" diz respeito a demandas e restrições, e "agenda", entendida como processo de decisão sobre o que fazer, refere-se a escolhas.

O modelo de Stewart tem por base o processo decisório dos executivos. Segundo a autora, o trabalho dos executivos é semelhante, quando se considera que integra três características principais, a saber: a demanda, correspondente ao que todo administrador deve fazer; as restrições, relativas a fatos internos da organização ou externos a ela que limitam as ações dos gerentes; e as escolhas, alusivas a atividades que os executivos podem realizar ou não. Evidencie-se que, mesmo quando as demandas e restrições parecem muito semelhantes, as características particulares de cada administrador fazem com que cada trabalho seja executado de maneira singular[17].

Demandas especificam as atividades que os gerentes devem desempenhar, ou seja, as obrigatórias, como: atingir certos padrões de desempenho, determinar as tarefas do pessoal nas unidades de trabalho, manter contatos, sanar dificuldades de relacionamento, cumprir procedimentos burocráticos e legais que não podem ser ignorados ou delegados e participar de reuniões.

Restrições são fatores internos da organização e externos a esta que limitam o que o executivo pode fazer. Assim, as restrições ao desempenho das demandas podem originar-se em várias fontes, como: limitações de recursos e de localização, bem como legais, tecnológicas e organizacionais; definição da amplitude da unidade de trabalho do administrador; necessidade de trabalho fora da unidade; atitude de outras pessoas quanto a modificações nos sistemas, nos procedimentos, nas instalações e na remuneração; e mudanças nos bens e serviços produzidos.

As escolhas podem retratar que o trabalho é feito, como é desenvolvido e quais alternativas estão na área definida. Assim, o executivo deve enfatizar certos aspectos do trabalho, selecionar algumas tarefas e ignorar ou delegar outras. A propósito, deve não só identificar alternativas na fronteira administrativa, negociando com pessoas não pertencentes à unidade, mas que podem afetá-la, como também reconhecer formas para transformar a área de trabalho – mudar o domínio da unidade, desenvolver o domínio pessoal, tornar-se um especialista, compartilhar o trabalho, especialmente com os colegas, e tomar parte nas atividades organizacionais e públicas. As escolhas, referindo-se a atividades que o gerente pode realizar sem ser obrigado a isso, identificam, portanto, as opções que o responsável tem na determinação do que e do como fazer.

A estrutura do modelo de Stewart configura-se da seguinte forma: uma parte central, composta de demandas; um limite, composto de restrições; e uma parte intermediária, composta de escolhas. O limite destas categorias determina a dinâmica do modelo, levando-se em conta que sua extensão muda constantemente, devido a novas situações que surgem na dinâmica organizacional. Assim considerando, os administradores precisam estar habilitados a alterar algumas demandas ou restrições em seu trabalho. Reiterando o exposto, o modelo apresentado por Stewart é dinâmico à medida que as circunstâncias podem modificar as restrições e demandas e, conseqüentemente, as escolhas dos administradores. A propósito, as ações dos administradores também podem mudar a forma de trabalho, quando, por exemplo, alteram algumas restrições ou fazem outros tipos de escolhas[18].

Os trabalhos dos administradores diferem em termos de dois de seus aspectos básicos: o nível que ocupam na hierarquia organizacional e o conteúdo que os definem como especialistas ou generalistas. Por conta dessas diferenças, algumas semelhanças de demandas, restrições e escolhas tendem a apresentar-se tanto nos trabalhos de níveis semelhantes quanto nos de graus comparáveis de especialização, mesmo que desenvolvidos em organizações diferentes[19].

Considera-se que todo trabalho é único, em razão das diversas necessidades e restrições que comporta e da interação do responsável pela área de escolhas com o próprio trabalho. Assim sendo, mesmo que as demandas e restrições sejam semelhantes, as personalidades diferentes dos que realizam o trabalho fazem com que este seja particular em sua execução[20]. As diferenças que tornam os trabalhos únicos não devem, entretanto, ser compreendidas apenas como derivações dos estilos dos executivos, pois resultam também da razão pela qual os trabalhos são realizados.

O modelo de Stewart pressupõe que a área de escolha não pode ser totalmente utilizada por causa de pressões de tempo, incompatibilidade de certas opções e diferenças individuais É provável que os indivíduos tenham demandas próprias – exigências às quais precisariam atender, configurando-se como restrições particulares –, convicções, medos, falta de conhecimento ou habilidade e também suas próprias escolhas[21].

As demandas, restrições e escolhas mudam com o tempo, assim, o tamanho e o conteúdo dos círculos também se alteram. Gerentes que se sentem mais passivos podem ver demandas e restrições como imutáveis e, a partir desta percepção, escolhem suas áreas de alternativas. Entretanto, gerentes mais autônomos e capazes podem expandir a área de opção criativamente, aumentando o intervalo entre demandas e restrições[22]. Desta forma, as escolhas que traduzem autodeterminação, flexibilidade e dinamismo podem, em função destas características, refletir a competência do executivo e aumentar a sua influência no ambiente social. Atente-se, no entanto, para o fato de que o resultado oposto também é possível[23].

Por fim, as dimensões dos cargos gerenciais podem ser representadas como círculos concêntricos, e a área de cada um relativamente aos outros permite visualizar a distribuição das demandas, restrições e escolhas (Figura 1)[24].

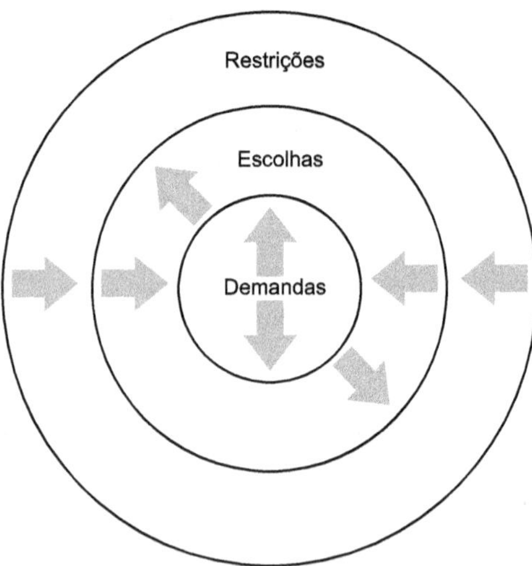

Figura 1 – Modelo de Stewart: características universais dos trabalhos administrativos[25].

Críticas à Descrição de Stewart sobre o "Trabalho do Administrador"

O modelo de Stewart é criticado sob vários aspectos. Primeiramente porque, na prática empresarial, há certa dificuldade em distinguir restrições e demandas. Ademais, em seus estudos, a investigadora explorou qualitativamente as diferenças entre os trabalhos, o que implica a questão da opinião subjetiva[26].

A pesquisa de observação exige interpretação constante. Neste processo, uma mesma atividade pode ter interpretações diferentes e atividades diferentes podem conduzir a igual resultado. Assim, parece importante ir além de uma aproximação puramente descritiva ao se investigar o que os gerentes fazem, por que realizam determinada atividade e se o que executam é efetivo ou não[27].

Desde os anos 60, as atividades dos executivos vêm se tornando mais complexas e diversificadas e a linha de comando e autoridade gerencial menos clara. Os administradores passaram a ter papel de liderança dentro das organizações em vez de apenas controlarem e motivarem seus subordinados. Estão, a cada dia, "demograficamente" diferentes. Diante deste contexto, em 1988, foi publicada a segunda edição do livro *Managers and Their Jobs*. Embora Stewart tenha se esforçado para auxiliar os executivos em sua tarefa de gestão, seu estudo não oferece atividades específicas para os gerentes tomarem decisões e realizarem seus trabalhos de forma eficaz[28, 29].

O modelo proposto por Stewart aborda a flexibilidade existente em diversos cargos administrativos, mas não interpreta o conteúdo destes, não especifica qual é o trabalho dos gerentes, mas como se pode estudá-lo[30]. A simples descrição das atividades executadas é insuficiente para explicar o trabalho do executivo, pois se faz necessário considerar as escolhas à disposição do ocupante deste cargo[31].

Stewart chama a atenção para o possível impacto que diferenças culturais podem produzir no trabalho e comportamento dos administradores, mas poucos estudos foram desenvolvidos visando identificar esta influência. A autora não se preocupou em comparar visões, comportamentos e trabalhos de gerentes em posições semelhantes, em diferentes países[32].

Comentários sobre a Descrição e as Críticas

Apesar de o trabalho de Stewart ser mais conhecido na Grã-Bretanha e Europa que nos EUA e demais países, seu pensamento sobre a prática de administração influenciou teóricos do mundo todo[33].

O modelo elaborado pela autora pode ser utilizado de várias formas e em função de se atingirem diversos fins[34], como, por exemplo, para:

- tomando suas categorias principais – restrições, demandas e escolhas – como dimensões, mensurar características particulares e identificar a complexidade de diferentes tipos de trabalhos;

- comparar percepções administrativas de demandas, restrições e escolhas em diversas empresas e países;

- auxiliar gerentes a examinarem a sua concepção de trabalho administrativo e os diferentes modos pelos quais o realizam, ainda com a possibilidade de ajudar alguns executivos a descobrirem que têm mais escolhas do que inicialmente haviam percebido, embora outros possam não querer saber que estas existem[35]; e

- analisar e expor as diferenças por funções e níveis de uma organização ou por organizações que resultam em uma descrição sistemática do trabalho administrativo[36].

Considera-se que o modelo proposto por Stewart é útil na definição das diferentes características do trabalho gerencial e na sua descrição e que tem, ao longo dos anos, modificado o desempenho dos executivos em vários níveis hierárquicos, organizações e funções[37].

Seu estudo contribui para o entendimento das similaridades do trabalho gerencial por meio da exploração das diferenças nele existentes, da identificação dos tipos de trabalho a que o modelo pode ser aplicado e da avaliação e identificação das diferenças entre níveis e funções.

O modelo é uma ferramenta que pode ajudar a compreender a natureza genérica dos cargos gerenciais e as diferenças entre eles, a analisar um cargo em particular e a forma como um indivíduo o desempenha e a executar várias atividades da administração de recursos humanos, como descrições de cargo, seleção, avaliação, treinamento e desenvolvimento[38, 39].

Estudos empíricos sobre o trabalho do executivo contribuem para o ensino da administração e para a prática gerencial. Assim considerando, as pesquisas de Stewart constituem uma contribuição acadêmica importante para a compreensão do papel dos gerentes. Destaque-se que um dos pontos principais do esquema que desenvolveu é a noção de que os cargos diferem entre si tanto por sua natureza intrínseca quanto pelo fato de que, ao desempenhá-los, os ocupantes que os escolheram também definem a maneira de executá-los[40].

Considerações Finais

O modelo proposto por Stewart representa uma forma de compreender a natureza do trabalho do administrador e o que eles fazem de fato. Cabe ressaltar, entretanto, que os modelos propostos pela literatura científica, como qualquer tipo de modelo, são uma simplificação da realidade, enquanto o ambiente empresarial está se tornando cada vez mais complexo e dinâmico. A globalização dos mercados, a intensificação do processo de informação, o desenvolvimento de novas tecnologias, entre outros fatores, provocaram e deverão aumentar a necessidade de repensar os papéis do executivo.

Depois de passado um século durante o qual o ensino se concentrou basicamente na arte de administrar, encontram-se dificuldades em ensinar (nas empresas e nas escolas) como administrar e principalmente como liderar. Hoje é fundamental que o corpo executivo das empresas conheça as teorias de administração e também esteja capacitado a liderar recursos, tanto os tangíveis quanto, principalmente, os intangíveis.

Atualmente, os gerentes devem estar aptos a fazer escolhas em determinadas situações e tomar decisões eficientes. Na verdade, uma das características definitivas de um líder é a habilidade de identificar escolhas em situações nas quais outros reconhecem poucas possibilidades ou mesmo não as percebem. Stewart sugere que a habilidade de identificar uma variedade de escolhas em uma situação pode ser desenvolvida nos indivíduos[41].

O executivo realiza várias atividades dentro do seu ambiente de trabalho – a organização –, devendo-se levar em conta que fatores internos da empresa e também externos a ela influenciam seu desempenho e comportamento. As empresas modernas precisam cada vez mais de talentos humanos capazes de identificar as melhores escolhas para o desenvolvimento da missão, dos valores e dos objetivos da empresa, bem como para administrar a montagem de equipes, a alocação de recursos e o envolvimento com a comunidade.

Neste ambiente turbulento, delimitado e cheio de contrastes, é de extrema importância dar atenção ao papel do executivo nas empresas e à sua influência na sociedade. Assim considerando, este deve avaliar as razões e conseqüências das suas atividades, tentando adotar uma atitude ética em contraposição à valorização do acúmulo de capital. Cabe ao executivo reavaliar o papel das organizações em um ambiente com recursos finitos e contrastes sociais.

Questões

1. Qual é o foco da investigação de Stewart sobre o trabalho do administrador?

2. Descreva o desenvolvimento do modelo proposto por Stewart.

3. Na visão de Stewart, qual é o trabalho do administrador?

4. Apresente uma apreciação crítica ao modelo apresentado por Stewart.

5. Discuta o papel do executivo nos tempos atuais a partir dos conceitos de demanda, restrições e escolhas.

6. Apresente exemplos de demanda e restrições da sua faculdade ou universidade, considerando as capacidades internas e os aspectos do ambiente organizacional.

7. A "Suporte" é uma ONG que tem por objetivo incentivar o trabalho de voluntários e encaminhá-los de acordo com as necessidades da sociedade. Baseada em um planejamento a longo prazo, a "Suporte" alcançou resultados expressivos nos últimos anos e, para dar continuidade ao crescimento, precisa aprimorar seu sistema de gestão e definir objetivos estratégicos.

De acordo com o perfil da "Suporte", reflita e responda:

a)   Como o modelo baseado em demanda, restrição e escolha poderia auxiliar a tomada de decisão na "Suporte"?

b)   É possível pensar em uma inversão do conceito de demanda e restrição?

c)   Apresente ao menos duas situações que representem demandas, restrições e escolhas para a "Suporte".

Estudo de Caso: Rápido e Ligeiro

Fundada em 1998, a Rápido e Ligeiro sempre procurou oferecer um serviço de entregas postais rápido e confiável. Aliás, foi por meio da agilidade e confiança adquirida por seus clientes que a empresa tornou-se uma das maiores e sólidas empresas de entrega rápida. Seus clientes são pequenas e médias empresas industriais, comerciais e de serviços que procuram um relacionamento de parceria baseado em serviços confiáveis.

Nos últimos meses, os executivos da Rápido e Ligeiro identificaram que seus clientes, procurando atender às necessidades do mercado, estão investindo em gestão eficiente da cadeia de suprimentos. Este aprimoramento da logística interna e externa de seus clientes pode reduzir a necessidade dos serviços da Rápido e Ligeiro, além de representar uma vantagem competitiva para estas empresas.

Uma opção para a Rápido e Ligeiro seria oferecer um serviço de gestão da cadeia de suprimento aos seus clientes. Porém, este serviço exigiria alto investimento em sistemas, armazenagem, transporte, etc., além de novo posicionamento estratégico.

Questão para discussão sobre o estudo de caso

1. Avalie as demandas e restrições da Rápido e Ligeiro e apresente as escolhas eficientes e eficazes para a empresa.

Notas

1. STONER, J. A. *Administração*. 5. ed. Rio de Janeiro: LTC, 1999.

2. DEN HARTOG, D. N.What indeed do managers do? Some reflections on rosemary Stewart's work. *The Leadership Quarterly*, n. 14, p. 193-238, 2003.

3. STEWART, R. *A realidade da administração*. Rio de Janeiro: Tridente, 1970.

4. BARLETT, C. A.; GHOSHAL, S. Novas formas de gerenciar. *HSM Management*, p. 17-20, mar.-abr. 1997.

5. TEMPLETON COLLEGE, University of Oxford. Disponível em: <http://www.templeton.ox. ac.uk>. Acesso em: 15 mar. 2006.

6. STEWART, R. Woman in a man world. *The Leadership Quarterly*, n. 14, p. 193-238, 2003.

7. KROECK, K. G. Rosemary Stewart on management: behavioral scribe, squire of theory, pragmatic scientist. *The Leadership Quarterly*, n. 14, p. 193-238, 2003.

8. LOWE, K. B. Demands, constraints, choices and discretion: an introduction to the work of rosemary Stewart. *The Leadership Quarterly*, n. 14, p. 193-238, 2003.

9. STEWART, 2003.

10. MINTZBERG, H. *Trabalho do executivo:* folclore e fato. São Paulo: Nova Cultural, 1986. (Coleção Harvard de Administração).

11. KOTTER, J. P. Os líderes necessários. *HSM Management*, p. 6-12, set.-out. 1997.

12. STEWART, R. A model for understanding managerial jobs and behavior. *Academy of Management Review*, v. 7, n. 1, p. 7-13, 1982.

13. KROECK, 2003.

14. STEWART, 1982.

15. STEWART, 1982.

16. STEWART, 1982.

17. HAMPTON, D. R. *Administração*: processos administrativos. São Paulo: Makron Books, 1991.

18. STEWART, 2003.

19. HAMPTON, 1991.

20. HAMPTON, 1991.

21. STEWART, 1982.

22. HAMPTON, 1991.

23. WAHLGREN, A. Choices, constraints and demands: Stewart's model for understanding managerial work and behavior. *The Leadership Quarterly*, n. 14, p. 193-238, 2003.

24. MAXIMIANO, A. C. Teoria geral da administração: da escola científica à competitividade na economia globalizada. 2. ed. São Paulo: Atlas, 2000.

25. HAMPTON, 1991.

26. KROECK, 2003.

27. DEN HARTOG, 2003.

28. PARRY, K. W. Of complexity and distillation: Stewart's contribution to understanding what managers really do. *The Leadership Quarterly*, n. 14, p. 193-238, 2003.

29. DEN HARTOG, 2003.

30. MAXIMIANO, 2000.

31. ESCRIVÃO FILHO, E. *A natureza do trabalho do executivo*: uma investigação sobre as atividades racionalizadoras do responsável pelo processo produtivo em empresas de médio porte. 1995. Tese (Doutorado) – Programa de Pós-Graduação em Engenharia de Produção, Universidade Federal de Santa Catarina, Florianópolis.

32. DEN HARTOG, 2003.

33. KROECK, 2003.

34. STEWART, 1982.

35. STEWART, 2003.

36. KROECK, 2003.

37. LOWE, 2003.

38. WAHLGREN, 2003.

39. MINTZBERG, 1986.

40. MAXIMIANO, 2000.

41. LOWE, 2003.

Administrar é diagnosticar o comportamento da organização e construir a sua arquitetura: a visão de Nadler e Tushman

Juliano Endrigo Sordan
Edmundo Escrivão Filho

Introdução

Nos últimos anos, muitos estudos foram realizados no campo das organizações. A natureza do trabalho do administrador vem sendo estudada desde o início do século XX com o objetivo de melhorar a performance organizacional através da identificação das principais funções atribuídas a esse profissional.

Durante a evolução do pensamento administrativo, muitas funções foram idealizadas por vários teóricos, de acordo com o contexto vivenciado em cada época. As funções clássicas de Fayol (planejar, organizar, comandar, coordenar e controlar) ganharam destaque, tornando-se prescrições de muitos autores contemporâneos. Outras funções não menos importantes também se tornaram relevantes.

O ambiente organizacional vivenciado nos dias atuais sofreu profundas mudanças desde o final da década de 1980. A abertura comercial, o avanço tecnológico, o acirramento da concorrência, entre outros fatores, transformaram a economia e o *modus operandi* das organizações. A velocidade dessas mudanças também deve ser considerada, visto que o ciclo de vida dos produtos foram reduzidos substancialmente nos últimos anos. Tais mudanças exigem dos administradores novas habilidades para promover a harmonia entre os elementos que constituem a organização.

Após um século de supremacia, a organização tradicional (burocracia mecânica) está cedendo lugar a uma nova configuração impulsionada pela tecnologia, pela abertura dos mercados e pela dinâmica da força de trabalho, além de outras forças que exigem reformulação das organizações para assegurar a sua sobrevivência e prosperidade[1].

Nadler e Tushman[2] compartilham a idéia de que a função primordial dos administradores é projetar, construir e operar organizações que funcionem eficientemente. Considerando que o comportamento organizacional necessita ser modelado e administrado, os autores corroboram a idéia de que o projeto da organização é o instrumento com maior influência potencial. As decisões acerca da configuração, da dinâmica e da maneira pela qual os vários elementos de uma organização são ajustados para a melhoria do desempenho organizacional podem ser compreendidas como *Arquitetura Organizacional*.

O presente texto tem por objetivo apresentar um modelo organizacional também conhecido como *modelo de congruência do comportamento organizacional*, o qual foi desenvolvido e apresentado por Nadler e Tushman[3] como sendo extremamente útil para diagnosticar os problemas organizacionais e projetar organizações eficazes. Tal modelo é constituído por quatro elementos-chave: trabalho, pessoal, organização formal e organização informal.

Para melhor compreensão das idéias dos autores aqui abordados, o texto apresenta uma contextualização do pensamento administrativo, ressaltando a teoria dos sistemas abertos, a qual serviu de base para a construção do modelo de congruência do comportamento organizacional. Em seguida, o texto descreve o "trabalho do administrador" sob a ótica da Arquitetura Organizacional. Por fim, são apresentadas algumas críticas e comentários acerca das idéias dos autores.

Biografia e Obra

David A. Nadler é presidente do Delta Consulting Group, empresa que presta serviços voltados à mudança organizacional, desenvolvimento de equipes, sucessão administrativa e liderança. Reconhecido pela *Business Week* como um dos principais gurus da administração, Nadler é considerado a maior autoridade em arquitetura organizacional. Em 1970, formou-se em Ciência Política e Assuntos Internacionais pela Universidade George Washington. Em 1971, obteve o título de mestre em Administração Comercial pela Universidade de Harvard e, em 1973, o de mestre em Psicologia pela Universidade de Michigam. No ano de 1975 recebeu o título de doutor em Psicologia pela mesma instituição.

Nadler lecionou na Faculdade de Comércio da Universidade de Colúmbia e fez parte do quadro do Centro de Pesquisa e Levantamento do Instituto de Pesquisa Social da Universidade de Michigan. Entre as diversas obras publicadas estão: *Navigating Change: How CEOs, Top Teams and Boards Steer Transformation*, obra escrita em conjunto com Michael Tushman pela editora Harvard Business School; *Competing by Design: A Blueprint for Organizational Architectures*, editora Oxford University; *Feedback and Organizational Development*, editora Addison-Wesley; e o best seller *Arquitetura Organizacional*, editora Campus, escrito em parceria com Marc S. Gerstein, Robert B. Shaw e outros.

Michael Tushman é consultor de empresas e professor da Universidade de Harvard. É reconhecido internacionalmente por seu trabalho em gestão de laboratórios de pesquisa e desenvolvimento e pela sua atuação na área de mudanças tecnológicas, liderança de executivos e adaptação organizacional.

Tushman formou-se em 1970 em Engenharia Elétrica pela Northeastern University, obteve o título de mestre em Relações Industriais em 1972 pela Cornell University e o de doutor em Estudos Organizacionais pela Faculdade de Administração do Instituto de Tecnologia de Massachusetts (MIT) em 1976.

Contextualização da Obra

Os fatores trabalho, pessoal, organização formal e organização informal abordados por Nadler e Tushman[4] como os principais componentes de uma organização estão fortemente presentes na teoria organizacional. O reconhecimento de que estes fatores influenciam o trabalho do administrador e, conseqüentemente, o desempenho organizacional é fruto da evolução do pensamento administrativo que se desenvolveu no início do século XX.

A ênfase no trabalho

No início do século XX, a teoria administrativa ganhou relevância com a propagação das idéias do engenheiro mecânico Frederick W. Taylor. Estas idéias focavam o estudo da organização sob o ponto de vista do trabalho (*the one best way*) e ficaram conhecidas como administração científica ou "taylorismo".

O conceito de *homo economicus* predominante nessa época se apoiava na remuneração dos trabalhadores como fator determinante do rendimento no trabalho e não levava em consideração aspectos motivacionais que ganhariam relavância mais adiante. De acordo com Slack *et al.*[5], o estudo do método representa grande contribuição da Administração Científica para o projeto do trabalho. A abordagem do estudo do método envolve os seguintes passos:

1. selecionar o trabalho a ser estudado;
2. registrar todos os fatos relevantes do método presente;
3. examinar esses fatos relevantes do método presente;
4. desenvolver o método mais prático, econômico e efetivo;
5. instalar o novo método;
6. manter o método através da verificação periódica de sua utilização.

Nesse período, o engenheiro francês Henry Fayol definiu como função do administrador: planejar, organizar, comandar, coordenar e controlar. Além destas atividades, Fayol elaborou 14 princípios de administração que serviriam de diretrizes para "guiar" a performance dos administradores daquela época. Estas idéias também ficaram conhecidas como "fayolismo".

Com o advento da produção em massa e da linha de montagem, o conceito de peças intercambiáveis e a divisão do trabalho também foram preconizados por Henry Ford e passaram a ser adotados por outras organizações[6].

Os estudos organizacionais focados no trabalho foram desenvolvidos e disseminados por outros teóricos que contribuíram para esse momento do pensamento administrativo também reconhecido como Escola Clássica ou Racionalização do Trabalho. Entre estes estão: H. Emerson, H. L. Gantt, F. Gilbreth, O. Sheldon, L. F. Urwich, etc.

A ênfase nas pessoas

As experiências iniciadas em 1927 na fábrica da Western Electric, localizada no bairro de Hawthorne, em Chicago, revelariam a importância do fator humano no desempenho organizacional. Tais experiências tinham por objetivo inicial analisar o trabalho à luz dos métodos abordados pela Escola Clássica. Entretanto, os resultados obtidos nos anos subseqüentes demonstraram que, além do trabalho, o desempenho organizacional seria influenciado pelo comportamento das pessoas.

Estas descobertas deram origem à Escola de Relações Humanas, a qual teria duas vertentes principais: a abordagem das relações humanas e a abordagem comportamentalista. Enquanto a Escola de Relações Humanas se concentrava no estudo do trabalho em grupo sem levar em consideração os conceitos organizacionais da Escola Clássica, a Escola Comportamentalista estaria ligada à democratização no ambiente de trabalho e à introdução de idéias a respeito da participação dos trabalhadores no processo decisório[7].

De acordo com Chiavenato[8], a teoria comportamental, também conhecida como teoria behaviorista, proporcionou um novo enfoque para o estudo das organizações com a exploração das ciências do comportamento e a adoção de posições explicativas e descritivas, além do abandono das posições e prescrições das teorias anteriores. Neste contexto, o autor esclarece que as necessidades humanas tornaram-se relevantes para os administradores compreenderem o comportamento humano e explorar a motivação humana como meio de melhorar o ambiente organizacional.

Vários autores contribuíram para o desenvolvimento deste novo paradigma. Entre eles: A. H. Maslow, F. Herzberg, D. M. Mcgregor, R. Likert, etc.

Estrutura formal *versus* estrutura informal

Em 1964, Amitai Etzioni contribui com o desenvolvimento do pensamento administrativo ao apresentar uma crítica estruturalista, proporcionando nova visão acerca da Escola Clássica (ou formal), da Escola de Relações Humanas (ou informal) e da própria teoria Weberiana. Considerando a Escola Clássica, Etzioni[9] observa que os estudos dessa corrente de pensamento colocavam forte ênfase na organização formal, no comportamento racional e nas prescrições para a tomada de decisões. Isto deu origem ao estudo de tempos e movimentos e a uma suposição simplista do *homo economicus*. Por outro lado, a Escola das Relações Humanas, oriunda das descobertas de Hawthorne, também apresentou algumas proposições discutíveis acerca das relações entre o trabalhador e a organização. Diante disso, Etzioni enaltece a importância da crítica estruturalista e da conciliação da organização formal e informal para o estudo das organizações[10].

Ao contrário da Teoria Clássica e da Escola das Relações Humanas, a crítica estruturalista não se limitou ao estudo de organizações tipicamente industriais e comerciais, enfatizando unicamente as relações formais ou informais. Os estruturalistas estenderam a análise organizacional a outras instituições, tais como prisões, exércitos, igrejas, escolas, etc. Neste sentido, a abordagem múltipla de Etzioni[11] explora os seguintes elementos:

1. **Formal e informal**: A Escola de Relações Humanas dedicou muita atenção às relações informais entre os trabalhadores e supervisores e pouca atenção à articulação das relações formais com as relações informais. Os estruturalistas estudam tanto os aspectos formais quanto os aspectos informais.

2. **O campo dos grupos informais**: Os estruturalistas verificaram em suas pesquisas que os grupos informais de trabalho não são tão comuns e que a maioria dos operários não pertence a nenhum deles.

3. **A organização e seu ambiente**: O estudo típico de Relações Humanas foi desenvolvido no interior das fábricas como "ilhas isoladas" sem considerar a participação dos empregados fora da organização.

4. **Recompensa material e social:** Os estruturalistas consideram parciais os estudos que a Administração Científica e as Relações Humanas fazem sobre as recompensas. Embora se tenha considerado que as recompensas sociais são importantes, isso não diminui a relevância das recompensas materiais. Assim, a crítica Estruturalista combina o estudo das duas formas de recompensa.

5. **Fábricas, igrejas, prisões e escolas**: A abordagem estruturalista não se limita a estudar apenas as fábricas, pois inclui em seus estudos uma variedade de organizações.

As organizações como sistemas abertos

Na segunda metade do século XX, a organização passa a ser compreendida como um conjunto de elementos inter-relacionados, os quais sofrem influência tanto do ambiente interno como do ambiente externo. Este conceito surgiu do compartilhamento de conhecimentos específicos proporcionado pela unificação de diversas ciências.

Para Nadler e Tushman[12], a abordagem das organizações como sistemas abertos parte do princípio de que um sistema aberto é mais do que uma série de elementos inter-relacionados, em que seus elementos formam um mecanismo capaz de receber insumo do ambiente externo e transformar esse insumo em produto. Desta forma, qualquer mudança em um elemento afetará outros elementos do sistema.

A ênfase dada pela Escola Clássica à racionalidade-econômica (própria dos sistemas fechados) mostrou-se adequada ao nível técnico, porém, inadequada aos níveis organizacional e institucional. Por outro lado, a Escola de Relações Humanas colocou em evidência o subsistema psicossocial sem levar em consideração os aspectos técnico, estrutural e ambiental. Deste modo, a concepção de sistema sociotécnico aberto atribui ao administrador um papel mais difícil, o de lidar com incertezas e ambigüidades, e a preocupação com o ajuste da organização aos requisitos em constante mudança, visto que a administração é um processo que abrange todos os sistemas da organização, ligando-os uns aos outros[13].

De acordo com Nadler e Tushman[14], as organizações podem ser visualizadas como sistemas, tomando como exemplo uma fábrica onde a unidade produtiva, constituída de componentes diferenciados, porém inter-relacionados (departamentos, cargos e tecnologia), recebe insumo do ambiente (matéria-prima, mão-de-obra, ordens de produção) e o transforma em produto final. Segundo os autores, as organizações evidenciam características básicas de sistemas, tais como:

- **Interdependência interna** – Considerando que as partes de um sistema são interligadas, as mudanças num componente de uma organização freqüentemente repercutirão sobre outros compenentes.

- **Capacidade de feedback** – As organizações podem usar o feedback para controlar o sistema utilizando as informações sobre o produto para corrigir erros e mudar processos.

- **Equilíbrio** – Quando ocorre um evento perturbando o equilíbrio do sistema, este reage de modo a voltar ao equilíbrio.

- **Eqüifinalidade** – Configurações de sistemas diferentes podem levar a um mesmo fim desejado. Não existe a "melhor maneira" de organizar e, sim, a busca pela arquitetura mais adequada.

- **Adaptação** – A sobrevivência de um sistema depende do equilíbrio favorável das transações de insumo e produto com o ambiente. Deste modo, todo sistema deve adaptar-se às transformações ambientais.

A teoria dos sistemas permite a compreensão da organização de modo mais dinâmico, considerando a inter-relação de seus elementos e a influência do ambiente na transformação dos produtos. Entretanto, a teoria em si não oferece uma visão pragmática ou um arcabouço prático envolvendo os principais elementos de uma organização, de modo a proporcionar um diagnóstico organizacional sobre os principais componentes do sistema.

Descrição de Nadler e Tushman sobre o "Trabalho do Administrador"

Nadler e Tushman[15] afirmam que estamos passando rapidamente de uma economia baseada em manufatura para uma economia que valoriza cada vez mais as informações, os serviços, a assistência e a distribuição. Diante desse cenário, os autores descrevem seis imperativos estratégicos que as organizações enfrentarão. São eles:

1. aumento da velocidade de criação de novas estratégias;

2. foco na carteira de negócios com vários modelos;

3. ciclos de vida estratégicos abreviados;

4. flexibilidade para atender ao mercado;

5. aprimoramento da inovação competitiva; e

6. administração das novas estratégias.

Tais imperativos criam a necessidade de desenvolvimento de arquiteruras organizacionais não-convencionais. O desafio enfrentado pelos administradores é projetar arquiteturas organizacionais que capacitem a organização a conquistar desempenho eficaz nesse ambiente de incerteza. Para assegurar a permanência no mercado, as organizações serão obrigadas a conseguir eficiência em oito áreas centrais[16]:

1. aumentar a velocidade de criação de novas estratégias organizacionais;

2. projetar a divergência estrutural;

3. promover a modularidade organizacional;

4. estruturar canais de distribuição híbridos;

5. projetar uma nova métrica para pesquisa e desenvolvimento;

6. criar métodos de gerenciamento de conflitos;

7. manter a coerência organizacional; e

8. liderar equipes de executivos.

A abordagem tradicional sobre o trabalho do administrador se apóia na administração clássica explorando as funções: previsão, organização, comando, coordenação e controle. Sob essa ótica, a organização é analisada apenas pela estrutura formal. Para Nadler e Tushman[17], tal visão é capaz de captar apenas uma fração do que realmente ocorre em uma organização, pois exclui a liderança, o impacto do ambiente, as relações informais e a distribuição de poder, tornando esta abordagem estreita e estática.

O modelo de congruência do comportamento organizacional

Antes de iniciar o projeto arquitetônico da organização, os executivos precisam ter em mente algumas questões[18]:

a) perspectiva de desempenho estratégia/tarefa: refere-se a como a arquitetura permitirá à organização executar suas estratégias; e

b) perspectiva social/cultural: refere-se a como a arquitetura se harmonizará com as pessoas que trabalham para a organização.

Cada perspectiva, analisada singularmente, é insuficiente para a arquitetura organizacional, uma vez que, ao considerar a estratégia/tarefa, os executivos estarão preocupados em projetar mecanismos para o trabalho, desconsiderando as necessidades, desejos e aspirações das pessoas envolvidas. Por outro lado, a perspectiva social/cultural poderá enfatizar o atendimento às necessidades individuais, deixando de lado a estratégia da organização. Para os autores, as duas perspectivas devem ser consideradas durante o processo de elaboração do projeto.

O modelo desenvolvido por Nadler e Tushman[19] reflete os conceitos e características de sistemas abertos aqui abordados e podem ser utilizados por executivos para diagnosticar o comportamento organizacional. O modelo de congruência do comportamento organizacional especifica o **insumo**, o **produto principal** e os **processos de transformação**. Estes, enfatizados pelo ajuste entre cada componente, determinarão a eficácia organizacional.

O modelo de congruência do comportamento organizacional constitui um dos pilares da boa arquitetura organizacional, pois leva em consideração todas as características de um sistema, partindo do entendimento de que uma organização não pode ser dissociada da compreensão sistêmica e caracteriza as organizações como unidades cujos elementos são interligados e interagem entre si e com o ambiente externo, buscando a congruência entre estes elementos[20].

O insumo

O insumo abrange os elementos que constituem o contexto enfrentado pela organização e são identificados como fatores contextuais: ambiente, recursos, história e estratégia. O primeiro fator contextual é o ambiente, o qual inclui mercados, fornecedores, concorrentes, instituições financeiras, sindicatos, etc. É importante salientar que esses fatores criam demandas, limitações ou oportunidades para as organizações. Os recursos tangíveis e intagíveis da organização representam o segundo fator contextual, podendo estes ser modelados e dispostos de várias maneiras. O terceiro fator contextual é a história, a qual permite a compreensão do desenvolvimento da organização ao longo do tempo. Por fim, o último fator contextual refere-se à estratégia da organização, que permite compreender as decisões que alocam os recursos em função do ambiente[21].

Nadler e Tuhsman[22] consideram que as condições ambientais, os recursos organizacionais e a história da organização "são fatores contextuais que não podem ser modificados a curto prazo; são dados que proporcionam o cenário no qual os administradores tomam decisões estratégicas".

O produto

O produto é o resultado do processo de transformação. No modelo de Nadler e Tushman[23], o produto é analisado em diferentes níveis: nível do sistema (produto final, o qual dá retorno econômico); nível da unidade/grupo (avalia o desempenho organizacional quanto à realização da meta, à utilização dos recursos e à adaptabilidade às mudanças ambientais); e nível individual (comportamentos e aspectos individuais, tais como satisfação, estresse, etc.).

O processo de transformação

O processo de transformação é o cerne do modelo de congruência do comportamento organizacional, pois este é incorporado na organização, que utiliza as informações implícitas no ambiente, nos recursos e na história para gerar um conjunto de resultados[24].

Em qualquer sistema, o processo de transformação pode envolver vários componentes que transformam o insumo em produto. No modelo de congruência do comportamento organizacional de Nadler e Tushman[25], o processo de transformação é constituído por quatro componentes principais:

- **O trabalho**: é a atividade básica de uma organização, envolve principalmente as atividades de trabalho consistentes com a estratégia e suas características inerentes. A análise do trabalho incluiria a descrição dos fluxos de trabalho.

- **O pessoal**: são as pessoas que realizam tarefas. A análise do pessoal implicaria a identificação de suas características, incluindo o conhecimento, habilitações individuais, suas percepções e necessidades, fatores demográficos, etc., que influenciam o comportamento individual.

- **A organização formal**: são as estruturas e procedimentos estabelecidos formalmente para que as pessoas realizem as tarefas necessárias para a consecução da estratégia organizacional.

- **A organização informal**: são disposições implícitas e tácitas que exercem considerável efeito sobre o comportamento. É também reconhecida como cultura organizacional.

O Conceito de Congruência

Nadler e Tushman[26] definem a congruência entre dois componentes como "o grau em que as necessidades, demandas, metas e estruturas de um componente são coerentes com as necessidades, demandas, metas e estruturas de outro componente". Assim, os autores identificam a congruência como uma medida da adequação entre os pares de componentes. Uma melhor compreensão da adequação em cada relação é apresentada no Quadro 1.

Quadro 1 – Definições de adequação entre os componentes[27].

Definições de Adequação entre os Componentes	
Adequação	**Questões**
Indivíduo/organização	Como as necessidades individuais são satisfeitas pelas disposições organizacionais? As pessoas têm percepções claras das estruturas organizacionais? Há uma convergência de metas individuais e organizacionais?
Pessoal/trabalho	Como as necessidades individuais são atendidas pelas tarefas? As pessoas têm as habilidades e conhecimentos para atender às exigências da tarefa?
Pessoal/organização informal	Como as necessidades individuais são satisfeitas pela organização informal? Como a organização informal usa os recursos individuais coerentes com as metas informais?
Trabalho/organização	São as disposições organizacionais adequadas para atender às exigências da tarefa? As disposições organizacionais motivam um comportamento coerente com as exigências da tarefa?
Trabalho/organização informal	A estrutura da organização informal facilita o desempenho de tarefas? Ela ajuda a atender às exigências da tarefa?
Organização/organização informal	São as metas, recompensas e estruturas da organização informal coerentes com as da organização formal?

Com base nas considerações apresentadas é possível visualizar uma organização como um sistema constituído de quatro elementos principais que toma os principais insumos, incluindo a estratégia, e os transforma em produto. Quanto maior for a congruência entre os elementos-chave, maior será a eficiência organizacional. A Figura 1 ilustra as partes constituintes do modelo de congruência do comportamento organizacional

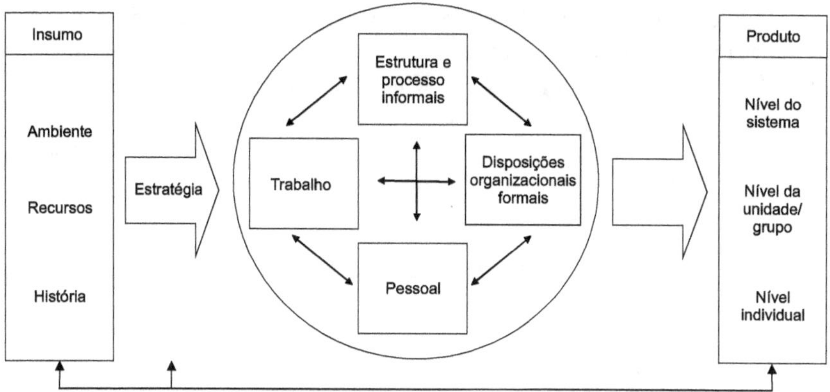

Figura 1 – Modelo de congruência do comportamento organizacional[28].

Utilizando o modelo de congruência

Uma vez apresentado o modelo, poderá surgir a seguinte questão: *Como os executivos poderão diagnosticar o comportamento organizacional aplicando o modelo de congruência?* Para responder a essa pergunta Nadler e Tushman[29] apresentam um processo para resolução de problemas que os executivos poderão seguir para aplicar o modelo de congruência do comportamento organizacional. O processo de resolução de problemas requer alguns passos organizados em três fases:

a) **Diagnóstico**: Envolve a idéia de que qualquer ação gerencial deve ser tomada com base em um diagnóstico sistemático do sistema analisado. Nesta fase tornam-se necessários a identificação do sistema, a determinação da natureza das variáveis-chave, o diagnóstico do estado de adequação ou congruência das relações comportamentais e a identificação dos problemas críticos do sistema.

b) **Soluções alternativas/ação**: Após o diagnóstico do sistema deve-se gerar um conjunto de possíveis ações, levando-se em consideração as inconsistências ou incongruências diagnosticadas. Esta fase envolve a geração de soluções alternativas, a avaliação das estratégias alternativas e a escolha das estratégias que serão implementadas.

c) **Avaliação e feedback**: Após o estabelecimento das estratégias e a definição do plano de ações inicia-se a fase final, que consiste na implementação das estratégias e na avaliação das ações tomadas, verificando a eficácia destas.

O processo de resolução de problemas pode ser usado para guiar o diagnóstico, a avaliação das soluções alternativas e a avaliação e feedback dos resultados. As fases do processo de resolução de problemas são ilustradas na Figura 2.

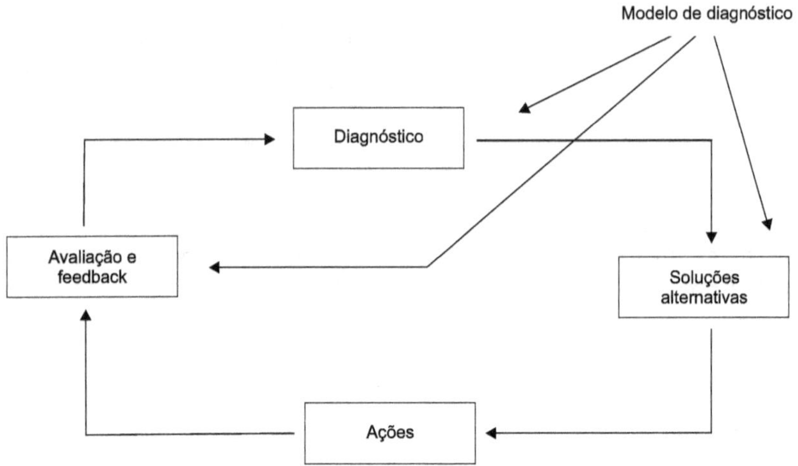

Figura 2 – Fases do processo de resolução de problemas[30].

Para orientar o processo de resolução de problemas, Nadler e Tushman[31] descrevem nove passos a ser seguidos, conforme exposto no Quadro 2.

Quadro 2 – Passos para o processo de resolução de problemas[32].

Fases	Passos
Diagnóstico	Identificar o sistema Determinar a natureza das principais variáveis Diagnosticar o ajuste dos componentes e os relacionamentos com os resultados. Identificar os problemas críticos do sistema
Soluções alternativas/ações	Gerar soluções alternativas Avaliar estratégias alternativas Escolher as estratégias que serão implementadas
Avaliação e feedback	Implementar as estratégias Avaliar e examinar (retomar o 1º passo)

Não existe uma "melhor maneira" de ajustar os sistemas sociais, dada a sua natureza indeterminada. Entretanto, o modelo de congruência do comportamento organizacional e o processo de resolução de problemas estimulam os executivos a tomar uma série de decisões e a pensar nas conseqüências dessas decisões[33].

Críticas à Descrição de Nadler e Tushman sobre o "Trabalho do Administrador"

O modelo de congruência apresentado pode ser utilizado por executivos, em qualquer tipo de organização. Entretanto, conforme salienta Nadler e Nadler[34], o modelo "não fornece nenhuma resposta específica ou soluções pré-fabricadas para os problemas desnorteadores que rodeiam a mudança em larga escala". O modelo é uma ferramenta de diagnóstico que auxilia o administrador a compreender as relações sociais e técnicas de uma organização, bem como os seus impactos na implementação da estratégia organizacional.

É importante destacar que o modelo se concentra nos processos de transformação e enfatiza o diagnóstico dos componentes inter-relacionados do sistema. Assim, a congruência entre os componentes do processo de transformação não será capaz de proporcionar a eficácia organizacional, se a estratégia não for bem formulada. Outro ponto a ser considerado é que o modelo não avalia os resultados da organização ao longo do tempo, bem como a adequação destes à estratégia estabelecida.

O modelo de congruência, ao se concentrar na avaliação da adequação entre os componentes do processo de transformação, não é capaz de avaliar a adequação do produto final em relação às necessidades dos clientes. As informações relativas a clientes e outras partes interessadas, como sociedade, governo, etc., também são importantes e merecem atenção no processo de elaboração da arquitetura organizacional.

Quanto ao modelo de diagnóstico, Escrivão Filho[35] esclarece que a ação é deficiente por basear-se nos sintomas e carregar uma visão reativa, ou seja, o executivo tem uma postura passiva, visto que são os sintomas que iniciam o processo de diagnóstico e mudança, deste modo, o enfoque localizado, parcial e simplista no âmbito de ação do executivo representa a característica mais prejudicial desta perspectiva.

Comentários sobre a Descrição e as Críticas

O modelo de congruência como explicação do trabalho do administrador é uma expressão das idéias dos "Sistemas Abertos e da Contingência" no pensamento administrativo e representa grande avanço em relação às explicações anteriores. As abordagens do processo e dos papéis estão fundamentadas nas idéias, respectivamente, dos clássicos e das relações humanas. O administrador como diagnosticador organizacional incorpora os conceitos clássicos e de relações humanas e vai além, introduzindo o conceito de totalidade por meio do sistema.

Quando o modelo estabelece insumos, processamento e produtos, quatro implicações importantes estão sendo explicitadas:

a) insumos e produtos referem-se ao ambiente da organização e, desta forma, obriga-se o administrador a pensar nas forças externas como parte de seu trabalho;

b) processamento descreve os componentes essenciais de funcionamento da organização, caracterizando o trabalho do administrador como projetista, construtor e operador de uma organização e não de ações localizadas e isoladas;

c) organização é uma construção social criada para realizar objetivos e constituídas de aspectos técnicos e formais (abordagem clássica) e de aspectos sociais e informais (abordagem dos papéis); desta forma, o modelo organizacional define o trabalho do administrador como uma tarefa sócio-técnica e não como simplesmente técnica ou simplesmente social;

d) sistema é uma totalidade formada de elementos que interagem entre si, e a alteração em uma das partes afeta os demais elementos do sistema, tendo como implicação poucas especializações para o trabalho do administrador.

A crítica ao fato de o administrador orientado pelo modelo organizador se tornar passivo e dependente dos sintomas do sistema é real diante da complexidade do modelo em relação à descrição simples do planejar, organizar, liderar e controlar, ou mesmo dos papéis do administrador. Falta ao modelo da congruência uma extensão do desenho, especificando os elementos componentes dos insumos, processamento e resultados; especificação mais concreta e pragmática tão necessária aos administradores em exercício nas empresas, órgãos públicos ou cooperativas.

De fato, os resultados descrevem muito pouco as necessidades dos clientes, crítica registrada na seção anterior, pois atualmente os livros de estratégia estão superenfatizando a atenção aos clientes. Semelhante raciocínio pode-se usar para os insumos e a questão dos suprimentos, mais especificamente as redes de suprimentos e, conseqüentemente, as relações de parceria.

Considerações Finais

Ao empregar a teoria dos sistemas, o modelo de congruência do comportamento organizacional contribui para uma nova abordagem ao trabalho do administrador, o qual passa a ser compreendido além da estrutura formal e das disposições informais presentes na organização.

O ambiente externo vivenciado nos dias de hoje exige dos executivos uma postura muito diferente daquela praticada no início do século XX. A instabilidade de mercado faz com que as organizações revejam seus processos a intervalos de tempo decrescentes. Daí o surgimento de inúmeras ferramentas e metodologias que muitas vezes se apresentam como uma panacéia para a melhoria do desempenho organizacional. Nadler e Nadler[36] explicam que, entre as principais deficiências da moda da reengenharia de processo, destaca-se a falta de atenção à noção de congruência. O conceito de reengenharia praticado por muitas organizações durante a década passada enfatizava o redesenho das estruturas formais para melhorar o desempenho dos processos organizacionais. Segundo os autores, a reengenharia não considerava os aspectos relativos às pessoas, bem como o ambiente informal de operação, por isso, não foi capaz de promover as mudanças almejadas.

Face o ambiente dinâmico no qual as organizações estão inseridas, a previsibilidade tornou-se altamente relevante. Qualquer decisão errada implicará perdas irreparáveis ou até mesmo poderá levar uma organização, à falência. Os executivos, ao estabelecerem o projeto ou a estratégia organizacional, devem levar em consideração os principais componentes que constituem o sistema, de modo a promover o equilíbrio necessário para o alcance dos objetivos organizacionais.

Dentro deste contexto, os executivos não mais se limitarão a projetar estruturas estáticas e funções mecânicas, e sim passarão a projetar a organização de modo que esta seja capaz de se adaptar da melhor maneira ao ambiente hostil vivenciado pelas organizações. O diagnóstico do comportamento organizacional permitirá ao executivo a determinação dos rumos mais seguros na trajetória organizacional.

Questões

1. Por que o diagnóstico organizacional é importante para o trabalho dos administradores?
2. Que características dos sistemas abertos podem ser associadas às organizações?
3. O que você entende por processo de transformação? Dê exemplos.
4. Explique o conceito de congruência.
5. Como o modelo de congruência pode ser utilizado para o diagnóstico organizacional?

Estudo de Caso

Uma empresa de tecnologia de processamento de materiais, localizada na cidade de São Paulo, decidiu expandir seus negócios através do desenvolvimento de novos produtos altamente *customizados*. Para alcançar seus objetivos, a organização promoveu amplos processos de reestruturação organizacional.

A responsabilidade pela mudança foi atribuída ao gerente de produção, Henrique Viana, que decidiu conduzir um diagnóstico organizacional com a participação de vários funcionários de todos os níveis hierárquicos, incluindo lideranças formais e informais. O propósito do diagnóstico é identificar as váriáveis-chave para a nova estrutura e reconhecer a congruência das relações comportamentais.

Antes de iniciar o processo de reestruturação, a organização contava com aproximadamente 180 colaboradores e possuía uma estrutura funcional altamente formalizada com cinco níveis de funções (diretorias, gerências, supervisores, encarregados e operadores ou assistentes) distribuídas em quatro áreas principais: administração, engenharia, produção e logística. Essa estrutura era adequada na época em que a organização produzia uma linha restrita de produtos e dependia da padronização dos processos de trabalho.

Para projetar a nova estrutura, Henrique sabe que deve levar em consideração o novo ambiente, caractarizado pela necessidade de inovação e capacidade de formação de equipes *ad hoc*. Além disso, o projeto deve ser analisado sob duas perspectivas: o desempenho das tarefas, como suporte à estratégia organizacional; e o ambiente social, como forma de proporcionar uma cultura adequada à nova realidade da empresa.

Questões para discussão sobre o estudo de caso

1. Na sua opinião, como Henrique Viana deve projetar a nova estrutura organizacional?

2. Considerando o que você aprendeu neste capítulo, quais questões você formularia para avaliar a congruência do comportamento organizacional da empresa?

3. O que poderá acontecer se a perspectiva social/cultural não for considerada no projeto?

Notas

1. GERSTEIN, M. S.; SHAW, R. B. Arquiteturas organizacionais para o século XXI. In: NADLER, D. A; GERSTEIN, M. S.; SHAW, R. B. & ASSOCIADOS. *Arquitetura organizacional*. Rio de Janeiro: Campus, 1993.

2. NADLER, D. A.; TUSHMAN M. L. Projetos de organizações com boa adequação: uma moldura para compreender as novas estruturas. In: NADLER, D. A; GERSTEIN, M. S.; SHAW, R. B. & ASSOCIADOS. *Arquitetura organizacional*. Rio de Janeiro: Campus, 1993.

3. NADLER; TUSHMAN, 1993.

4. NADLER; TUSHMAN, 1993.

5. SLACK, N. et al. *Administração da produção*. São Paulo: Atlas, 1999.

6. MAXIMIANO, A. C. A. *Introdução à administração*. São Paulo: Atlas, 1995.

7. ABREU, A. B. Novas reflexões sobre a evolução da teoria administrativa: os quatro momentos cruciais no desenvolvimento da teoria organizacional. *Revista de Administração Pública*, Rio de Janeiro, p. 39-52, out.-dez. 1982.

8. CHIAVENATO, I. *Introdução à teoria geral da administração*. São Paulo: Makron Books, 1993.

9. ETZIONI, A. *Organizações modernas*. São Paulo: Pioneira, 1984.

10. LODI, J. B. *História da administração*. São Paulo: Pioneira, 1976.

11. ETZIONI, 1984.

12. NADLER; TUSHMAN, 1993.

13. KAST, F. E.; ROSENZWEIG, J. E. *Organização e administração*: um enfoque sistêmico. São Paulo: Pioneira, 1987.

14. NADLER; TUSHMAN, 1993.

15. NADLER, D. A.; TUSHMAN M. L. A organização do futuro: as lições mais importantes do século XX e os próximos desafios que levarão ao novo desenho da empresa. *HSM Management*, n. 18, p. 58-66, jan.-fev. 2000.

16. NADLER; TUSHMAN, 2000.

17. NADLER; TUSHMAN, 1993.

18. NADLER; TUSHMAN, 1993.

19. NADLER; TUSHMAN, 1993.

20. ARAÚJO, L. G. de. *Organização, sistemas e métodos e as modernas ferramentas de gestão organizacional*: arquitetura, benchmarking, empowerment, gestão pela qualidade total, reengenharia. São Paulo: Atlas, 2001.

21. NADLER; TUSHMAN, 1993.

22. NADLER; TUSHMAN, 1993.

23. NADLER; TUSHMAN, 1993.

24. NADLER, D. A.; NADLER, M. B. In: DUTRA, A.; GRANDPRÉ, L. de. Do modelo de congruência a uma nova organização. *HSM Management*, v. 2, n. 37, p. 116-124, mar.-abr. 2003.

25. NADLER; TUSHMAN, 1993.

26. NADLER; TUSHMAN, 1993.

27. NADLER; TUSHMAN, 1993.

28. NADLER; TUSHMAN, 1993.

29. NADLER, D. A.; TUSHMAN, M. L. A diagnostic model for organizational behavior. In: HACKMAN, J. R.; LAWLER III, E. E. & PORTER, L. W. *Perspectives on behavior in organizations*. New York: McGraw-Hill, 1977.

30. NADLER; TUSHMAN, 1977.

31. NADLER; TUSHMAN, 1977.

32. NADLER; TUSHMAN, 1977.

33. NADLER; TUSHMAN, 1977.

34. NADLER; NADLER, 2003.

35. ESCRIVÃO FILHO, E. *A natureza do trabalho do executivo*: uma investigação sobre as atividades racionalizadoras do responsável pelo processo produtivo em empresas de médio porte. 1995. Tese (Doutorado) – Engenharia de Produção, Universidade Federal de Santa Catarina, Florianópolis.

36. NADLER; NADLER, 2003.

Capítulo 10

Administrar é aprender continuamente: a visão de Peter Senge

Karina Kühl de Lima
Sergio Perussi Filho

Introdução

Vários autores criaram teorias com a intenção de descrever o trabalho de administradores de empresas e organizações em geral. Foram descritas tarefas, atividades, papéis, funções, que tentam classificar na teoria o que os administradores realmente fazem na prática. Como exemplo podem ser citadas as cinco funções de Fayol: prever, organizar, comandar, coordenar e controlar. Funções essas que Mintzberg, cerca de cinqüenta anos depois, critica e lança sua própria descrição: os dez papéis do executivo, divididos em interpessoais, informacionais e decisoriais.

Além desses dois autores, muitos outros descreveram e tentaram teorizar a prática dos administradores. Algumas teorias são mais conhecidas, outras pouco estudadas, mas o fato de existirem tantas definições e algumas contradições entre elas pode ser explicado pela diversidade do campo de atuação das organizações existentes, que estão inseridas em contextos e ambientes diferenciados e que, além disso, possuem suas próprias características e peculiaridades.

Mergulhado em seu contexto histórico e por exigência do ambiente em que estava inserido, Peter Senge apresentou um novo conceito de organização, as organizações de aprendizagem. Essa nova maneira de visualizar a organização lançou a necessidade de definir também algumas novas funções que o dirigente deve desempenhar para gerenciá-las: as funções de projetista, guia e professor.

Neste capítulo é apresentada a biografia e as obras principais de Senge e também o contexto histórico em que ele estava inserido e os motivos que o fizeram criar uma nova forma de ver as organizações. Em seguida são relatadas suas idéias e conceitos sobre as organizações de aprendizagem, as cinco disciplinas essenciais responsáveis por prover o aprendizado e as funções dos dirigentes nessa organização. São mostradas críticas feitas aos conceitos de Senge e comentários sobre essas críticas. Para encerrar, são apresentadas algumas considerações finais.

Biografia e Obra

Peter Senge é professor da Sloan School of Management, do Massachusetts Institute of Technology (MIT) e um dos pioneiros das organizações de aprendizagem, *learning organizations*. Em 1989, foi criado o Centro para o Aprendizado Organizacional (Center for Organizational Learning) no MIT, em que Senge era diretor[1]. Em 1997, após um processo de dois anos de construção e melhoria do centro, foi formada por Senge a Sociedade para a Aprendizagem Organizacional (Society for Organizational Learning, SOL). Sediada nos EUA, funciona como uma associação educacional e de pesquisa que fornece infra-estrutura para a troca e compartilhamento do conhecimento sobre mudanças, de modo a ajudar as pessoas a aprenderem com as experiências umas das outras[2].

Os livros escritos por Peter Senge se tornaram *best sellers* e são referências importantes na área de administração. São cinco livros publicados em conjunto com outros autores, com exceção de seu livro mais conhecido, que foi escrito apenas por Senge e publicado no Brasil em 1994: *A Quinta Disciplina: Cadernos de Campo*. Nessa obra, Senge apresenta práticas e fontes para a implantação das organizações de aprendizagem. Outros livros com versões traduzidas para o português, publicados em 1999 e 2004, são: *A Dança das Mudanças* e *Escolas que Aprendem*, respectivamente. *Presence: Human Purpose and the Field of the Future* foi o ultimo livro publicado por Senge, em co-autoria com C. Otto Scharmer, Joseph Jaworski e Betty Sue Flowers, em 2004, sem versão em português[3].

Contextualização da Obra

O mercado e as tecnologias disponíveis ajudam a definir o contexto em que as organizações operam, apresentando assim o ambiente no qual elas estão inseridas. De acordo com esses dois pontos de referência, pode-se dividir a maneira pela qual as organizações funcionam em três grandes períodos, e nesses períodos pode ser verificada a forma predominante em que era realizada a produção[4].

O primeiro período pode ser caracterizado pela produção artesanal, cujo mercado era restrito, as técnicas utilizadas eram artesanais, com predominância do trabalho manual, e os produtos e serviços supriam as necessidades locais. Esse período se estendeu até meados do século XIX, quando o mercado começou a atingir maiores dimensões. Com o mercado grande e homogêneo e com o surgimento de novas tecnologias mecânicas usadas de maneira rígida, foi institucionalizado o mercado de massa: período em que predomina a produção em massa e se estende até o século XX[5].

Com a crise do capitalismo, que ocorreu nos anos 70, o mercado foi se tornando segmentado e apresentando uma dinâmica antes não conhecida em busca de inovações constantes. Novas tecnologias com base na microeletrônica já estavam surgindo, possibilitando formas de produção mais flexíveis e adaptáveis, o que marca um novo período: o da produção enxuta, que presencia a institucionalização da exclusão, em que se evidencia a disponibilidade de produtos e serviços restritos e específicos para cada pessoa ou organização[6].

Com a transição do segundo para o terceiro período, um novo foco pode ser traçado pelas organizações no que diz respeito ao mercado consumidor. A influência incutida pelas organizações da produção em massa, que pregava que "(...) felicidade significa ter uma coisa nova"[7], é percebida pela sociedade como não verdadeira, e com isso a própria sociedade começa a impor seus padrões, exigindo produtos e serviços que lhe tragam benefícios.

Nas organizações do terceiro e atual período baseiam-se as idéias e conceitos apresentados por Peter Senge. Nesse contexto, as organizações preocupam-se em diversificar seus produtos e serviços de modo a atender às necessidades de cada segmento do mercado. Com isso, é preciso produzir de maneira descentralizada e flexível e obter o melhor aproveitamento possível da capacidade dos membros da organização.

No entanto, em ambientes anteriores, como no período da produção em massa, era mais fácil obter um bom aproveitamento dos funcionários, já que os conhecimentos requeridos eram padronizados e conhecidos previamente. No ambiente atual isso se torna mais difícil, pois surge a necessidade de centralizar os conhecimentos, ou seja, unir e aproveitar o conhecimento de cada um e direcioná-lo em favor da organização[8].

Além disso, no decorrer dos períodos descritos, a sociedade tem evoluído, conquistando benefícios para os trabalhadores e, com isso, gerando benefícios para ela mesma em relação a uma melhor qualidade de vida. Entretanto, esses benefícios, muitas vezes, tornam-se contradições para as organizações, como, por exemplo, a limitação do número de horas de trabalho e a falta de oportunidades iguais para as mulheres[9].

Atualmente, um grande e importante fator cobrado pela sociedade é o cuidado com o meio ambiente. Os padrões básicos de desenvolvimento do período de produção em massa não são sustentáveis, ou seja, com grande utilização – ou pode-se dizer desperdício – dos recursos naturais. O desenvolvimento auto-sustentável é um desafio não somente para as organizações, mas também para a sociedade como um todo, e uma possível maneira de atingir esse desenvolvimento é através da inovação, do aprendizado na realização dos processos e de tecnologias em conformidade com o meio ambiente[10].

Descrição de Senge sobre o "Trabalho do Administrador"

Para superar as dificuldades do contexto atual, Peter Senge apresenta o conceito de *learning organization*, ou "organização de aprendizagem", que define uma nova concepção de liderança e de administração empresarial. As "organizações de aprendizagem" são aquelas nas quais as pessoas expandem continuamente sua capacidade de criar os resultados que desejam, que apresentam a capacidade de raciocinar e inovar mais rapidamente do que seus concorrentes e nas quais o aprendizado é contínuo e realizado em grupo[11].

Essas organizações tornam-se imprescindíveis por não ser mais satisfatório que apenas algumas pessoas detenham conhecimento. As organizações têm de despertar nas pessoas, em todos os níveis, as habilidades e a capacidade de aprender. Desta forma, o aprendizado e o conhecimento estão difundidos por todos os membros da organização, e não mais concentrado no topo, fazendo com que as decisões possam ser tomadas descentralizadamente[12].

A administração de uma "organização de aprendizagem" conceituada por Senge[13] baseia-se em cinco disciplinas, em que se entende que uma disciplina seja um conjunto de teorias e técnicas que devem ser estudas para ser postas em prática. Essas disciplinas são voltadas para o aprendizado e compreendem: domínio pessoal, modelos mentais, objetivo comum, aprendizado em grupo e raciocínio sistêmico. A quinta disciplina, raciocínio sistêmico, tem a função de integrar as outras quatro e interligar todos os aspectos que influenciam a organização, com o objetivo de apresentar a visão do conjunto e evidenciar os problemas para que seja possível melhorar todo o sistema. O raciocínio sistêmico vem mostrar que o todo pode ser maior do que a soma das partes.

A disciplina domínio pessoal é fundamental para a organização, pois constitui a sua base espiritual. É através dela que o indivíduo aprende a esclarecer seu objetivo pessoal, a concentrar suas energias, a desenvolver a paciência e a ver a realidade de maneira objetiva. Essa disciplina possibilita que o indivíduo perceba o alinhamento dos seus valores e interesses com os interesses da organização, ajudando-o a alcançá-los[14].

Os modelos mentais são idéias e conceitos inerentes ao indivíduo, são imagens que influenciam o modo de pensar e de encarar o mundo e a realidade, influenciam o comportamento e as atitudes do indivíduo e podem se apresentar na forma de preconceito e base para julgamentos muitas vezes errôneos. A disciplina relacionada aos modelos mentais tem por objetivo explicitar os modelos que cada indivíduo possui, abrindo-o para novas visões e influências dos seus companheiros, de modo que seja possível superá-los. Isso é importante, já que algumas mudanças não se realizam devido a uma imagem, ou modelo mental, que um alto administrador possui delas[15].

Por objetivo comum entende-se a capacidade de sintetizar as metas, valores, interesses e compromissos comuns e compartilhados pelos indivíduos de uma organização, com o intuito de transmitir para todos uma imagem do futuro que a organização deseja criar. A importância dessa disciplina está diretamente relacionada com o entusiasmo de cada indivíduo em trabalhar e aprender por uma organização em que ele acredita e que tem objetivos com os quais ele concorda e pelos quais luta. Assim, as energias de cada um são unidas formando toda a força da organização. No entanto, o objetivo comum exige esforço contínuo em alinhar os interesses das pessoas com os interesses da organização, já que um objetivo comum imposto pelo topo da organização não resultaria nos benefícios provenientes de um objetivo realmente comum[16].

A unidade fundamental de aprendizado das empresas modernas é o grupo, e não mais os indivíduos, o que evidencia a importância da disciplina de aprendizagem em grupo. Essa disciplina parte do conceito de que, quando as equipes estão realmente aprendendo, além de produzirem ótimos resultados em conjunto, seus membros evoluem individualmente. E para que uma equipe esteja aprendendo é necessário que a interação entre as pessoas e suas idéias aconteça de forma fluida, com capacidade de desenvolver ações coordenadas e assim atingir melhores resultados[17].

Esses conceitos apresentados por Senge[18] implicam organizações cujas tomadas de decisões são descentralizadas, que não possuem estruturas hierárquicas rígidas, que não sejam voltadas somente para o sucesso e para o lucro, mas também para o bem-estar e o desenvolvimento dos funcionários. Nessa "nova" organização faz-se necessária uma nova maneira de administrá-la, pois, a partir do momento em que os executivos passam a encarar as organizações como "organização de aprendizagem" e a reconhecer que as organizações devem satisfazer as aspirações humanas, e não somente fornecer uma recompensa econômica, novas atitudes e novas maneiras de desempenhar suas atividades são necessárias.

Surge uma nova imagem do líder, em oposição àquela tradicionalmente conhecida. Essa nova imagem vem substituir a dos líderes vistos como heróis, como grandes homens que assumem o comando e controlam a organização rigidamente de acordo com suas crenças individuais, e que consideram os seus funcionários como pessoas impotentes, sem objetivos pessoais e resistentes às mudanças. A nova visão de liderança enfoca funções mais delicadas, ligadas aos aspectos pessoais dos funcionários das organizações de aprendizagem, funções essas que são responsáveis por expandir a capacidade de aprendizagem de cada membro da organização[19]. Líder, de acordo com um conceito mais antigo, pode ser definido "(...) como alguém que se coloca à frente, que tem coragem, capacidade e credibilidade para inspirar a mudança em vários níveis"[20].

Os líderes das "organizações de aprendizagem" desempenham tarefas para capacitar as pessoas nas cinco disciplinas e fornecer oportunidades para desenvolver habilidades essenciais de aprendizagem. Isso deve ser feito de maneira contínua e coletiva, já que o aprendizado é um processo contínuo de dedicação e empenho em adquirir novos conhecimentos e em contribuir para a evolução do conjunto. Com isso, o resultado é desenvolvimento pessoal e capacidade de enfrentar os problemas da organização de forma ativa, a fim de modelar seu futuro e sustentar mudanças significativas[21].

De acordo com Senge[22], os líderes ou dirigentes nessas organizações assumem as seguintes funções:

- Como **projetista**, o dirigente realizará projetos na liderança, projetos de diretrizes, estratégias e sistemas da organização que serão duradouros. As suas idéias deverão ser entendidas e aceitas pelos membros da organização para que seus projetos sejam realizados de forma efetiva. A importância dos projetistas é pouco percebida pelas pessoas, pois os resultados de seus trabalhos são visíveis no longo prazo, porém trará grande satisfação aos dirigentes observar que foi possível capacitar outras pessoas a realizarem atividades que despertam interesse em todos na organização.

- Como **guia**, o dirigente auxilia e estimula a criatividade das pessoas que compõem a organização, apóia a realização de mudanças sem ignorar suas crenças e seus valores e, assim, ajuda para que possam aprender mais. Seu foco é o objetivo comum, algo maior do que os objetivos pessoais, e tem a responsabilidade de fixar e evidenciar esse objetivo como algo a ser atingindo por todos.

- Como **professor**, o dirigente tem a função de apoiar e estimular o aprendizado. Um primeiro passo para isso é fazer com que as pessoas tenham uma visão concreta da realidade, aceitando todos os seus problemas e limitações, sem intimidá-las e sem bloquear a criatividade. Este é um fator importante, pois é nessa realidade que as pessoas irão trabalhar e aprender, apesar de todas as restrições e diversidades.

A realidade pode ser percebida em quatro níveis distintos: eventos, padrões de comportamento, estruturas sistêmicas e ideais. Os dirigentes tradicionais percebem a realidade através dos eventos e dos padrões de comportamentos e influenciam suas organizações a enxergarem dessa maneira, resultando em organizações reativas ou responsivas, mas raramente generativas, o que muitas vezes faz com que se desviem de seus objetivos e valores principais, limitando-se a reagir às crises. Os dirigentes das organizações de aprendizagem devem se concentrar nos quatro níveis, dando destaque maior à estrutura sistêmica e aos ideais. A estrutura sistêmica é o domínio do raciocínio sistêmico e dos modelos mentais; ela ajuda as pessoas a verem a organização como um todo, como são realizadas as ligações entre as suas partes e como decisões se propagam pela organização no decorrer do tempo. Enfocando os ideais, pode-se ter consciência das razões de a organização existir e aonde ela pretende chegar. Desse modo, os dirigentes podem mostrar às pessoas que suas participações têm um significado maior: elas trabalham unidas por um objetivo comum[23].

Uma função básica que os dirigentes devem desempenhar é a de controlar a função criativa entre a realidade e os objetivos da organização. É através da tensão criativa que os dirigentes energizam a organização, enfatizando o motivo de sua existência e mostrando que a realidade pode ser trabalhada e modificada através do esforço coletivo[24].

De acordo com Senge e Käufer[25], o dirigente pode assumir três tipos diferentes de liderança:

- **Líderes de linha locais**: operam próximo de onde o valor é realmente criado, nas linhas de frente, onde os produtos são projetados, desenvolvidos, produzidos e vendidos, onde os serviços são gerados e os relacionamentos com os clientes são realizados. Responsáveis por traduzir as mudanças e as novas práticas e processos em ações e resultados. São essenciais à inovação pelo fato de não apenas implementarem as mudanças e as estratégias dos executivos, mas também por serem fonte de idéias inovadoras, tanto operacionais quanto estratégicas.

- **Líderes executivos**: concentram-se na orientação das idéias através de valores, estratégias de negócios, visões. São responsáveis por relacionar as atividades diárias com as estratégias de longo prazo, além de serem exemplos para as demais pessoas por incorporarem compromisso e mudança. Precisam reconhecer que as mudanças não são originadas nos níveis mais altos da organização e que devem trabalhar em conjunto com os líderes de linha locais, pois dependem dessa relação para conduzir suas idéias.

- **Integrantes da rede interna** ou **formadores de comunidades**: diferem-se dos outros por serem líderes independentemente do nível hierárquico no qual estão inseridos. São responsáveis por promover a comunicação na comunidade de liderança, ou comunidades de prática, e por integrar seus membros, principalmente os gerentes de linha, no compartilhamento de seus conhecimentos e nas práticas que vêem sendo implementadas em favor das mudanças. O objetivo principal que torna necessária a ação dos integrantes da rede interna é a promoção da mudança em larga escala, ou seja, por toda a organização.

A Dança das Mudanças[26] pode ser traduzida como uma instabilidade constante entre as forças dos líderes, de qualquer tipo e que desempenhem qualquer função, em tentar realizar mudanças que julguem necessárias em uma organização que exerce força contra essas mudanças. O trabalho dos líderes, segundo Senge, é envolvido por essa tensão, que pode ser associada a dez desafios que os mesmos devem ultrapassar. Esses desafios ocorrem gradativamente, à maneira pela qual as mudanças são realizadas, e são divididos em três grupos: desafios de inicialização, incluindo tempo, ajuda, relevância e compromisso em cumprir o que se fala;

desafios de sustentação, incluindo medo e ansiedade, mensuração e verdadeiros crentes e não crentes; e desafios de redesenhar e repensar, que inclui governança, difusão e estratégia e propósito.

Esses desafios são enfrentados pelos administradores de ambos os tipos, mas são encarados e resolvidos com diferentes enfoques dependendo da função que cada um dos líderes desempenha no processo de mudança e no processo de promoção das organizações de aprendizagem e comunidades de líderes. Ainda, a atuação de cada líder em conseguir ultrapassar cada um dos desafios é de fundamental importância, pois as atividades de um são complementares às atividades dos outros, e, dessa forma, fundamentais à integração e à transformação efetiva da organização[27].

O dirigente de uma organização de aprendizagem não é responsável por responder a todas as perguntas e apresentar todas as soluções. Muitas vezes, ele não conhece tais respostas. Além disso, diferentes organizações apresentam objetivos e contextos de negócios específicos, o que exige que as iniciativas em promover o aprendizado organizacional sejam associadas e adequadas a cada caso. Entretanto, ele é uma pessoa que tem habilidades para dirigir e que tem entusiasmo para aprender junto com os demais membros da organização e, em grupo, realizar atividades diárias que envolvam oportunidades para desenvolver capacidades essenciais de aprendizagem e encontrar as soluções de que a sua organização precisa. Desta forma, o papel desse líder em uma organização, bem como as funções que deve exercer, vem substituir a imagem do "líder-herói" apresentada nas organizações tradicionais e de estrutura hierárquica rígida[28].

Críticas à Descrição de Senge sobre o "Trabalho do Administrador"

Novos conceitos e definições sempre levam a reações, sejam positivas ou negativas. Com as organizações de aprendizagem e os demais conceitos apresentados por Senge não foi diferente. Muitas reações foram positivas e, em geral, seu trabalho foi bem aceito no meio administrativo, no entanto, algumas reações foram apresentadas na forma de críticas e de dúvidas quanto à sua aplicabilidade.

De acordo com análise realizada por Souza[29], o discurso de *A Quinta Disciplina* pode soar como uma aposta sedutora, que é bem aceita como uma esperança de transformar a administração em uma prática equilibrada que resulte em organizações mais justas e melhores. No entanto, essa aposta é contraposta pelas tentativas e fracassos de implantação das organizações de aprendizagem, que são barradas e até mesmo paralisadas devido às dificuldades em adequar as proposições apresentadas sobre as cinco disciplinas ao cotidiano das empresas.

As dificuldades em aplicar os conceitos de Senge estão relacionadas às interrogações que permanecem quando são mencionadas as organizações de aprendizagem. As dúvidas estão direcionadas às estruturas organizacionais, às políticas de gestão de pessoas, à cultura e aos valores da organização, às competências e aos aspectos que são adequados para favorecer os processos de aprendizagem[30].

As idéias de Senge sobre o trabalho do líder podem passar a falsa impressão de que se trata somente de trabalho coletivo, e isso se deve ao fato de o autor enfatizar significativamente o trabalho em grupo. Isso pode gerar dúvidas em relação à maneira pela qual o líder deve desempenhar suas funções. No entanto, a partir da análise feita das organizações que aprendem, Uribe[31] esclarece essa dúvida e afirma que Senge não pretende passar a idéia de que o trabalho do líder não é um trabalho individual, e sim que existem relações entre capacidades individuais e sociais, reforçando a idéia de que líder é quem fomenta os processos de aprendizagem que podem gerar uma liderança disseminada.

Comentários sobre a Descrição e as Críticas

Peter Senge, quando apresentou suas idéias sobre a organização de aprendizagem e sobre a quinta disciplina, o fez de acordo com a necessidade imposta pelo contexto histórico em que estava inserido. Era evidente que as organizações tradicionais precisavam de mudanças e de adaptações para acompanhar o novo mercado e as novas tecnologias que vinham surgindo. Com isso, Senge inovou a maneira de enxergar a organização, agora observando-a sob o prisma do conhecimento.

No entanto, a nova organização conceituada pelo autor não é uma maneira revolucionária de formar uma organização; ele não criou uma nova organização, ele adaptou a organização existente ao contexto no qual ela está atualmente inserida. Os objetivos principais da organização, como, por exemplo, o lucro e a eficiência, ainda permancem. As organizações ainda são moldadas pelos procedimentos burocráticos, ou seja, a forma de organizá-las e estruturá-las ainda é através dos conceitos da burocracia.

A racionalidade instrumental ainda impera sobre a forma como os dirigentes comandam as pessoas que compõem a organização, pois ao pensarem no aprendizado e no desenvolvimento individual de cada pessoa, eles os interpretam como fatores que melhorarão o desempenho para realizar as atividades e resolver os problemas dentro das organizações. Entretanto, a racionalidade instrumental é trabalhada em um nível mais elevado do que através da imposição dos valores da organização, em substituição às crenças pessoais dos membros da organização, como era feito nas organizações tradicionais. Peter Senge destaca a importância de sensibilizar as pessoas que fazem parte da organização, através da elaboração do objetivo comum, fazendo com que as pessoas trabalhem com criatividade e inovação, passando a sensação de auto-realização, já que o objetivo comum faz parte dos interesses de cada pessoa.

Outro aspecto importante que pode ser observado na obra de Senge é o papel fundamental do líder em realizar a conscientização, mencionada anteriormente, e com isso desempenhar uma parcela do seu trabalho de forma individual. Isto pode ser verificado através do destaque dado por Senge, desde *A Quinta Disciplina* até *A Dança das Mudanças*, aos papéis que os líderes devem desempenhar para promover as organizações de aprendizagem. Este fato deixa evidente que as organizações de aprendizagem podem ser consideradas como uma evolução das organizações tradicionais, mas não estão totalmente desvinculadas da administração tradicional, já que grande parcela das orientações estratégicas e decisões sobre o rumo das organizações ainda parte dos líderes, que na maioria das vezes estão no topo da estrutura hierárquica.

Considerações Finais

Senge e Käufer[32] reconhecem que há várias maneiras de um administrador realizar seu trabalho, partindo de suas definições sobre as funções e tipos de líderes que devem se adequar a cada organização em particular. Isso é um avanço em relação às teorias de Peter Senge, já que em *A Quinta Disciplina* considera-se verdade absoluta que as organizações de aprendizagem são uma evolução para todas as organizações, independente da estrutura hierárquica, área de atuação e mercado no qual estão inseridas.

Outro aspecto que Senge destaca, e que é apresentado pela maioria dos autores que estudam as teorias administrativas e o trabalho do administrador, é a função de prever os problemas que podem ocorrer na organização, de modo a conseguir corrigi-los de antemão. Confirma-se, assim, que o medo e a insegurança de um líder em relação às mudanças só dificultam sua realização, resultando até mesmo em um ponto crítico na organização.

Apesar de todas as críticas existentes em relação aos trabalhos de Peter Senge, é necessário reconhecer que os mesmos trouxeram avanço considerável à maneira pela qual uma organização pode ser administrada. Com os livros que seguiram *A Quinta Disciplina*, o caráter descritivo, e um tanto ilusório, que foi transferido aos seus leitores passou a se concretizar através de orientações práticas para a implementação das organizações de aprendizagem. Atingiu uma forma real quando uniu os conceitos defendidos por Senge aos conceitos de comunidades de prática, em que os líderes podem interagir e "contaminar" toda a organização através da propagação de suas idéias e atividades voltadas ao aprendizado.

Questões

1. O contexto atual no qual as organizações estão inseridas apresenta limitações de tempo, dinheiro, mercado consumidor, dentre outras. Neste contexto, qual é o bem mais valioso que uma organização pode apresentar, que faça com que alcance vantagem competitiva em relação às demais?

2. Peter Senge, em *A Quinta Disciplina*, sugere que os funcionários devem satisfazer suas próprias expectativas ao mesmo tempo em que contribuem para o crescimento da organização. Qual das cinco disciplinas engloba conceitos relacionado a esse aspecto?

3. De acordo com Senge, três funções são desempenhadas pelos líderes de organizações: projetista, guia e professor. Essas três vêm substituir quais funções desempenhadas pelos líderes tradicionais?

4. As crenças pessoais de um líder podem prejudicar sua liderança e os resultados alcançados pela equipe? De que maneira?

5. As organizações de aprendizagem diferenciam-se das organizações tradicionais por enxergarem o funcionário não como uma máquina, mas como uma fonte de idéias e soluções. Quais adaptações uma organização deve realizar para visualizar seus funcionários dessa nova maneira?

Estudo de Caso

No fim da década de 1990, a Confecções Lasquinha Ltda. passava por grandes dificuldades. Apesar de ter sido bem-sucedida no decorrer dos anos 80 e sobrevivido a uma série de planos econômicos lançados para tentar frear o processo inflacionário, os anos 90, com o advento de novas tecnologias e uma sociedade mais informada e crítica, exigiam medidas drásticas da empresa para tentar retomar o rumo do desenvolvimento. O ambiente organizacional, repleto de conflitos, estava totalmente corroído. A cúpula da empresa, formada por dois irmãos, sócios desde a criação do empreendimento, não se entendia mais. Enquanto um cuidava da área de tinturaria de malhas, o outro era responsável pela produção das confecções. Com as dificuldades da empresa, o relacionamento entre ambos complicou-se, culminando com uma gestão quase isolada das duas áreas, gerando inclusive grupos específicos e separados em cada uma delas. Essa situação dificultou ainda mais a viabilização da empresa num mercado cada vez mais competitivo, complexo e com muitas incertezas quanto ao futuro, principalmente pela concorrência internacional, em especial de artigos chineses.

Em dezembro de 1998, um dos sócios resolveu tomar uma atitude na tentativa de mudar a situação e colocar de novo a empresa "nos trilhos". Lembrando o esforço do pai para criar e desenvolver a empresa, decidiu reatar com o irmão e procurar uma solução para a caótica situação vivida pela Confecções Lasquinha

Ltda. Antes disso, entretanto, procurou um consultor que, após ouvir seu relato, sugeriu-lhe implantar mudanças de forma a dar fim à dicotomia existente na empresa e caminhar no sentido de implantar os conceitos de "organização de aprendizagem", mais adequada aos dias atuais. O consultor lhe explicou que, "embora a empresa tenha tido bons resultados no passado, sob a direção do pai, o mundo atual é completamente diferente e exige organizações e lideranças que atuem de forma também diferente".

Questões para discussão sobre o estudo de caso

1. No caso de uma empresa cujo conflito começa na cúpula, situação que o Estudo de Caso procura evidenciar, apresente uma proposta para mudar a situação e implantar o conceito de "organização de aprendizagem". O que os dirigentes deveriam fazer para torná-la uma organização de aprendizagem? Dê exemplos de ações nesse sentido ou planeje um programa para a sua implantação.

2. Qual deve ser o papel da liderança nesse caso, segundo os ensinamentos de Senge?

3. Considerando que a empresa tem tradição no mercado, você acredita que com essa sugestão de mudança a empresa retomará o rumo do desenvolvimento? Quais são os seus argumentos?

Notas

1. SENGE, P. M. Entrevista: além da quinta disciplina. *HSM Management*, n. 19, mar.-abr. 2000. SENGE, P. M.; CARSTEDT, G. Rumo à próxima revolução industrial. *HSM Management*, n. 27, jul.-ago. 2001.

2. SENGE, P. M.; KÄUFER, K. H. Comunidades de líderes ou ausência de liderança. In: CHOWDHURY, S. *Administração do século XXI*: o modo de gerenciar hoje e no futuro. São Paulo: Pearson Education do Brasil, 2003,**176   ADMINISTRAR É... A evolução do trabalho do administrador.** cap. 14, p. 185-204. *SOCIETY FOR ORGANIZATIONAL LEARNING*. Disponível em: <http://www.solonline.org>. Acesso em: 25 nov. 2004.

3. SOCIETY FOR ORGANIZATIONAL LEARNING, 2004.

4. Anotações de aula ministrada por Edmundo Escrivão Filho da disciplina "Trabalho do Executivo: Natureza e Atividades", na Escola de Engenharia de São Carlos, EESC – USP, nov. de 2003.

5. Anotações de aula ministrada por Edmundo Escrivão Filho, 2003.

6. Anotações de aula ministrada por Edmundo Escrivão Filho, 2003.

7. SENGE; CARSTEDT, 2001. p. 126.

8. SENGE, 2000.

9. Anotações de aula ministrada por Edmundo Escrivão Filho, 2003.

10. SENGE; CARSTEDT, 2001.

11. SENGE, P. M. *A quinta disciplina*: arte, teoria e prática da organização de aprendizagem. São Paulo: Editora Best Seller, 1990.

12. SENGE, 1990.

13. SENGE, 1990.

14. SENGE, 1990.

15. SENGE, 1990.

16. SENGE, 1990.

17. SENGE, 1990.

18. SENGE, 1990.

19. SENGE, 1990.

20. SENGE; KÄUFER, 2003. p. 186.

21. SENGE, 1990. SENGE; KÄUFER, 2003.

22. SENGE, 1990.

23. SENGE, 1990.

24. SENGE, 1990.

25. SENGE; KÄUFER, 2003.

26. SENGE; KÄUFER, 2003.

27. SENGE; KÄUFER, 2003.

28. SENGE, 1990. SENGE; KÄUFER, 2003

29. SOUZA, Y. S. Organizações de aprendizagem ou aprendizagem organizacional. *RAE-Eletrônica*, v. 3, n. 1, jan.-jun. 2004. Disponível em: <http://www.rae.com.br/eletronica>. Acesso em: 1 abr. 2004.

30. SOUZA, 2004.

31. URIBE, F. J. Reflexões sobre a subjetividade na gestão a partir do paradigma da organização que aprende. *Ciência Saúde Coletiva*, v. 6, n. 1, p. 209-219, 2001.

32. SENGE; KÄUFER, 2003.

Administrar é construir competências para moldar e explorar o futuro: a visão de Prahalad

Sergio Perussi Filho

Introdução

Este capítulo tem por objetivo apresentar uma visão contextualizada das idéias centrais sobre o trabalho do administrador segundo o professor e consultor de empresas americano C. K. Prahalad. Compreender como esse autor descreve o papel dos administradores nas organizações é mister em razão de sua forte influência no estudo contemporâneo da administração. Sua importância, especialmente na área da estratégia empresarial, se deve às suas críticas à grande utilização, pelas empresas norte-americanas, do modelo de posicionamento para a construção de estratégias empresariais, que tem em Michael E. Porter, professor da Harvard Business School, dos Estados Unidos, seu principal teórico, além de ter criado o conceito de competências essenciais e ter dado visibilidade à importância da criação de estratégias baseadas nos recursos.

Ao apresentar a visão de autores renomados sobre as funções do administrador, esta obra pretende dar aos estudantes de administração, bem como aos interessados na área administrativa, uma visão mais abrangente de como se ocupam os administradores de organizações. Para atingir esse objetivo, analisar a visão de Prahalad é de fundamental importância, por duas razões: a primeira pela grande influência de Prahalad como pensador contemporâneo da administração; a segunda, e talvez a mais importante, para contextualizar a sua visão sobre o trabalho do administrador em função de sua formação e experiência, de modo a evidenciar que, de forma geral, cada autor define as funções do administrador considerando seu *background* e seus interesses de pesquisa e profissionais.

Se, por um lado, essa contextualização traz à tona os problemas de generalizar as prescrições feitas pelos autores sobre as funções do administrador, por outro, ela ajuda a ampliar a visão sobre a grande variedade de ocupações e tarefas a que estão submetidos os administradores contemporâneos.

Biografia e Obra

Breves apresentações sobre Prahalad e seu trabalho têm sido comum nos diversos artigos que são publicados expondo as suas idéias sobre a administração. A intenção aqui é, ao revisar algumas dessas apresentações, tentar extrair aspectos da biografia desse autor para, posteriormente, auxiliar na contextualização de sua visão sobre as funções do administrador.

Prahalad é professor de Administração, Administração Estratégica e Negócios Internacionais da Michigan Business School, da Universidade de Michigan, em Ann Arbor, dos Estados Unidos, na qual é detentor da cadeira Harvey C. Fruehauf, além de trabalhar como consultor para grandes companhias mundiais. Sua pesquisa é centrada em estratégia corporativa e no papel e valor adicionados pela alta administração nas empresas de grande porte, diversificadas e multinacionais[1].

Segundo Hesselbein et al.[2], Prahalad foi pesquisador visitante na Universidade de Harvard e no Instituto Europeu de Administração de Empresas e lecionou no Instituto Indiano de Gerenciamento. Prahalad é co-autor de alguns livros, entre eles, *The Multinational Mission: Balancing Local Demands and Global Vision* (*A Missão das Multinacionais: Equilibrar Demanda Local e Visão Global*) e *Competindo pelo Futuro,* e tem vários artigos premiados. Ainda segundo esses autores, sem citar a data, a revista *Business Week* chamou-o de "um professor brilhante", possivelmente "o mais influente filósofo da estratégia empresarial dos dias de hoje"; "em 1995, recebeu o prêmio da American Society for Competitiviness por sua notável contribuição acadêmica à competitividade".

Em publicação de março de 2004 de um artigo sobre Inovação, a revista *HSM Management*[3] descreve Prahalad como um dos maiores especialistas em estratégia da atualidade e responsável por conceitos inovadores como o das competências essenciais e o da co-criação de valor, além de ser um defensor da idéia de que as empresas devem apostar nos mercados mais pobres.

Entretanto, a descrição breve de sua biografia que traz maiores informações acerca de seu perfil é a apresentada pela revista *Fast Company*[4], em edição de 2001. Com o título "Can C. K. Prahalad Pass the Test?", o artigo procura traçar o perfil de um influente professor e consultor que investiu milhões de dólares de seus próprios recursos para criar uma empresa da chamada nova economia voltada para a criação de soluções empresariais com a utilização da Internet. Refletindo sobre a sua trajetória, o periódico indaga: poderá Prahalad criar uma empresa que utiliza os princípios que ele próprio tem ensinado aos poderosos líderes empresariais? E poderá ele mudar o mundo nesse processo? A organização em questão é uma empresa de alta tecnologia de pequeno porte, com 30 funcionários, criada em abril de 2000, em San Diego, na Califórnia, chamada Praja Inc. Em entrevista ao periódico, o diretor da Michigan Business School acentua que "ele está assumindo riscos financeiros, risco profissional, risco na sua reputação e riscos pessoais" e que isto é do seu caráter. E ele também quis criar um laboratório para aplicar as idéias que estava pregando para outros. Ainda segundo o artigo, Praja Inc. é uma empresa de alta tecnologia que permite às pessoas personalizar suas próprias experiências na Internet – uma plataforma, ExperienceWare, que organiza dados em função do contexto e não em função do tempo ou palavras escritas, classificando essas informações como texto, vídeo, áudio e dados sensoriais. Na visão de Prahalad, a solução da Praja Inc. irá facilitar o mais profundo impacto da Internet: o "empoderamento" (*empowerment*) do indivíduo. Segundo ele, uma transição fundamental está ocorrendo: de uma sociedade centrada nas empresas para uma sociedade centrada no consumidor.

Traçando o perfil acadêmico e profissional de Prahalad, a mesma edição da *Fast Company* elucida aspectos de sua vida familiar. Um dos nove filhos de um conhecido juiz de Madra, Índia, e de Sanskrit Scholar Prahalad, que escreveu e editou mais de 40 livros, Coimbatore Krishnarao Prahalad nasceu para estudar, mas em sua carreira inicial gerenciou pessoas. Como brilhante estudante de física, ele foi recrutado pelo executivo da planta de baterias da Union Carbide, localizada na sua cidade, mas prometeu a seus pais que permaneceria nessa atividade por um ano e depois voltaria para a escola a fim de obter o seu título de doutor. Mostrando visão crítica da gestão empresarial, Prahalad acabou tendo seu superior como mentor, do qual recebia livros sobre gerenciamento e, posteriormente, era instigado a responder perguntas sobre os seus conteúdos. Prahalad considera essa experiência profissional o ponto mais significativo de inflexão na sua vida, dizendo ter aprendido muito sobre a extraordinária sabedoria das pessoas simples.

Deixando a empresa, Prahalad foi para o Indian Institute of Management (IIM), onde conheceu sua esposa, psicóloga, casando-se após cinco anos, quando partiu para o programa de doutorado da Harvard Business School e escreveu a sua tese sobre gerenciamento multinacional em apenas dois anos e meio. Retornou à Índia para lecionar no IIM. Porém, como o ambiente político da época lhe era desfavorável, retornou aos Estados Unidos, chegando a Ann Arbor, Michigan, com US$ 18. No campus da University of Michigan criou também situações embaraçosas por não publicar em jornais tradicionais em favor de outras mídias que considerava mais influentes. Nessa época também começou a realizar trabalhos de consultoria, sempre cobrando altos honorários pelos serviços. Em 1981, Prahalad conheceu Gary Hamel, àquela época um estudante de negócios internacionais, iniciando uma profícua colaboração que durou mais de uma década. Segundo a *Fast Company*, muitos de seus importantes trabalhos foram publicados na *Harvard Business Review (HBR)*. O artigo de maio de 1990, "The Core Competence of the Corporation", tornou-se um dos artigos mais consultados da história da *HBR*. Um livro subseqüente, *Competing for the Future* (*Competindo pelo Futuro*), editado pela Harvard Business School Press em 1994, foi considerado um dos grandes livros dos anos 90. Essas publicações elevaram Prahalad e Hamel ao topo dos pensadores da administração, propiciando a ambos ganhos extraordinários em *royalties* e honorários para apresentação de palestras. Por fim, Prahalad inicia sua trajetória como empreendedor. Convidado por um ex-professor da University of California, em San Diego, criou a Praja Inc. para explorar o ramo de produção de soluções usando a tecnologia de inteligência artificial. Anteriormente já havia investido em duas empresas desse mesmo sócio, mas agora se tornara um empreendedor atuante.

A última investida de Prahalad, que poderia ser classificada como "visionária", bem ao estilo do autor de tentar chamar a atenção para as decisões sobre o futuro, prega que as empresas devem focar nichos de mercados de baixo poder aquisitivo. Uma das obras que explora essa visão é o livro intitulado *A Riqueza na Base da Pirâmide: Como Erradicar a Pobreza com o Lucro*, editada no Brasil em 2005[5].

Esta breve biografia mostra o perfil de um profissional que prefere enfrentar desafios, mudar rumos, a ficar somente no campo das idéias. Mostra também a construção de um perfil que alia a teoria à prática e, talvez mais importante ainda, que fundamenta o seu discurso e ação não na descrição do passado, mas, sim, diagnosticando como o presente se configura, trata de refletir, imaginar, "desenhar" e agir para construir o futuro.

Esse perfil dirige o foco e a atenção de Prahalad em relação ao trabalho e às funções do administrador, como se poderá observar na seqüência.

Contextualização da Obra

A análise da visão de Prahalad sobre o trabalho e as funções do administrador será feita considerando-se dois artigos por ele escritos: o capítulo "A Atividade dos Gerentes da Nova Era no Emergente Panorama Competitivo", inserido no livro *A Organização do Futuro – Como Preparar Hoje as Empresas de Amanhã*, de Hesselbein et al., publicado em 1997 pela Editora Futura[6], e "O Trabalho Emergente dos Gerentes", do livro *Administração no Século XXI: O Modo de Gerenciar Hoje e no Futuro*, de Chowdhury, S., publicado em 2003[7].

Prahalad estrutura seu pensamento sobre as funções do administrador iniciando pela construção do cenário competitivo contemporâneo e dos reflexos desse cenário na priorização da atenção gerencial dos administradores para finalizar prescrevendo do que deve se ocupar o administrador dos dias atuais.

A visão de Prahalad sobre o trabalho do administrador são reflexos dos fundamentos e conceitos que utilizou e desenvolveu em suas obras sobre administração estratégica. Ao abordarem um novo paradigma de competição e de criação de estratégias competitivas, essas obras provocaram impacto na teoria administrativa, especificamente naquela relacionada com a administração estratégica. Em parceria com Gary Hamel, professor de Gestão Estratégica e Internacional da London Business School, publicou, na década de 1980, na *Harvard*

Business Review diversos artigos que questionavam os posicionamentos defendidos por Michael Porter, eminente professor da Harvard Business School, que naquela época dominava, e ainda hoje mantém, apesar de críticas de diversos acadêmicos à sua teoria, certa hegemonia sobre o pensamento estratégico contemporâneo[8,9,10,11,12]. Ainda em parceria com Gary Hamel, publicou, em 1994, o livro *Competindo pelo Futuro,* que se tornou um *best seller*[13]. Nesse livro os autores consolidam a visão de que a vantagem competitiva sustentável somente será possível se as empresas se desviarem do foco de competição direcionado para o mercado que hoje se configura, base para o posicionamento competitivo definido por Porter, e se dedicarem a construir as competências necessárias – que eles denominam de "competências essenciais" – para criar os mercados do futuro, cuja possibilidade deriva da nova dinâmica propiciada principalmente pelo forte desenvolvimento tecnológico das últimas décadas.

Assim, dado o sucesso das idéias de Prahalad e Hamel sobre a nova dinâmica do ambiente competitivo e, principalmente, a necessidade dos executivos de projetarem esse novo ambiente, aliados às experiências vividas por Prahalad como empreendedor, os seus artigos apresentam, de forma mais específica, a sua visão sobre o trabalho do administrador, que tem por foco principal a construção de competências empresariais, que ele chama de competências essenciais, que irão permitir a exploração de mercados que deverão ser criados para moldar o futuro ambiente de competição. Para os parceiros Prahalad e Hamel, a competição hoje já está definida; o que importa é moldar a competição futura e, com isso, estar à frente dos competidores quando esse cenário se estabelecer.

Descrição de Prahalad sobre o "Trabalho do Administrador"

As premissas utilizadas por Prahalad para a construção do cenário competitivo contemporâneo têm dois focos principais: as mudanças de ordem estrutural vividas pelo mundo dos negócios em face da globalização dos mercados e da desregulamentação que tem varrido os países em função da supremacia da visão econômica neoliberal; e o impacto dos desenvolvimentos vigorosos da tecnologia nas últimas décadas. Esse cenário é o que Prahalad chama de "o mutável cenário competitivo", caracterizado por reflexos provocados por várias ações, algumas deliberadas pelos governos, outras que emergiram como fruto das inovações tecnológicas: a desregulamentação de setores de infra-estrutura; a globalização e o crescimento da importância dos mercados emergentes; o impacto contínuo da convergência da tecnologia; a diluição da fronteira entre os setores; e o papel da Internet na definição da estrutura dos setores. Detalhando um pouco mais os reflexos dessas decisões de governos nacionais e da emersão de novos paradigmas oportunizados pelos desenvolvimentos tecnológicos, Prahalad apresenta mais algumas mudanças que ajudam a configurar esse novo cenário: a transição do comodismo para uma situação de competição acirrada; da competição com ênfase local para uma competição sem fronteiras, global; da disputa pelo mercado com concorrentes conhecidos para a disputa com concorrentes que migraram de outros setores, portanto, desconhecidos; as dificuldades para delimitar as fronteiras setoriais em função da convergência da tecnologia e do desenvolvimento da tecnologia da informação; de uma situação de estabilidade para uma de volatilidade, fruto das mudanças já consideradas; da intermediação das trocas para a troca direta, sem intermediários, para a qual a tecnologia tem contribuído significativamente; da integração vertical das atividades para o uso de especialistas (terceirização, parcerias e alianças estratégicas); do foco em conhecimento de uma única especialidade para o foco em múltiplos conhecimentos, dadas a convergência da tecnologia e a perda das fronteiras entre os setores. Além disso, mudanças na natureza do ambiente competitivo, pela implantação de padrões industriais na maioria dos setores, pelas exigências relativas ao meio ambiente e pela competição pelo capital[14].

Segundo Prahalad, "na década[15], o impacto dessas descontinuidades foi efetivamente discutido pelos gerentes e acadêmicos, mas em grande parte, uma descontinuidade por vez. O que ainda não é amplamente debatido são as características da influência que essas tendências terão coletivamente no trabalho gerencial[16]". Além disso, afirma, "essas mudanças não são tendências gradativas, mas ao contrário, lacunas[17]". Portanto, esses não são sinais, mas, sim, aspectos que já configuram um quadro competitivo diferente e que, por conseqüência, demandam uma abordagem gerencial que possa capitalizar essas mudanças.

Considerando-se esse cenário de descontinuidades, Prahalad entende que os temas que emergem e devem atrair a atenção dos gerentes são: o gerenciamento da diversidade cultural e intelectual; o gerenciamento da volatilidade de mercado; o gerenciamento do impacto da Internet; e o gerenciamento de segmentos de clientes novos e emergentes[18]. Afirma também que os gerentes devem gerar recursos para: conceber e executar tarefas estratégicas complexas; compartilhar e proteger a propriedade intelectual; administrar a interface público-privado; e proporcionar liderança intelectual e administrativa[19].

Segundo Prahalad, para que a empresa possa ser bem-sucedida nesse novo ambiente de competição, que traz reflexos importantes no foco da ação gerencial, o gerente contemporâneo deve se ocupar de:

- *Desenvolver uma capacidade global* – organização que tem relações de negócio locais e globais.

- *Criar uma agenda competitiva e compartilhada por toda a organização* – criada a visão de futuro (definida a arena competitiva), instigadora, orientadora e motivadora, as decisões estratégicas locais são descentralizadas e praticadas pelos gerentes de nível mais baixo (estão mais próximos dos mercados).

- *Concentrar-se em mudar a dinâmica dos setores de mercado e em alavancar recursos corporativos* – o foco muda da alocação de recursos para a alavancagem de recursos que irão moldar novos setores, o que implica ampliar os recursos da empresa através da exploração criativa de recursos dos parceiros, fornecedores, concorrentes e clientes.

- *Criar um sistema corporativo flexível capaz de reestruturar recursos para tratar oportunidades emergentes* – agilizar as respostas da organização para explorar oportunidades, o que implica "aprender rápido, esquecer mais rápido ainda, livrar-se das fronteiras e se concentrar em vencer no mercado[20]".

- *Criar um conjunto claro de valores e comportamentos e tornar obrigatório o seu cumprimento, sem exceção* – para unir a organização, promover o trabalho em equipe e facilitar a transferência de conhecimentos.

- *Focalizar a influência sem o controle acionário* – gerenciar relacionamentos se torna crítico, o que pode ser facilitado pela pauta compartilhada e uma estrutura segura de informação.

- *Competir por talentos e construir a combinação de habilidades que é vital para reter as fontes de vantagem competitiva* – orientação para o desempenho e apoio a sistema que valoriza o trabalho em equipe, a responsabilidade e a transparência.

- *Propiciar velocidade de reação da organização, que requer que se tomem decisões nos níveis mais baixos* – funcionários dos níveis mais baixos tomam decisões em função das direções gerais amplamente disseminadas na organização, fazendo com que a velocidade e a competência sejam mais importantes do que a hierarquia e a autoridade.

Críticas à Descrição de Prahalad sobre o "Trabalho do Administrador"

Na contextualização da obra, o leitor pode observar que o foco de Prahalad são as decisões estratégicas da organização, inseridas no campo teórico da administração estratégica das organizações. Todas as suas obras se dirigem a essa área do conhecimento administrativo e é nela que o autor é reconhecido como um dos seus grandes teóricos.

Portanto, a primeira consideração a ser feita é que a obra de Prahalad sobre o trabalho do administrador tem por objeto prioritário de análise o mundo dinâmico e complexo enfrentado pelas grandes corporações, e sua prescrição de ações gerenciais tem por foco principal o administrador que está à frente das decisões estratégicas de grandes corporações, o qual fica melhor caracterizado com a denominação de "executivo-estrategista". Isso pode ser observado pelas premissas que ele constrói e pelas ações que prescreve aos administradores. É certo que pequenas empresas de base tecnológica, inseridas em um ambiente cada vez mais competitivo e complexo também terão de contar com empreendedores e/ou executivos que tenham por foco de atuação as ações definidas por Prahalad.

Entretanto, a generalização desse foco de atuação para todos os administradores é que não tem sentido, uma vez que muitos executivos estão envolvidos em atividades que são mais importantes do ponto de vista de "tocar" o processo hoje em marcha do que de construir o futuro. Afinal, a empresa precisa existir hoje para ter condições de construir o seu futuro. Assim, muitos estarão envolvidos em ações administrativas de "fazer-acontecer-hoje" em vez de estarem "construindo o amanhã". Portanto, é preciso observar que a prescrição de Prahalad com respeito ao trabalho do administrador visa a um tipo especial de profissional da administração, ou seja, aquele envolvido em tomar decisões estratégicas que irão nortear as ações empresariais. De que administrador ele está falando? Por certo, daquele ou daqueles envolvidos prioritariamente com o direcionamento da empresa rumo ao futuro. Muitos outros executivos estão conduzindo processos operacionais que viabilizam a empresa na consecução de seus objetivos já definidos. Não resta dúvidas de que estão auxiliando a empresa na construção de suas competências essenciais, no treinamento e retenção de talentos, na disseminação da responsabilidade e transparência das ações. Entretanto, o foco de atuação é mais operacional do que visionário.

Uma segunda consideração se refere à posição da empresa na cadeia produtiva, a qual demandará executivos com diferentes perfis. Assim, nem todos os executivos das empresas pertencentes a uma cadeia produtiva estarão "criando o futuro". Muitos estarão simplesmente fazendo "o presente acontecer". Dessa forma, seu foco de ação tem de se basear mais em conhecimentos técnicos que viabilizam produtos e processos competitivos do que em previsões sobre a configuração do mercado futuro. Esse é o caso de uma empresa de pequeno ou médio porte que é fornecedora de uma empresa de grande porte que atua diretamente no mercado. A esta interessa criar ou moldar o futuro, pois disso depende a sua sobrevivência em um mercado em constante mutação; àquela importa viabilizar a sua parte no processo, visto que se constitui num elo a montante da cadeia produtiva. Dessa forma, dependendo do papel da empresa na cadeia produtiva, o perfil e a ação gerencial serão diversos e, portanto, podem ser diferentes da definida por Prahalad.

Assim, de forma geral, pode-se dizer que a prescrição de Prahalad sobre o trabalho do administrador tem por foco o que faz e deve fazer o executivo-estrategista. Muitos administradores não dispõem de tempo para pensar o futuro, uma vez que estão "fazendo o presente acontecer". Isso de forma alguma significa que eles não pensam o futuro, afinal são profissionais de uma época que exige habilidades conceituais como elemento fundamental para dar valor às suas ações. Entretanto, as atividades que desenvolvem no dia-a-dia não exigem essas abstrações visionárias, mas, sim, muita habilidade técnica.

Por fim, vale ressaltar que muitas das prescrições de Prahalad também são feitas por outros autores, usando as mesmas premissas – a globalização, o desenvolvimento e a convergência tecnológica e o ambiente econômico neoliberal. O que diferencia a visão de Prahalad é a forte ênfase na construção do futuro, de novos setores, de novos mercados, como é inclusive a exploração de mercados "situados na base da pirâmide econômica". Entretanto, todos os executivos terão o mesmo foco de trabalho? Não parece ser esse o caso.

Comentários sobre a Descrição e as Críticas

Pode-se considerar que uma importante contribuição de Prahalad, ao abordar o trabalho do administrador contemporâneo, seja chamar a atenção para as grandes transformações que os desenvolvimentos tecnológicos das últimas décadas têm provocado e provocará no ambiente competitivo. Assim, ao chamar a atenção para a construção de competências Prahalad está enfatizando que o presente pode não estar sendo devidamente diagnosticado com relação às oportunidades que propicia para a criação de novos produtos e processos que possam levar as organizações a um sucesso duradouro, não no atual ambiente competitivo, mas sim naquele que está emergindo como fruto do grande avanço tecnológico das últimas décadas.

Fica claro o foco de atenção de Prahalad: o executivo-estrategista. Prahalad prescreve decisões e ações administrativas típicas desses administradores. Assim, a generalização dessa prescrição, ou seja, afirmar que todos os administradores devem agir de determinada maneira, traz consigo um viés que merece a atenção de todos aqueles que se ocupam do entendimento das atividades dos administradores contemporâneos. O mundo atual, muito mais dinâmico e complexo, exige mais administradores visionários, mas não pode prescindir de administradores com habilidades técnicas marcantes e de administradores com visão humanista, tão importantes para o sucesso das organizações quanto os primeiros.

Considerações Finais

Agir hoje na manutenção, criação e capitalização de competências para criar o futuro. É isto que Prahalad prescreve como o trabalho do executivo contemporâneo. Ao alertar para as oportunidades que a tecnologia hoje já oferece para criação de produtos e serviços diferenciados, Prahalad orienta que o executivo-estrategista deixe de pensar em dirigir sua empresa para competir no mercado que hoje se configura.

Mas será que todos os executivos estarão envolvidos nessas ações, independentemente do porte da empresa, de sua localização na cadeia produtiva e do produto ofertado no mercado?

Assim, a leitura de Prahalad sobre o trabalho do executivo não pode ser feita sem o filtro de que o "executivo para Prahalad" é aquele envolvido com as ações de construção da estratégia empresarial, do direcionamento da empresa para atuar no ambiente competitivo. Entretanto, muitos outros administradores estarão desenvolvendo ações como "executivos-do-dia-a-dia", fazendo com que o hoje se torne verdadeiro para propiciar a realização do sonho do amanhã.

Questões

1. Quais as principais características do perfil profissional de Prahalad?

2. Qual a ênfase dos trabalhos acadêmicos de Prahalad?

3. Em essência, como Prahalad define o trabalho do administrador? Dê consistência à sua resposta.

4. Segundo Prahalad, do que deve se ocupar o gerente contemporâneo? Você acredita que todos os gerentes (administradores) se ocupam dessa maneira? Explique a sua resposta, com exemplos extraídos de situações empresariais de que você tenha conhecimento.

5. No comentário crítico sobre a visão de Prahalad, qual a reflexão feita pelo autor do capítulo? Você concorda com essa reflexão?

Estudo de Caso: Pedalando Contra os Chineses

Eduardo é um empreendedor de uma pequena empresa de base tecnológica de fabricação de bicicletas, localizada em um Pólo Tecnológico. Como é amplamente conhecido, principalmente pelos jovens esportistas e executivos de empresas de base tecnológica, esse setor é hoje fortemente dominado por empresas com alto grau de conhecimento científico-tecnológico, uma vez que as bicicletas estão cada vez mais incorporando inovações tecnológicas, principalmente de novos materiais e design. Administrador por formação, Eduardo possui mestrado em estratégia empresarial. Seus sócios na empresa, Tiago, administrador de turismo, João, físico, com doutorado em opto-eletrônica, e Kiko, engenheiro de computação com mestrado em robótica, completam o time empreendedor.

Há cinco anos administram a empresa e tomam conjuntamente todas as decisões. O sucesso tem sido alcançado, apesar das dificuldades para consolidar um empreendimento que sofre fortes pressões de produtos de empresas estrangeiras que são colocados no mercado brasileiro. Assim, é natural que em momentos de decisões importantes, críticas para a continuidade dos negócios, o debate fique acalorado.

Neste ano, o debate entre os empreendedores que mais "calor" tem provocado refere-se aos investimentos que a empresa deve fazer para, além de enfrentar a concorrência nacional e internacional tradicionalmente existente no setor, dar conta da pressão representada pelos produtos chineses que deverão "inundar" o mercado mundial. Tema recorrente nas conversas informais entre empreendedores e executivos nacionais, começa agora a fazer parte de debates oficiais.

Para Eduardo, a empresa deve investir na criação de competências que poderão ser fundamentais para o futuro da empresa. Ele entende que o jogo competitivo de hoje já está definido, as estratégias já foram concebidas e as ações já estão sendo executadas. Assim, sempre que se reúnem para discutir a empresa, Eduardo enfatiza decisões que priorizam a internalização de competências, o que certamente implica investimentos de resultados incertos, mas que na visão dele tendem a potencializar o futuro da empresa. Ele defende estratégias para buscar e reter talentos, desenvolver tecnologias próprias e projetar cenários; de forma determinada refletir sobre possibilidades de orquestração das tecnologias existentes para provocar inovações radicais. Eduardo tem o apoio de Kiko, que também entende que vale mais a pena investir em competências do que "brigar" pelo atual mercado, apesar de ambos saberem que a empresa só terá futuro se conseguir sobreviver no presente. De qualquer modo, acham que devem devotar mais energia à concepção do futuro da empresa.

Já Tiago e João defendem que a empresa deve focar a melhoria dos processos, visando reduzir os custos das bicicletas para poder enfrentar a concorrência já existente e propiciar, no futuro breve, maior poder de fôlego para "encarar" a concorrência das bicicletas chinesas que deverão aportar no mercado brasileiro.

Questões para discussão sobre o estudo de caso

1. As idéias de Eduardo estão em consonância com as prescrições de Prahalad para o trabalho do executivo? Responda dando consistência à sua resposta.

2. Se Eduardo está certo, é possível afirmar que Tiago e João não são bons administradores na visão de Prahalad? Responda com consistência, usando argumentos apresentados no capítulo.

3. Essa tensão provocada pelas diferentes visões dos administradores sobre como conduzir a empresa é positiva ou negativa para o negócio? Por quê?

Notas

1. Disponível em: www.bus.umich.edu. Acesso em: 3 maio 2004.

2. HESSELBEIN, F.; GOLDSMITH, M.; BECKARD, R. *A organização do futuro:* como preparar hoje as empresas de amanhã. São Paulo: Futura, 1997. p. 176.

3. *HSM Management,* São Paulo, n. 43, p. 16, mar.-abr. 2004.

4. *Fast Company,* n. 49, p. 108, ago. 2001. Disponível em: http://www.fastcompany.com/magazine.

5. PRAHALAD, C. K. *A riqueza na base da pirâmide:* como erradicar a pobreza com o lucro. Bookman, 2005.

6. PRAHALAD, C. K. A atividade dos gerentes da nova era no emergente panorama competitivo. In: HESSELBEIN, F.; GOLDSMITH, M.; BECKARD, R. *A organização do futuro*: como preparar hoje as empresas de amanhã. São Paulo: Futura, 1997. p. 176-186.

7. PRAHALAD, C. K. O trabalho emergente dos gerentes. In: CHOUDHURY, S. *Administração no século XXI*: o modo de gerenciar hoje e no futuro. São Paulo: Pearson Education do Brasil, 2003. p. 139-148.

8.   PRAHALAD, C. K.; HAMEL, G. Do you really have a global strategy. *Harvard Business Review,* v. 63, n. 4, 1985, p. 139-148.

9.   PRAHALAD, C. K.; HAMEL, G. Strategy intent. *Harvard Business Review*, v. 67, n. 3, 1989, p. 63-76.

10. PRAHALAD, C. K.; HAMEL, G. The core competence of the corporation. *Harvard Business Review,* v. 68, n. 3, 1990, p. 79-91.

11. PRAHALAD, C. K.; HAMEL, G. Corporate imagination and expeditionary marketing. *Harvard Business Review,* v. 69, n. 4, 1991, p. 81-92.

12. PRAHALAD, C. K.; HAMEL, G. Strategy as stretch and leverage. *Harvard Business Review,* v. 71, n. 2, 1993, p. 75-84.

13. PRAHALAD, C. K.; HAMEL, G. *Competindo pelo futuro*. Rio de Janeiro: Campus. 1990.

14. PRAHALAD, 1997. p. 177-182.

15. O autor se refere à década de 1990.

16. PRAHALAD, 2003. p. 140.

17. PRAHALAD, 1997. p. 182.

18. PRAHALAD, 2003. p. 140.

19. PRAHALAD, 1997. p. 182-183.

Capítulo 12

O administrador de pequenas empresas

Rachel Pereira Benze

Introdução

Uma rápida análise dos principais livros de administração disponíveis permite entrever a escassa teorização sobre o trabalho real do administrador. O que se encontra são prescrições que, quando não datam do início da teorização da administração, são releituras desse período e informam o que deve fazer o administrador para ser bem-sucedido.

Como agravante dessa escassa literatura tem-se que, nos poucos estudos existentes, não são consideradas as diferenças entre cargos, organização, porte da empresa, entre outros fatores. Em se tratando de pequenas empresas, então, pode-se dizer que publicações sobre o trabalho do dirigente desse tipo de empresa são uma verdadeira raridade. Em grande parte isso se deve à pouca importância atribuída às empresas de pequeno porte até a década de 1970[1]. A partir de então, em todos os países, os governos passaram a se interessar e a se envolver com a proteção e desenvolvimento das pequenas empresas[2].

As pequenas empresas foram consideradas, por muito tempo, exemplos de ineficiência. Ou elas cresciam ou estariam fadadas ao desaparecimento. Analisando-se a história da administração, observa-se que, por volta da década de 1940, as grandes empresas obtiveram sucesso graças à economia de escala resultante da produção em massa. Entretanto, nas últimas décadas esse quadro mudou. Atualmente são as pequenas e médias empresas que despontam como o modelo organizacional adequado ao ambiente. A economia de escala está sendo substituída pela economia de escopo e as grandes empresas tentam se reestruturar em redes de pequenas unidades a fim de obter vantagem competitiva[3].

Neste contexto, as pequenas empresas levam vantagem por sua maior flexibilidade, o que, além de ser favorável em ambientes instáveis, facilita a inovação. A flexibilidade das pequenas empresas se traduz em respostas mais rápidas às oportunidades e atendimento mais adequado a pequenos mercados especializados, graças à possibilidade de produção em pequenas séries[4].

As pequenas empresas também representam importante papel como geradoras de empregos, fonte de arrecadação de impostos e responsáveis por grande parte da produção nacional[5]. Hoje, as micro e pequenas empresas no Brasil são responsáveis por 59% dos empregos, o que equivale a cerca de 35 milhões de pessoas ocupadas[6]. Além disso, "a existência de significativo número de PMEs leva à menor concentração de mercado e induz à melhor distribuição da renda, favorecendo a estabilidade social e política"[7].

Assim, vários autores passaram a reconhecer a importância das pequenas empresas no contexto sócio-econômico e a considerar que a pequenez pode ser adequada para certos tipos de negócio.

Entretanto, as pequenas empresas enfrentam um ambiente desfavorável, não obstante seus pontos fortes em relação às grandes. Isso tem reflexos nas estatísticas acerca do tempo de sobrevivência desses negócios, que apontam um índice de mortalidade que chega a 39% até o final do primeiro ano[8].

Mas a despeito da importância dessas empresas e da alta taxa de mortalidade da qual elas são vítimas há considerável atraso em termos de estudos e pesquisas sobre esse tipo de empresa. Esse atraso tende a se reverter, contudo, já que um número cada vez maior de pesquisadores vêm buscando compreender melhor a realidade desse tipo de empresas a fim de poder oferecer-lhes conhecimentos administrativos adequados às suas especificidades[9].

A Gestão da Pequena Empresa

A administração das empresas de pequeno porte difere em muito da administração de grandes empresas. Em sua maioria, os problemas tendem a ser diferentes. Enquanto nas grandes empresas os administradores enfrentam problemas decorrentes do tamanho excessivo da organização, que dificulta a visão da empresa como um todo, nas pequenas empresas os problemas têm razões justamente opostas, ou seja, a escassez de recursos materiais e humanos restringe a divisão básica de tarefas entre quem toma as decisões e quem as executa.

Dessa forma, um dos problemas básicos enfrentados por administradores de grandes empresas – administrar administradores – não é enfrentado por dirigentes de pequenos empreendimentos. Da mesma forma, a maneira como cada administrador dirige o trabalho de outros funcionários não administrativos também tende a ser bastante diferente. Enquanto nas grandes empresas é difícil abster-se da impessoalidade, em vista dos diversos níveis hierárquicos e do excessivo contingente de pessoal, nas pequenas é comum que o dirigente (em muitos casos, o próprio dono) não apenas trate cada funcionário pelo primeiro nome, como também conheça alguns detalhes de sua vida, o que leva a um tratamento mais pessoal.

Na pequena empresa não há divisão vertical do trabalho; já na grande existe a possibilidade de se criarem alguns níveis. Além disso, o aparato administrativo pesa mais para a pequena do que para a grande empresa (que, mesmo proporcionalmente, conta com um número maior de funcionários no nível operacional).

Outro problema freqüentemente apontado pela literatura sobre pequenas empresas refere-se à escassez de recursos financeiros. Esta dificuldade é, em grande parte, motivada pelas elevadas exigências para obter crédito e pela desigualdade com que as pequenas empresas concorrem com as grandes nesse aspecto.

A Necessidade de uma Teoria Administrativa da Pequena Empresa

A Teoria Administrativa foi desenvolvida tendo em vista os problemas enfrentados pelas grandes organizações. Em consequência da onda de verticalização e do tamanho crescente dessas empresas, ficava cada vez mais difícil administrá-las.

Esta preocupação única com empresas de grande porte resultou na ausência de temas relativos a pequenas empresas nas escolas de administração[10]. Isso tem levado os alunos a valorizarem mais o trabalho em grandes empresas. Entretanto, principalmente em faculdades localizadas em cidades menores, os alunos costumam empregar-se em pequenas empresas. O conteúdo programático dessas faculdades, não obstante, demonstra o mesmo padrão encontrado naquelas localizadas em grandes centros urbanos, cujo conteúdo, por sua vez, reflete uma reprodução dos modelos norte-americanos.

Estudos sobre pequenas empresas começaram a surgir quando se notou a importância desse tipo de empresas no contexto sócio-econômico.

Percebe-se também uma relação entre esse aumento de estudos sobre pequenas empresas e a transformação pela qual grandes empresas vêm passando nas últimas décadas, em vista da necessidade de adequação a ambientes cada vez mais turbulentos. Essas empresas obtêm flexibilidade organizando-se em blocos menores, mais facilmente administráveis e que, dessa forma, reagem melhor a mudanças ambientais. Trata-se de corporações em formato de redes de pequenas unidades.

Esse formato também tem-se mostrado útil para pequenas empresas constituídas legalmente como independentes, mas que obtêm benefícios de ordens diversas em função da cooperação entre empresas. Trata-se de um tema que vem ganhando amplo espaço entre os pesquisadores, o que pode ser observado nos anais dos principais congressos de administração do país.

O poder público, por sua vez, tem-se mostrado particularmente preocupado com as cadeias produtivas ou arranjos produtivos locais, que envolvem empresas, tanto de pequeno como de grande porte, em relações de dependência. Em vista disso, o governo vem incentivando estudos sobre esses arranjos visando identificar o "elo fraco" das cadeias. Tais estudos podem levar a ações que melhorem os resultados finais como um todo.

Afinal, o Que É uma Pequena Empresa?

Critérios para classificação de empresas segundo seu porte

Há diferentes formas de avaliar o tamanho de uma empresa. Basicamente, são utilizados três tipos de critérios para este fim: os quantitativos, os qualitativos e os mistos. A escolha de qual será o critério utilizado, comumente, deriva do objetivo do estudo ou trabalho que será realizado[11]. Por exemplo, para efeito de legislação, pagamento de tributos, etc., os critérios quantitativos, como o valor do faturamento ou o número de funcionários, são os mais utilizados. Trata-se de critérios econômicos e sua predominância se deve à facilidade de coleta e manipulação e à possibilidade de serem realizadas medidas de tendência no tempo e análises comparativas, sendo bastante utilizados pelo governo, universidades e estatísticas em geral[12].

Não obstante, vários fatores comprovam o descrédito desse tipo de critério como válido para classificação das empresas segundo seu tamanho. Os critérios quantitativos levam à distorção dos estudos pela ocorrência de manipulação dos resultados financeiros, como a existência de "caixa 2", por exemplo, e pelo alto índice de trabalhadores sem carteira assinada. Além disso, os critérios quantitativos mostram-se impróprios para pesquisas qualitativas que visam entender melhor as características de gestão das pequenas empresas, já que uma mesma categoria pode englobar empresas cujos dirigentes apresentam diferenças significativas no desempenho das atividades. Em vista disso, diversos pesquisadores vêm buscando utilizar critérios qualitativos, pois estes são mais fiéis na representação do porte da empresa, pois abordam questões relativas à estrutura interna, ao tipo de organização e aos estilos de gestão.

Drucker[13] é um dos autores que se esforçam em diferenciar os diferentes portes das empresas segundo critérios não quantitativos. Em primeiro lugar, as pequenas empresas são diferenciadas dos negócios pessoais. Segundo o autor, nas pequenas empresas há um nível separando o proprietário dos empregados. Em virtude desse nível, reconhece-se que o dirigente afastou-se das atividades operacionais e, apesar de não ter todo o seu tempo livre para atividades administrativas, concentra boa parte dele cuidando desses aspectos, estabelecendo os objetivos e dando direção ao negócio.

O que diferencia as pequenas empresas das médias é que estas últimas contam com um dirigente totalmente centrado nas atividades administrativas, determinando os objetivos e dirigindo a empresa. Já nas grandes empresas tem-se, além dos níveis separando atividades operacionais e administrativas, uma distinção entre quem determina os objetivos – o presidente – e a direção da empresas – tarefa de um corpo diretivo[14].

Como solução para as desvantagens dos dois tipos de critérios apresentados, tem-se o uso de critérios mistos, ou seja, combinam critérios quantitativos e qualitativos, oferecendo uma visão que engloba indicadores econômicos e características sociais e políticas[15].

Contudo, sempre deve prevalecer a adequação do critério de classificação ao objetivo do trabalho.

Caracterização das pequenas empresas

A freqüência de trabalhos sobre pequenas empresas, embora ainda baixa, tem aumentado gradativamente nos últimos anos em função da percepção da sua importância no contexto sócio-econômico e da alta taxa de mortalidade da qual elas são vítimas. Assim, vários pesquisadores têm buscado compreender as especificidades dessas empresas com o intuito de poderem oferecer a seus dirigentes o conhecimento necessário para que estes possam administrá-las de forma mais eficaz. Além disso, o enfoque já não é o de aplicar os mesmos princípios administrativos usados nas grandes empresas em menor escala[16], mas, ao contrário, o esboço de uma teoria administrativa que trate da pequena empresa considerando suas especificidades começa a ser delineado.

Pode-se considerar que uma organização é constituída, basicamente, de quatro componentes: tecnologia, estratégia, comportamento e estrutura[17]. O objetivo da análise da empresa por meio desse modelo é entender as inter-relações entre os diversos componentes, buscando uma congruência entre eles.

Tal modelo, adequado para grandes empresas, pode ser útil para a compreensão das características das pequenas empresas também, desde que se parta do pressuposto de que estes componentes se manifestarão de maneira diferente em empresas de portes distintos[18].

Trata-se de uma forma bastante abrangente de lidar com a problemática das empresas de pequeno porte, mas, para que o modelo seja válido, faz-se necessária completa redefinição das variáveis, adequando-as às práticas observadas nas pequenas empresas, o que possibilitaria a teorização tão necessária da realidade das pequenas empresas.

De forma geral, alguns dos aspectos mais destacados pela literatura sobre pequenas empresas são relacionados às ações do empresário, já que seus valores e ambições refletem-se em seu estilo de administrar. Assim, tem-se como características dos dirigentes de pequenas empresas o conservadorismo, o individualismo, a tendência à centralização de poder e ao obsoletismo, falta de habilidade na gestão do tempo, busca por resultados imediatos e uso da improvisação em detrimento da ação planejada[19].

Conforme pode ser observado, são os aspectos negativos os mais destacados pela literatura. Contudo, essa descrição do pequeno empresário é parcial e representa contribuição insuficiente para a criação da Teoria da Pequena Empresa. Mais importante é buscar a compreensão das razões que levam aos comportamentos apresentados pelos dirigentes das empresas de pequeno porte[20].

Outros aspectos relativos às pequenas empresas abordados na literatura são "a carência de informação sobre a evolução do mercado e de seus produtos, a dificuldade de acesso a processos de treinamento gerencial e a dificuldade de acesso a fontes de financiamento para novos projetos"[21].

A falta de compreensão das características das pequenas empresas tem levado os autores a diagnósticos opostos sobre alguns assuntos, como, por exemplo, a questão da flexibilidade. Alguns autores apontam que a falta de flexibilidade é responsável pela elevada taxa de mortalidade[22]; outros, pelo contrário, acreditam que a estrutura enxuta de uma pequena empresa pode lhe conferir grande flexibilidade, habilitando-a a sobreviver numa economia de mercado[23].

Com esse exemplo percebe-se a contradição ainda presente nos estudos sobre pequenas empresas. As características das pequenas empresas têm sido melhor compreendidas por meio de pesquisas recentes desenvolvidas na área. O que se tem notado é que essas características variam amplamente de acordo com o setor a que as empresas pertencem, o tipo de negócio, o público-alvo, o local onde estão instaladas, etc. Em vista dessa diversidade não é útil tratar das pequenas empresas como grupo homogêneo. Programas de incentivo à pequena empresa que oferecem crédito podem não atender às necessidades de empresas da área de tecnologia, por exemplo, já que nesse setor outras instituições de fomento, que não as focadas na pequena empresa, já oferecem esse tipo de auxílio.

Por outro lado, programas de treinamento empresarial podem ser totalmente ineficazes se desconsiderarem as especificidades das pequenas empresas, fazendo com que os dirigentes desses negócios os administrem segundo os mesmos preceitos utilizados nas grandes corporações.

Essa heterogeneidade entre pequenas empresas dificulta o trabalho dos pesquisadores na medida em que impede generalizações – fundamentais quando se pretende criar uma Teoria da Pequena Empresa.

Críticas aos Estudos de Pequenas Empresas

Alguns estudos sobre pequenas empresas apresentam pontos falhos que podem levar a conclusões não condizentes com a realidade. O uso exclusivo de questionários e entrevistas, por exemplo, resulta numa compreensão limitada dos problemas enfrentados pelas pequenas empresas, já que se considera a percepção do dirigente sobre determinado problema como realidade, limitando-se, assim, a validade das informações coletadas[24].

Além disso, observa-se uma tendência em destacar certos problemas de pequenas empresas em detrimento de outros. Alguns dos principais problemas das pequenas empresas levantados por pesquisas, como falta de capital de giro e de mão-de-obra qualificada e dificuldade para obtenção de crédito, podem, na verdade, mascarar problemas de origem diversa, como a má aplicação dos recursos, por exemplo[25].

Outro problema comum ocorre quando se busca compreender a causa da elevada taxa de mortalidade das pequenas empresas. Neste caso, é bastante comum destacar as falhas do empresário como determinantes para o sucesso ou fracasso da empresa, conforme já foi observado. Grande parte dos programas que visam fortalecer a pequena indústria nacional falha nesse aspecto, já que partem do princípio de que o empresário não sabe conduzir de forma racional a sua empresa[26].

Contudo, essa visão das deficiências do dirigente como único ou principal fator que leva à insolvência das pequenas empresas não pode ser considerada útil, já que desconsidera outros fatores, externos à empresa, como possíveis responsáveis por problemas nessas empresas. Além disso, deve-se buscar entender as razões que levam os dirigentes a terem comportamentos considerados inadequados por alguns autores, pois só dessa forma torna-se possível identificar onde é possível atuar e onde não é[27].

Outro problema recorrente nas pesquisas sobre pequenas empresas é a não consideração de importantes fatores, como o ramo no qual a empresa atua: comércio, serviço, indústria ou agricultura[28].

Administração de Pequenas Empresas: Revendo Conceitos Administrativos

O que é uma empresa de sucesso? A que cresceu?

Quando se analisam reportagens em revistas específicas de administração, mesmo aquelas dedicadas especialmente às pequenas empresas, percebe-se que o critério mais utilizado para determinação do sucesso de uma empresa é seu crescimento. Assim, de forma bastante pragmática, abundam na literatura casos de empresários de sucesso que converteram seus pequenos negócios em lucrativas empresas de médio a grande porte, bem como receitas para que o leitor alcance o mesmo resultado.

As poucas exceções que mostram empresas de sucesso que permaneceram pequenas consideram que esse porte é mais adequado para determinados tipos ou nichos de negócios. É raro, para não dizer impossível, encontrar relatos enaltecendo empresários que escolheram manter sua empresa com tamanho reduzido simplesmente por uma questão de racionalidade própria, ou seja, por motivos pessoais, pois, aos olhos de outrem, principalmente das revistas de negócios e da racionalidade administrativa, soam como irracionais casos de dirigentes que preferiram manter suas empresas pequenas.

Alguns dos fatores que podem motivar os empresários nesse sentido são: a busca por qualidade de vida, neste caso expressa pelo menor estresse característico de um negócio de menor porte; o fato de que o empresário é empregado de outra empresa ou proprietário de outros negócios, o que impede a dedicação exclusiva; e o desejo de manter a qualidade e o atendimento personalizado aos clientes, o que é mais facilmente obtido em pequenas empresas, etc.

Percebe-se, então, como é complexa a questão dos critérios para avaliação do desempenho de dirigentes de pequenas empresas. Ora, o fato de um empresário fugir de um padrão preestabelecido é sinal de que ele não é tão bem-sucedido como aqueles que se dedicam para alcançar o resultado máximo de um negócio, visando, finalmente, atingir um grau de crescimento que o descaracterize como pequeno?

A associação do desempenho do administrador aos resultados é dificultada pelo excesso de variáveis. Dessa forma, dificilmente conseguimos julgar se uma ação foi correta ou não. Assim, a maioria das pesquisas encontradas falha em interligar pessoa, processo e produto, analisando simplesmente cada um desses elementos isoladamente[29].

Todas as Empresas Visam, em Primeiro Lugar, ao Lucro. Sempre?

O pequeno empresário nem sempre apresenta um comportamento condizente com a prática empresarial vigente. Esse diferente padrão de comportamento é interpretado, muitas vezes, como uma "irracionalidade" do pequeno empresário. Ele não consegue "enxergar" como crescer, como aumentar suas vendas, enfim, como expandir seu negócio.

Isso ocorre porque todos os autores da Teoria Administrativa são funcionalistas, ou seja, enfatizam a racionalidade instrumental ou as questões com as quais o administrador se depara para escolher os meios que utilizará para chegar a uma finalidade determinada por outrem. Dessa forma, o pressuposto observado na teoria é o de que todas as empresas buscam unicamente o lucro.

Contribui para essa visão a percepção da própria sociedade acerca do que é uma empresa bem-sucedida – e bem administrada. Entretanto, tem-se observado entre os dirigentes de pequenas empresas, especialmente naquelas que são administradas pelos próprios donos e fundadores, que outros princípios que não o lucro podem nortear as ações dos dirigentes em sua ação administrativa.

Pode-se recorrer a outros autores para compreender essa posição diferenciada. Weber considerava que, além da racionalidade instrumental, que fundamenta os trabalhos dos teóricos da administração, há também a racionalidade substantiva, que é o preocupar-se com as finalidades das ações antes de tudo. A presença desse tipo de racionalidade é, segundo Weber, elemento imprescindível para que o homem seja livre.

Pode-se considerar que o uso da racionalidade substantiva é que leva às interpretações negativas sobre as ações de alguns dirigentes de pequenas empresas. Além disso, contribuem para a visão negativa que a sociedade em geral tem do pequeno empresário as chamadas ações afetiva e tradicional. O empresário age afetivamente, por exemplo, quando emprega um membro da família simplesmente por ser seu parente, mesmo que essa pessoa não tenha as habilidades necessárias para atuar na função. Para exemplificar uma ação tradicional, pode-se considerar o caso de empresários que se negam a mudar sua forma de administrar, justificando que "sempre fizeram assim e sempre deu certo"[30].

Essas questões devem ser consideradas quando se pretende estudar a pequena empresa e propor soluções para seus problemas, pois, só a partir disso, pode-se identificar os pontos nos quais é possível atuar. Não se pode, por exemplo, mudar as ações afetivas do dirigente, já que estas são resultado de seus valores[31].

Considerando-se que há diversas visões acerca do que é importante considerar quando se tomam decisões que afetarão o destino das empresas, como decidir o que é certo? Como julgar qual tipo de comportamento é mais adequado?

Dada a impossibilidade de encontrar para essa questão uma resposta que atenda a diferentes pontos de vista, tem-se como problema adicional para o estudo de pequenas empresas a questão da racionalidade e das irracionalidades (como as ações afetivas e tradicionais) que guiam o comportamento do pequeno empresário. Assim, uma Teoria da Pequena Empresa deve compreender também essa questão. Como tratá-la?

Afinal, o que faz o administrador de pequenas empresas?

Considerando que as faculdades de administração têm formado profissionais para as grandes empresas, tem-se como problema adicional para a gestão de pequenas empresas o desconhecimento dos próprios profissionais da área sobre as suas características.

Tal problema poderá ser sanado na medida em que forem publicados – e divulgados – estudos cada vez mais abrangentes sobre o trabalho do dirigente na pequena empresa. Apenas quando os conteúdos programáticos das faculdades passarem a considerar também a problemática das empresas de pequeno porte é que estas poderão contar com profissionais melhor preparados. Por enquanto, os profissionais só dispõem de sua própria experiência para encontrar a melhor forma de administrar empresas de porte reduzido.

Esse problema é ainda mais evidente em cidades do interior que, apesar de contarem com faculdades que possuem cursos de graduação em administração considerados de bom nível, oferecem empregos primordialmente em empresas de pequeno e médio porte para os administradores recém-formados.

Tem-se, assim, justificada a relevância de estudos sobre o papel do dirigente na pequena empresa.

Contudo, da mesma forma que não se pode considerar uma descrição geral do papel do administrador, tampouco se pode ter uma visão única do trabalho daqueles administradores que trabalham em pequenos negócios, em vista de sua heterogeneidade. É relevante considerar, por exemplo, o ramo econômico no qual se encaixam as pequenas empresas estudadas – indústria, serviços, comércio e agricultura.

Dessa forma, torna-se impossível estabelecer uma caracterização única do dirigente da pequena empresa, mas, como para uma teorização das suas atividades é necessária certa generalização, consideram-se as características predominantes em pequenas empresas em geral. É importante ressaltar, portanto, a inexistência de um perfil único que seja adequado para caracterizar o estilo de todo e qualquer administrador de pequena empresa.

Teixeira[32] propõe um modelo (exposto na Figura 1) para análise do papel do dirigente das pequenas empresas no qual procura relacionar pessoa, processo e produto. Assim, busca-se identificar as combinações possíveis entre as circunstâncias organizacionais, as características pessoais do dirigente, bem como seus padrões de comportamento, que resultam numa percepção de processo administrativo eficaz.

Entretanto, o modelo proposto falha em possibilitar uma compreensão profunda do trabalho do administrador de pequena empresa, em vista da elevada complexidade característica desse trabalho. O que se tem, até o presente momento, são constatações pontuais que permitem traçar apenas um esboço do que faz o dirigente de pequenas empresas. Quando se busca a compreensão das razões desse comportamento, a dificuldade é ainda maior e, como conseqüência, menor é o volume de informações nesse sentido.

A compreensão dessas razões é importante porque uma constatação, revelada num estudo qualquer, pode ser interpretada de maneira totalmente oposta de acordo com a percepção ou não das causas que levam a essa característica. Por exemplo, a inexistência de sistemas administrativos formais, freqüentemente relatada nos textos sobre pequenas empresas e apontada como exemplo de inabilidade administrativa do dirigente, pode ser decorrente simplesmente da falta de necessidade. Isso porque tais sistemas foram desenvolvidos visando solucionar problemas organizacionais resultantes das complexas estruturas presentes nas grandes empresas. Na pequena empresa, como se tem um grupo pequeno, o controle efetuado na base da confiança é, na maioria dos casos, mais eficiente. Entretanto, não se encontram na Teoria Administrativa explicações para os problemas de pequenos agrupamentos. Numa grande organização a informalidade também se encontra presente, mas elas são influenciadas pelas relações estruturais.

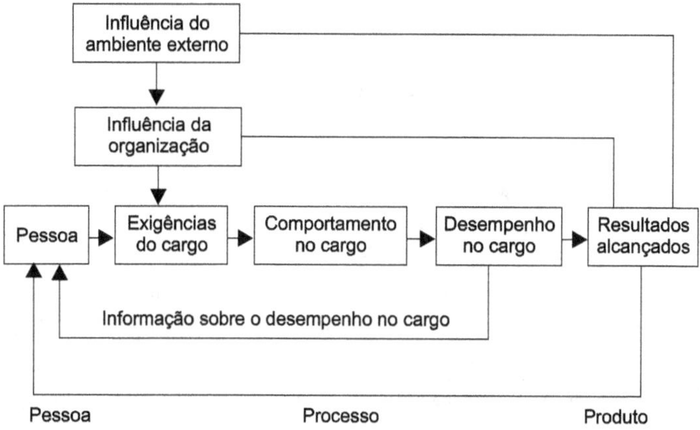

Figura 1 – Modelo para estudo do trabalho administrativo[33].

Empreendedorismo

Os textos sobre empreendedorismo têm apresentado como ponto forte a divulgação da cultura empreendedora. No Brasil, este é um ponto particularmente deficiente em vista da "cultura do bacharel" prevalecente. Fatores históricos do Brasil levaram as pessoas a valorizarem profissões como advocacia e medicina, em detrimento da dedicação a negócios próprios.

Buscando elementos que diferenciem o comportamento de empreendedores e operadores de pequenos negócios, Filion[34] estudou os sistemas gerenciais de 116 empresas e as analisou com base em cada uma das funções definidas por Fayol: planejamento, organização, comando e controle. A partir desse estudo, foram diferenciados empreendedores, administradores de pequenas empresas e administradores de grandes empresas.

Uma das principais diferenças levantadas é a de que os gerentes de grandes empresas trabalham em ambientes estruturados, ao contrário dos empreendedores, que lidam com um ambiente desestruturado. Os dirigentes de pequenas empresas ficariam entre esses dois extremos.

Também foi constatado que os empreendedores tendem a criar a estrutura organizacional de seus negócios quando identificam o nicho no qual pretendem atuar. A partir disso, são definidas as tarefas a serem desempenhadas e as pessoas que serão necessárias. No início da empreitada é comum que os trabalhos sejam realizados por algum conhecido do dono da empresa à noite ou em meio expediente. Além disso, é comum também a subcontratação ou terceirização.

Já os operadores de pequenos negócios baseiam-se em suas próprias habilidades para escolher seu campo de atuação. Isso porque, em geral, eles desempenham a maior parte das tarefas técnicas, gerenciais e de negócios. Nas empresas de operadores, "os fluxos organizacionais são menos caóticos e mais regulares que em muitos dos negócios liderados por empreendedores"[35].

Analisando-se este trabalho, nota-se que as funções administrativas descritas por Fayol (planejar, organizar, dirigir e controlar) estão presentes, implicitamente, tanto no trabalho do operador de pequenas empresas como no do empreendedor. A diferença fica por conta da forma como se lida com oportunidade e recursos. Enquanto o operador de pequenas empresas, a partir do recurso, tenta buscar um lugar no mercado, o empreendedor faz o caminho inverso, ou seja, partindo da visualização de uma oportunidade, ele tenta explorá-la da melhor forma possível.

Considerações Finais

A relevância das pequenas empresas no contexto sócio-econômico, aos poucos, torna-se consenso no meio acadêmico e junto aos órgãos governamentais. Entretanto, enquanto estudos sobre o trabalho dos administradores em geral são escassos, ainda mais restrita, rara até, é a literatura acerca das atividades de dirigentes de pequenas empresas. Essa escassez traz problemas adicionais para um setor que já enfrenta elevada taxa de mortalidade relacionada a aspectos diversos.

A importância de estudar a administração de empresas de pequeno porte deve-se, sobretudo, ao fato de haver diferenças fundamentais na forma pela qual as variáveis decorrentes dos componentes organizacionais manifestam-se em pequenas e grandes empresas. Como a Teoria Administrativa foi desenvolvida visando resolver problemas de grandes unidades empresariais, os conhecimentos disponíveis são inadequados para as pequenas empresas. Assim, torna-se necessária a criação de uma Teoria da Pequena Empresa.

O uso do modelo de compreensão organizacional é bastante útil nesse sentido, já que permite considerar todos os componentes da empresa, assim como os relacionamentos existentes entre eles. Evita-se, dessa forma, incorrer no erro tão comum em pesquisas sobre pequenas empresas: considerar um aspecto apenas como determinante do sucesso ou do fracasso.

Conforme a literatura divulga amplamente, as características positivas do empresário podem ser a chave do sucesso de uma pequena empresa, bem como suas fraquezas podem ser a causa primária de seu fracasso[36]. Contudo, a visão dos aspectos internos das pequenas empresas, fatores determinantes da sobrevivência das empresas, tem levado grande parte dos programas que visam fortalecer a pequena empresa a se focarem somente nesse aspecto[37]. Todavia, não é possível estudar a gestão da pequena empresa sem considerar seu ambiente, já que essas empresas são profundamente afetadas pelas imposições de caráter legal, econômico, político, concorrencial, etc., e, ao contrário das organizações de grande porte, não possuem poder de influência nesse ambiente. No mais, é necessário entender as razões que levam aos comportamentos apresentados. Assim, torna-se possível identificar onde é possível atuar e onde não é[38].

Questões

1. A teoria administrativa aborda diversos problemas relacionados às grandes unidades organizacionais. Por que as pequenas empresas foram ignoradas pelos estudiosos da administração? Por que a tendência é esse quadro se reverter?

2. Os administradores de pequenas empresas devem ser muito cautelosos ao utilizar ferramentas administrativas desenvolvidas para solucionar problemas encontrados nas grandes organizações. Por quê?

3. Quais os critérios utilizados para a classificação de empresas segundo seu porte? Qual critério você considera mais eficiente? Por quê?

4. Dê exemplos de como o trabalho do dirigente de uma pequena empresa difere das atividades desenvolvidas pelo administrador que atua em uma grande organização.

5. O que é empreendedorismo? Por que estudos sobre esse assunto são importantes? O que diferencia o empreendedor do operador de pequena empresa?

Estudo de Caso

Julia desde moça trabalhou em tempo integral, até engravidar de seu primeiro filho, quando decidiu, como muitas mulheres, abandonar a carreira e se dedicar à família e à casa.

Mas os filhos cresceram, decidiram estudar fora e Julia resolveu voltar a trabalhar. Encontrou bastante resistência para ser aceita novamente no mercado de trabalho devido à sua idade e ao tempo em que ficou afastada de sua profissão. Acabou, portanto, aceitando uma oferta de trabalho não muito atraente, mas que a fez se sentir novamente útil.

Porém, a nova rotina de Julia lhe trouxe alguns problemas, sobretudo a falta de tempo para continuar com seus afazeres domésticos. A alimentação de sua família, antes balanceada e com cardápio variado de saladas, acabou sendo substituída por refeições congeladas, mais simples.

Julia adotou então uma tática para preparar os alimentos que prefeririam consumir. Nos finais de semana, ela e o marido iam à feira e adquiriam ampla variedade de verduras e legumes. Ao chegar em casa, lavavam tudo o que haviam comprado, cozinhavam o que fosse necessário e depois embalavam a vácuo – usando uma máquina doméstica – todos os alimentos, para que estes fossem preservados por mais tempo.

A iniciativa de Julia atraiu a atenção das amigas e vizinhas, que se propuseram a comprar parte do que ela produzia nos fins de semana. Julia ainda não sabia, mas havia acabado de criar, informalmente, uma pequena empresa.

Em poucos meses, desconhecidos vinham até a casa de Julia para comprar seus produtos. O dia-a-dia do casal ficou corrido. Os finais de semana já não bastavam para que eles dessem conta da demanda crescente. Tampouco a contratação de três ajudantes resolveu por completo o problema.

Julia deparou-se com um momento decisivo: restringir o crescimento de seu negócio familiar ou abandonar seu emprego para dedicar-se a um novo negócio. A segunda opção venceu quando Julia entrou em contato com alguns restaurantes de sua cidade que demonstraram interesse em adquirir os alimentos frescos prontos para consumo.

Para que o negócio pudesse ser ainda mais lucrativo, Julia formalizou sua empresa e fechou parcerias com agricultores locais. Com isso conseguia alimentos mais frescos e a preços mais atrativos.

A fim de que o negócio crescesse de vez, Julia decidiu ousar. Requisitou um empréstimo, investiu na construção de um amplo galpão, de acordo com os requisitos necessários para a industrialização de alimentos, adquiriu novos equipamentos e contratou mais funcionários. Novas parcerias também foram firmadas, sobretudo com organizações que fornecem refeições para restaurantes de empresas.

O crescimento inesperado, mas bem administrado, trouxe bons frutos, mas também problemas relacionados com o fornecimento de matérias-primas e a distribuição do produto aos clientes. Afinal, a chave do sucesso do negócio de Julia sempre foi oferecer alimentos de qualidade, frescos e prontos para o consumo.

Hoje Julia percebe que, para continuar no mercado e poder atender a novas demandas, deverá resolver problemas de ordem logística. Talvez a contratação de um consultor especializado resolva o problema momentaneamente, mas a contratação de um profissional que atue somente na empresa de Julia pode permitir que sejam atingidos resultados ainda superiores àqueles obtidos até então, porém com a necessidade de um investimento mais alto.

Esta é a situação atual da empresa de Julia. Cada nova conquista vem acompanhada de novo desafio. E é justamente isso que tanto estimula Julia, uma empresária que se autodescobriu tarde, mas a tempo de fazer a diferença. Ser útil hoje, para Julia, já não é simplesmente contribuir para o orçamento da família, mas também gerar empregos e prosperidade.

Questões para discussão sobre o estudo de caso

1. Com base no estudo de caso acima exposto, quais tipos de ações poderiam ser adotados pelo governo brasileiro como forma de incentivo à criação de novas empresas? Quais as vantagens que tais programas podem trazer para a sociedade como um todo?

2. Com base nas informações contidas no estudo de caso e no capítulo, você classificaria a empresária como empreendedora ou operadora de pequena empresa? Justifique.

3. Considere dois ramos distintos de negócios e identifique possíveis oportunidades de parcerias, descrevendo as vantagens que as empresas envolvidas no negócio podem obter.

Notas

1. SCHUMACHER, E. F. *O negócio é ser pequeno:* um estudo de economia que leva em conta as pessoas. 4. ed. Traduzido por Octávio Alves Velho. Rio de Janeiro: Zahar, 1983.

2. LEONE, N. M. C. P. G. A dimensão física das pequenas e médias empresas (P.M.E.'s): à procura de um critério homogeneizador. *Revista de Administração de Empresas,* São Paulo, v. 31, n. 2, p. 53-59, abr.-jun. 1991.

3. NAISBITT, J. *Paradoxo global:* quanto maior a economia global, mais poderosos são seus protagonistas menores. Tradução Ivo Korytovski. Rio de Janeiro: Campus, 1994.

4. KRUGLIANSKAS, I. *Tornando a pequena e a média empresa competitiva:* como inovar e sobreviver em mercados globalizados. São Paulo: IEGE, 1996. MORAIS, E. F. C. (Coord.). *Inteligência competitiva:* estratégias para pequenas empresas. Brasília: GH Comunicação Gráfica, 1999. GONÇALVES, A.; KOPROWSKI, S. O. *Pequenas empresas no Brasil.* São Paulo: Imprensa Oficial do Estado/Editora da Universidade de São Paulo, 1995.

5. NAKAMURA, M. M.; ESCRIVÃO FILHO, E. Estratégia empresarial e as pequenas e médias empresas: um estudo de caso. *Revista de Negócios,* Blumenau, v. 4, n. 2, p. 31-38, 1999.

6. Dados da Pesquisa Nacional por Amostra de Domicílios do IBGE e Relação Anual de Informações Sociais do Ministério do Trabalho e Emprego (apud SEBRAE-SP. *Sobrevivência e mortalidade das empresas paulistas de 1 a 5 anos.* 2003. Disponível em: www.sebraesp.com.br. Acesso em: 3 ago. 2004).

7. KRUGLIANSKAS, I. *Tornando a pequena e a média empresa competitiva:* como inovar e sobreviver em mercados globalizados. São Paulo: IEGE, 1996. p. 7.

8. SEBRAE. *Outras estatísticas sobre MPEs*. Disponível em: http://www.sebrae.com.br. Acesso em: 6 maio 2004.

9. LEONE, N. M. de C. P. G. As especificidades das pequenas e médias empresas. *Revista de Administração*, São Paulo, v. 34, n. 2, p. 91-94, abr.-jun. 1999.

10. TEIXEIRA, H. J. O trabalho de dirigentes de pequenas e médias empresas. *Revista de Administração*, v. 16, n. 3, p. 76-94, jul.-set. 1981.

11. LEONE, 1991.

12. LEONE, 1991.

13. DRUCKER, P. A empresa pequena; a empresa média; a empresa em crescimento. In: DRUCKER, P. *Prática de administração de empresas*. São Paulo: Pioneira, 1981.

14. DRUCKER, 1981.

15. LEONE, 1991.

16. LEONE, 1999.

17. NADLER, D. A.; TUSHMAN, M. L. Projetos de organização com boa adequação. In: NADLER, D. A. et al. *Arquitetura organizacional*. Rio de Janeiro: Campus, 1994.

18. Adaptado de NADLER, D.; TUSHMAN, M. L. A diagnostic model for organizational behavior. In: HACKMAN, R. J.; LAWLER III, E. E.; PORTER, L. W. *Perspectives on behavior in organization*. New York: McGraw-Hill, 1977.

19. TERENCE, A. C. *Planejamento estratégico como ferramenta de competitividade na pequena empresa*. 2002. Dissertação (Mestrado) – Programa de Pós-Graduação em Engenharia de Produção, EESC-USP.

20. CÊRA, K. *Gestão da informação sobre o ambiente externo na pequena empresa:* estudo comparativo de casos sobre o processo estratégico no setor de serviços (hoteleiro) da região de Brotas, SP. 2003. Texto de Qualificação (Mestrado) – Escola de Engenharia de São Carlos, Universidade de São Paulo, São Carlos.

21. TERENCE, 2002.

22. MATTAR, F. N. Os motivos que levam as pequenas empresas à morte. *Folha de S. Paulo*, 2. nov. 1988.

23. GONÇALVES, A.; KOPROWSKI, S. O. *Pequenas empresas no Brasil*. São Paulo: Imprensa Oficial do Estado/Editora da Universidade de São Paulo, 1995. MORAIS, E. F. C. (Coord.). *Inteligência competitiva:* estratégias para pequenas empresas. Brasília: GH Comunicação Gráfica, 1999.

24. TEIXEIRA, 1981.

25. TEIXEIRA, 1981.

26. FARAH, O. E. *Sobrevivência organizacional das micro, pequenas e médias indústrias na região de São Carlos e Araraquara* (uma aplicação das Teorias do Nicho). 1985. Tese (Doutorado) – Faculdade de Economia e Administração, Departamento de Administração, Universidade de São Paulo, São Paulo.

27. CÊRA, 2003.

28. TEIXEIRA, 1981.

29. TEIXEIRA, 1981.

30. CÊRA, 2003.

31. CÊRA, 2003.

32. TEIXEIRA, 1981.

33. TEIXEIRA, 1981. (Adaptado de CAMPBELL, 1970).

34. FILION, L. J. Diferenças entre sistemas gerenciais de empreendedores e operadores de pequenos negócios. *Revista de Administração de Empresas,* São Paulo, v. 39, n. 4, p. 6-20, out./dez.

35. FILION, 1999.

36. WHEELEN, T. L.; HUNGER, J. H. Strategic issues in entreprenurial ventures and small business. In: *Cases in strategic management.* 4th. ed. Reading: Addison-Wesley, 1993.

37. FARAH, 1985.

38. CÊRA, 2003.

A tensão administrativa: a visão de Guerreiro Ramos

Kristiane Cêra Carvalho
Edmundo Escrivão Filho

Introdução

Na conclusão deste livro sobre o trabalho administrativo, acredita-se na grande importância de considerar as idéias de Alberto Guerreiro Ramos, que não estuda o trabalho do administrador a partir do que ele faz dentro de uma organização, mas a razão que o leva a considerar meios e fins, a ética e os valores que estão por detrás de suas ações. Para isso, o autor recorre à concepção weberiana de burocracia, partindo dos conceitos de racionalidade e ética.

Guerreiro Ramos, no segundo capítulo de seu livro *Administração e Contexto Brasileiro: Esboço de Uma Teoria Geral da Administração*, de 1983[1], expõe a necessidade de reformulação de alguns temas da Teoria das Organizações, um dos quais diz respeito ao conceito de ação administrativa.

O autor inicia o texto com uma crítica ao Movimento das Relações Humanas, no sentido de que, mesmo tendo ampliado as fronteiras da Teoria Administrativa de modo positivo, a partir do momento em que despertou interesse para problemas até então ignorados, se apresentava, segundo ele, o perigo de que estas idéias "pudessem legitimar o empolgamento pela organização de áreas da existência humana que, do ponto de vista ético, não lhe pertencem"[2]. "Muito do chamado movimento das 'relações humanas' perdeu validade, porque não atentou para os limites da ação administrativa que, em 1938, Barnard tinha já claramente delimitado"[3]. Barnard explicou que a racionalidade da organização não se confunde com a racionalidade em geral.

Guerreiro Ramos acreditava, portanto, na validade do "pressuposto de que os estatutos normativos do trabalho não se podem confundir com os estatutos normativos da vida humana em geral, embora uns e outros se relacionem"[4]. Dessa maneira, releva a importância de se atentar para os limites da ação organizacional.

O autor torna evidente também que eficiência e produtividade são fenômenos mais complexos do que a teoria tradicional supunha e que os problemas referentes ao equilíbrio entre personalidade e organização passaram a ser salientados. Dessa forma, a administração se tornou sensível a aspectos do comportamento humano, como poder e alienação, que, segundo o autor, também exigem reorientação conceitual.

Assim, Guerreiro Ramos acredita que, para compreender a ação administrativa, é preciso compreender as duas racionalidades presentes: a funcional – da organização – e a substantiva – do indivíduo. O conhecimento de outros dois conceitos, ética da responsabilidade e ética do valor absoluto ou da convicção, é também, na visão dele, necessário para uma satisfatória definição de ação administrativa.

Biografia e Obra

Guerreiro Ramos formou-se na primeira turma do curso de Ciências Sociais da Faculdade Nacional de Filosofia, da então Universidade do Brasil. Em 1946 publicou um dos primeiros artigos escritos no Brasil sobre a obra de Max Weber, um texto sobre W. I. Thomas, da escola de Chicago, e, em 1947, o necrológio de Karl Mannheim. A partir de 1952 foi professor de Sociologia da Escola Brasileira de Administração Pública da Fundação Getúlio Vargas[5].

O autor produziu suas obras no clima intelectual dos anos 50 e 60; seu trabalho se insere nas propostas e interpretações concernentes aos contextos nacional e internacional daquela época; procurou responder às questões morais e sociais postas pelo seu tempo; e enfrentou dilemas que a intelectualidade ainda hoje procura responder. Guerreiro Ramos, autodidata, fugiu de qualquer padrão aceito na época; utilizava autores e textos de acordo com a questão que lhe interessava naquele momento[6], transcendendo, mesmo em sua erudição, qualquer bibliografia por ele citada[7].

No seu currículo constam onze livros publicados no Brasil e três no México, diversas conferências em universidades brasileiras e estrangeiras e participação na XVI Assembléia Geral da ONU, como delegado do Brasil. Decidindo-se por participar politicamente da vida nacional, Guerreiro Ramos elegeu-se deputado federal, mandato que exerceu até ser cassado pelo regime militar em 1965. Depois disso, retornou à Fundação Getúlio Vargas, à qual permaneceu vinculado até 1971[8].

É importante declarar que as propostas do autor tiveram maior aceitação nas escolas de Administração no Brasil. A Sociologia proposta e praticada por ele pressupunha um saber sobre a sociedade brasileira com objetivos eminentemente práticos, e, como conseqüência, o campo da Administração ganha densidade exatamente por ser uma ciência social aplicada. Desde sua obra *Introdução Crítica à Sociologia Brasileira*, de 1957, o estudioso critica a crença na eficácia imanente das teorias e instituições importadas[9].

Dos anos 70 data uma obra ambiciosa: *A Nova Ciência das Organizações: Uma Reconceituação da Riqueza das Nações*[10], na qual o autor critica a ciência social moderna, fundada apenas na racionalidade instrumental e na lógica utilitária do mercado. A nova ciência que o autor propõe delimita o lugar do mercado de modo que outros enclaves sociais possam se desenvolver e lança as bases da teoria da delimitação dos sistemas sociais[11].

O trabalho intelectual de Guerreiro Ramos visava sempre a um objetivo a curto prazo, tentando juntar um pensamento que fosse ao mesmo tempo acadêmico e erudito e uma arma de ação política e de poder. Talvez Guerreiro Ramos fique na história das ciências sociais brasileiras principalmente como debatedor, crítico, motivador e criador de um sentido de compromisso e responsabilidade social sem o qual não é possível desenvolver nenhuma ciência social que tenha algum valor[12].

Contextualização da Obra

Nos primeiros tempos da ditadura militar, em 1965, Guerreiro Ramos foi destituído da representação parlamentar e retornou à Fundação Getúlio Vargas como professor da Escola Brasileira de Administração Pública. Nesse ano, escreveu *Administração e Estratégia de Desenvolvimento: Elementos de Uma Sociologia Especial da Administração*, obra publicada em 1966 e reeditada em 1983 sob o título *Administração e Contexto Brasileiro: Esboço de Uma Teoria Geral da Administração*[13].

Em 1966, sentindo-se sem condições de continuar sua produção intelectual no Brasil e pressionado pelas forças ditatoriais do momento sócio-político governamental, transferiu-se para a University of Southern Califórnia, onde se tornou professor do programa de doutorado em Administração Pública[14].

Ação Social

Guerreiro Ramos considera de grande importância a distinção entre os dois tipos de racionalidade[15] e, para isso, recorre aos conceitos weberianos de burocracia, partindo da tipologia de ação social de Max Weber.

A fim de compreender os tipos de ação social, é importante observar que, em seus estudos, Weber tinha por objetivo entender de modo interpretativo as ações orientadas por um sentido. "Sentido", para o autor, é o sentido subjetivamente visado e não o sentido objetivamente válido. Assim, não se trata de um sentido objetivamente "correto" ou de um sentido "verdadeiro".

A ação social, como toda ação, pode ser determinada: 1. de modo racional referente a fins: por expectativas quanto ao comportamento de objetos do mundo exterior e de outras pessoas, utilizando essas expectativas como "condições" ou "meios" para alcançar fins próprios, ponderados e perseguidos racionalmente; 2. de modo racional referente a valores: pela crença consciente no valor – ético, estético, religioso ou qualquer outra forma – absoluto e inerente a determinado comportamento como tal, independentemente do resultado; 3. de modo afetivo, especialmente emocional: por afetos ou estados emocionais atuais e 4. de modo tradicional: por costume arraigado[16].

Os dois primeiros tipos de ação social são racionais e os dois últimos são considerados não-racionais, sendo nula ou escassa a avaliação sistemática das conseqüências das ações tradicional e afetiva[17].

Tipo ideal

Max Weber utiliza cada um dos tipos de ação social partindo de "tipos-ideais", como conceitos metodológicos para a compreensão da realidade.

A palavra "ideal" não expressa nenhum juízo de valor, isto é, que um seja melhor ou mais apropriado do que outro. A construção do "tipo-ideal" trabalha com algumas dimensões de um fenômeno social e procura caracterizar essas dimensões no extremo de seu entendimento[18]; portanto, só muito raramente a ação se orienta exclusivamente para uma ou outra dessas maneiras. Esses modos de orientação de forma nenhuma representam uma classificação completa de todos os tipos possíveis de orientação, senão tipos conceitualmente puros, criados para fins de estudo, dos quais a ação real se aproxima mais ou menos ou – ainda mais freqüentemente – ela se compõe[19].

Ao identificar os tipos ideais, Weber ajudou a compreender os aparatos ideológicos que perpetuam e justificam a racionalidade do capitalismo, levantando o véu que encobria as relações e comportamentos dos indivíduos no interior das organizações[20].

As duas racionalidades

Guerreiro Ramos quer debater o significado do termo "razão". Segundo o autor, a "razão moderna" é, pela primeira vez, sistematicamente articulada nos trabalhos de Hobbes como sendo resultado do cálculo utilitário de conseqüências. Dessa maneira, Guerreiro Ramos afirma que a racionalidade que alguns defendem é, na realidade, a distorção de um conceito-chave da vida individual e associada. E esse conceito de racionalidade, distorcido, é usado para legitimar a sociedade capitalista[21].

A partir daí, retoma as críticas de alguns estudiosos em relação à "razão moderna", tais como Max Weber, Karl Mannheim, Horkheimer e Habermas (estes dois últimos da Escola de Frankfurt) e Eric Voegelin, e explica que esses autores concordam em que, na sociedade moderna, a racionalidade é interpretada como um atributo dos processos históricos e sociais, e não como força da psique humana. Apesar de todos eles serem críticos da "razão moderna", somente Voegelin sustenta que ela exprime uma experiência deformada da realidade[22].

Dessa maneira, há necessidade de restabelecer o papel da razão como uma categoria de ética, como elemento de referência de uma teoria crítica da sociedade, porque a razão é o conceito básico de qualquer ciência da sociedade e das organizações e é ela que prescreve como os seres humanos deveriam ordenar sua vida pessoal e social[23].

Para Guerreiro Ramos é preciso, portanto, compreender o caráter precário dos principais pressupostos da moderna ciência social (e, conseqüentemente, da ciência organizacional), como o da redução do ser humano a um ser capaz apenas do cálculo utilitário de conseqüências, fazendo do mercado o modelo segundo o qual deva ele organizar sua vida associada.

A partir disso, o autor faz uma crítica à influência da razão moderna sobre a teoria da organização.

> *A teoria da organização, tal como tem prevalecido, é ingênua. Assume esse caráter porque se baseia na racionalidade instrumental inerente à ciência social dominante no Ocidente. Na realidade, até agora essa ingenuidade tem sido o fator fundamental de seu sucesso prático. Todavia, cumpre reconhecer agora que esse sucesso tem sido unidimensional e (...) exerce um pacto desconfigurador sobre a vida humana associada[24].*

Para Guerreiro Ramos, nas sociedades capitalistas, em que se tentou criar um tipo nunca visto de vida humana associada, ordenada e sancionada pelos processos auto-reguladores do mercado, o indivíduo ganhou ilusoriamente melhora material em sua vida e perdeu, em contrapartida, o senso pessoal de auto-orientação. A isenção do mercado da regulação política deu origem a um tipo de vida humana associada, ordenada pela interação dos interesses individuais (para autopreservação), ou seja, uma sociedade em que o puro cálculo das conseqüências (ação com respeito a fins) substituiu o senso comum do ser humano[25].

O estudioso defende que a teoria da organização atual que legitima a ilimitada intrusão do sistema de mercado na vida humana é teoricamente incapaz de oferecer diretrizes para a criação de espaços sociais em que os indivíduos possam participar de relações verdadeiramente gratificantes[26].

Guerreiro Ramos quis ir além na desmontagem crítica e histórica da razão instrumental: almejou, sim, construir um modelo de sistemas sociais delimitados com base na razão substantiva[27]. Em *A Nova Ciência das Organizações*, o autor pretendeu articular as bases de uma teoria substantiva da vida humana associada[28], substituindo, no estudo dos sistemas sociais, a visão unidimensional por uma multidimensional. O autor justifica que o enfoque unidimensional tem no mercado o predicado principal para ordenar os negócios pessoais e sociais[29].

> *O ponto central desse modelo multidimensional é a noção de delimitação organizacional, que envolve: a) uma visão da sociedade como sendo*

constituída de uma variedade de enclaves (dos quais o mercado é apenas um), onde o homem se empenha em tipos nitidamente diferentes, embora verdadeiramente integrativos, de atividades substantivas; b) um sistema de governo social capaz de formular e implementar políticas e decisões distributivas requeridas para a promoção do tipo ótimo de transações entre os enclaves sociais[30].

Com isso, fica claro que Guerreiro Ramos utilizou a concepção de burocracia de Weber, que a descreve como empenhada em funções racionais, no contexto peculiar de uma sociedade capitalista centrada no mercado, cuja racionalidade é funcional e não substantiva – constituindo esta última um componente intrínseco do ator humano[31]. Dessa forma, o autor admitiu a existência das duas racionalidades e tenta compreender a ação organizacional a partir da relação entre as duas éticas.

Ação racional com relação a fins

Max Weber explica que o indivíduo que orienta sua ação pelos fins, meios e conseqüências secundárias age de maneira racional com relação a fins, ponderando racionalmente tanto os meios em relação às conseqüências secundárias, como os diferentes fins possíveis entre si; ou seja, o indivíduo não age nem de modo afetivo nem de modo tradicional[32].

A ação racional com relação a fins é baseada na racionalidade instrumental ou funcional. Atos ou indivíduos são funcionalmente racionais quando, articulados ou relacionados com outros atos ou indivíduos, contribuem para a consecução de um objetivo predeterminado. Na racionalidade funcional não se mede propriamente a qualidade intrínseca das ações, mas a sua maior ou menor concorrência, entre outras, para atingir um fim preestabelecido, independentemente do conteúdo que elas possam ter[33].

Guerreiro Ramos afirma que, na sociedade capitalista, prevalecem as organizações em praticamente todas as atividades humanas, e elas agem segundo critérios próprios; trata-se de uma ação finalística, voltada para a consecução de objetivos com vistas a conquistar e manter uma parte do mercado. Assim, de acordo com ele, em uma sociedade onde as organizações se apresentam como porta-vozes do mercado, e este perde os seus limites para confundir-se com aquelas, a moral e a razão vigentes nas organizações são as da produção, ditadas segundo a conveniência do mercado[34].

Guerreiro Ramos tinha, portanto, uma visão instrumental da burocracia: ela era vista como um requisito funcional para a consolidação da sociedade industrial e era um instrumento nas mãos dos grupos, ou nas mãos de quem detinha o controle dos sistemas sociais, para a projeção de determinados objetivos essencialmente políticos e sociais[35].

Considera-se, portanto, que a burocracia é sempre um sistema de dominação, hierárquico, que reivindica para si o monopólio da racionalidade; é uma organização que confere àqueles que a controlam uma grande parcela de poder. A fonte de legitimidade da organização está no poder racional-legal, tendo como único critério de eficiência a racionalidade instrumental[36].

O autor assevera ainda que a racionalidade apregoada pela tecnologia e pela indústria, quando entregue a um processo cego, é a que submete o homem a critérios funcionais, antes que libertadores, de entendimento e compreensão. Para Mannheim, a racionalidade instrumental imposta pelas sociedades industriais exerce efeito paralisante sobre a capacidade média de valoração e entendimento, à luz da racionalidade substantiva[37].

Dessa maneira, ao contrário do que muitos estudiosos acreditavam, é preciso compreender que do "lado de fora" da organização também existe racionalidade. Um passo importante para reconhecer isso é distinguir os espaços existenciais humanos a partir da diferenciação dos tipos de racionalidade. Esta distinção deve ser feita, pois do ponto de vista da racionalidade com relação a fins, a racionalidade com relação a valores terá sempre caráter irracional[38].

Ação racional com relação a valores

Ação puramente racional com relação a valores é a de quem, desconsiderando as conseqüências previsíveis, age segundo sua convicção sobre o que parecem impor-lhe o dever, a dignidade, a beleza, as diretivas religiosas, a piedade ou a importância de uma "causa" de qualquer natureza. A ação racional com relação a valores é uma ação segundo "mandamentos" ou de acordo com "exigências" que o agente crê voltados para ele[39].

A ação racional com relação a valores é baseada na racionalidade substantiva ou substancial. A ação afetiva e a ação racional com relação a valores diferenciam-se uma da outra pela elaboração consciente dos fins últimos da ação e pela orientação conseqüente e planejada com referência a estes, no caso da última. Os dois tipos de ação têm em comum que o sentido da ação não está, para elas, no resultado que a transcende, mas sim na própria ação em sua peculiaridade[40].

A razão racional no tocante aos valores é portadora de forte consciência sistemática de sua intencionalidade, pois é ditada pelo mérito intrínseco dos valores que a inspiram[41].

Guerreiro Ramos, em artigo sobre os modelos de homem, argumenta que aqueles que defendem a integração indivíduo/organização omitem o dúplice caráter básico da racionalidade. Existe, de fato, segundo ele, uma racionalidade cujos padrões nada têm a ver com comportamento administrativo. É a racionalidade substantiva (Karl Mannheim) ou noética (Eric Voegelin): um atributo intrínseco do indivíduo como ser racional, e nunca pode ser vista como pertinente a qualquer organização. Ela não está necessariamente relacionada com a coordenação de meios e fins, do ponto de vista da eficiência. Essa racionalidade decorre dos imperativos imanentes da própria razão, entendida como faculdade específica do homem e que exclui a obediência cega às exigências de eficiência[42].

Karl Mannheim explica que a ação substancialmente racional é todo ato intrinsecamente inteligente, fundamentado num conhecimento lúcido e autônomo de relação entre fatos. É um ato que atesta a transcendência do ser humano, sua qualidade de criatura dotada de razão. A racionalidade substancial é, segundo o autor, estreitamente relacionada com a preocupação em resguardar a liberdade[43].

De acordo com Max Weber, a ação humana se orienta por tais valores em grau muito diverso e na maioria dos casos bastante modesto[44].

Problemas Éticos da Organização

Guerreiro Ramos relaciona a racionalidade referida a fins com a ética da responsabilidade e a racionalidade referida a valores com a ética do valor absoluto. A consideração de que o indivíduo da ação substancial observa formalmente uma ética (a do valor absoluto ou da convicção) se faz necessária porque, segundo ele, nem Max Weber, nem Mannheim focalizaram sistematicamente o problema ético da racionalidade substancial[45].

O autor questiona, porém, se as duas éticas seriam necessariamente antagônicas. Ele explica, portanto, que, no tocante à organização, pode-se admitir congruência entre ambas, na medida em que as qualificações e a natureza do trabalho se coadunem com os valores do indivíduo. "As relações entre as duas éticas se explicam menos pela dialética da contradição do que mediante a dialética da ambigüidade, tanto no domínio propriamente da organização como no da sociedade global. Conseqüentemente, a não ser em casos extraordinários, nenhum indivíduo organiza a sua conduta sob a espécie exclusiva de nenhuma das duas éticas"[46].

No entanto, Guerreiro Ramos diz que, no âmbito da organização, o homem se vê envolvido em situações conflitantes, pois, ao mesmo tempo em que é exigida dele uma conduta auto-racionalizadora, como indivíduo ele está orientado por seus valores e pela sua concepção de mundo. Como demonstrou o estudo de Whyte, não é possível harmonizar perfeitamente os valores do indivíduo com a organização[47]. Assim, nas situações organizacionais, o indivíduo se encontra normalmente em tensão[48].

Tensão entre as Duas Éticas

Guerreiro Ramos afirma que, infalivelmente, a existência dos dois tipos de ética no campo da administração suscita problemas. O autor assegura que é necessário um mínimo de consenso social para que a tensão entre as duas éticas se mantenha num grau que permita às organizações operarem segundo suas expectativas de produtividade e eficácia. Entretanto, ele atenta para o fato de que a tensão entre as duas éticas varia segundo os tipos de organização[49].

Dessa maneira, o grau dessa tensão pode ser mais ou menos deteriorante para o indivíduo conforme as qualificações estruturais da organização. Para discutir isso, ele utiliza o estudo de Amitai Etzioni, que classifica as organizações segundo uma tipologia da estrutura de consentimento[50]. Ele explica que o consentimento do tipo coercitivo-alienativo é certamente aquele que mais frustra o indivíduo em seus desejos e ideais. O conceito de alienação, como um aspecto do poder, pode, segundo Guerreiro Ramos, esclarecer a questão da tensão existente entre as duas éticas presentes em todo comportamento administrativo[51].

Etzioni afirma que é na área do controle da organização, mais do que em outra qualquer, que mais se evidencia a tensão entre as necessidades da organização e as do participante. Assim, o sucesso de uma organização depende, em grande parte, de sua capacidade de manter o controle dos participantes[52].

As organizações, como unidades sociais com finalidades específicas, são unidades sociais artificiais: são planejadas e deliberadamente estruturadas, revêem constante e autoconscientemente suas realizações e se reestruturam de acordo com os resultados[53]. Os meios de controle aplicados por uma organização podem ser elencados analiticamente em três categorias: física (poder coercitivo), material (poder utilitário) ou simbólica (poder normativo, normativo-social ou social). A aplicação de meios simbólicos de controle tende a convencer as pessoas; a de meios materiais, a criar interesses ego-orientados para o conformismo; e a de meios físicos, a forçá-los a obedecer[54].

Guerreiro Ramos justifica que a tensão entre as duas éticas não se verifica em intensidade uniforme nesses três tipos de organização: pode-se dizer que é mínima nas organizações normativas e máxima nas organizações coercitivas. Nas coercitivas, a ética da convicção de cada indivíduo está em conflito radical com a organização. Nas normativas, verifica-se maior grau de integração das convicções e dos deveres e funções organizacionais.

No entanto, Guerreiro Ramos adverte que não é possível uma estruturação totalmente não alienativa do consentimento. Assim, o autor acredita que o problema do equilíbrio entre a pessoa e a organização tem de ser solucionado em consonância com a contribuição dos dois tipos weberianos de ética.

Para Guerreiro Ramos, a ética da responsabilidade deve ser contemplada como categoria da teoria administrativa, pois tem papel significativo no ajustamento do indivíduo à organização. Segundo o autor, a ética da responsabilidade faz parte de toda ação administrativa. Os que a adotam se acham presos a um compromisso, a um dever: o de auto-racionalizarem a sua conduta – mediante o autodomínio dos impulsos, das preferências e até das crenças e ideologias –, tornando-a parte funcionalmente racional da ação administrativa[55].

Mesmo considerando que a ética da responsabilidade é vivência habitual de quem quer que tenha alguma função na organização, o autor coloca a importância de um ajustamento do trabalhador à sua tarefa, de modo que haja uma procura pelos termos sociais adequados ao cumprimento de sua ética de convicção. E é assim, segundo ele, que "aparece a tensão entre a racionalidade funcional da organização e a racionalidade substancial a que todo ser humano tem não só direito, mas também o dever de aspirar por exigência de acabamento de sua personalidade"[56].

A tensão entre as duas éticas pode ser mais ou menos forte, também, segundo características singulares da personalidade. "Fatos numerosos demonstram que certas personalidades, em determinadas situações, revelam-se inaptas, ou, por assim dizer, refratárias à racionalidade funcional da organização"[57]. Corroborando esse ponto de vista, Escrivão Filho declara que "aquelas pessoas que prezam em resguardar seus valores de liberdade e autonomia têm grande dificuldade em permanecer em organizações"[58].

Guerreiro Ramos acredita que a ação administrativa analisada a partir da dualidade "ética da responsabilidade-ética da convicção" toca diretamente em aspectos relevantes do trabalho que ficam subentendidos, segundo ele, na maioria das pesquisas sobre as relações entre o indivíduo e a organização[59].

Descrição de Guerreiro Ramos sobre o "Trabalho do Administrador"

Guerreiro Ramos define a ação administrativa como "modalidade de ação social, dotada de racionalidade funcional e que supõe estejam os seus agentes, enquanto a exercem, sob a vigência predominante da ética da responsabilidade"[60].

Assim, ele admite que a razão da ação administrativa não é a razão entendida como faculdade humana transcendente. A razão organizacional é a eficácia, isto é, a operação produtiva de uma combinação de recursos e meios com vistas a atingir objetivos predeterminados. Dessa maneira, o autor explica que uma organização pode satisfazer as exigências da racionalidade funcional e, no entanto, não ser satisfatória à luz de critérios racionais transcendentes.

Portanto, é erro pedir que a organização seja o que jamais poderia ser, por constituição, isto é, não se pode alcançar harmonia perfeita dos indivíduos com as condições de trabalho. Trata-se de uma questão de medida: com o progresso histórico-social, a organização e a ação administrativa tentam conciliar a eficiência com a racionalidade substancial[61].

Dessa maneira, segundo Guerreiro Ramos, deve-se considerar que a organização não ocupa e jamais ocupará todo espaço existencial humano; corresponde a ela o espaço existencial em que predomina a ética da responsabilidade. Por conta disso, a adaptação da pessoa à organização acontece mediante um empenho de auto-racionalização da conduta, de autolimitação e autodomínio[62], em detrimento do livre-arbítrio, da liberdade de escolha como ser pensante.

O autor acredita, portanto, na importância de redefinir a natureza da ação administrativa partindo da delimitação da área de sua presença no espaço existencial humano.

Considerações Finais

Guerreiro Ramos finaliza o segundo capítulo do livro *Administração e Contexto Brasileiro: Esboço de Uma Teoria Geral da Administração* revendo três assuntos importantes para a definição da ação administrativa. O primeiro é a delimitação do âmbito específico da organização e do espaço existencial humano que corresponde a ela. O segundo é a acurada avaliação do papel de fatores éticos no condicionamento da eficiência e da produtividade. E o terceiro é a inclusão do ambiente externo como elemento da organização.

O autor reitera que ao mundo da organização correspondem a racionalidade funcional e a ética da responsabilidade que se distinguem da racionalidade substancial e da ética do valor absoluto. A organização não deve, portanto, se "empolgar" por áreas da existência humana que não dizem respeito a ela. Assim, é preciso reconhecer a dualidade de espaços existenciais, da pessoa e da organização.

A ação, qualquer que seja, implica uma questão ética e, portanto, uma ação administrativa é esperada como um tipo de ação que atenda aos imperativos sociais de existência das organizações e, ao mesmo tempo, permita às pessoas, que agem em seu nome, opção por existência substantiva[63].

No entanto, deve-se atentar ao fato de que – considerando a tensão existente entre as duas éticas, isto é, entre a organização e a pessoa – a racionalidade substantiva da pessoa (racionalidade liberdade-felicidade) se encontra em constante choque com a instrumental do administrador (racionalidade técnica-econômica), que age em nome da organização.

Assim se compreende que o administrador lida com essa tensão constante entre os objetivos organizacionais e seus valores como ser humano, entre a busca da eficiência e a busca da felicidade.

> *(...) tensão entre leis universais e relações pessoais. O que me parece básico não é somente a existência da dualidade entre a informalidade da* casa *e a violência e formalidade que marcam o espaço da* rua; *mas precisamente a complementaridade entre esses dois planos da experiência social. Todos os sistemas têm essa tensão. (...) Não somos um povo que escolheu uma*

lógica para nortear sua vida social. Em vez de sermos dominados pelo mercado e pelas leis universais, complementamos isso com elos de família, amizade e compadrio, temperando a dureza das carências econômicas e mesmo da exploração do trabalho com a ética da hospitalidade, da comida e dos abraços comovidos. Estamos divididos entre a lógica que diz "cada homem vale pelo que produz" e a esperança que afirma ser cada homem uma pessoa digna de compaixão[64].

Questões

1. De acordo com a tipologia de ação social de Max Weber, quais são as duas racionalidades existentes?

2. Quais são as duas éticas relacionadas às diferentes racionalidades, segundo Guerreiro Ramos?

3. Guerreiro Ramos afirma que as duas éticas não são antagônicas; na organização pode-se admitir congruência entre ambas, na medida em que as qualificações e a natureza do trabalho se coadunem com os valores do indivíduo. Qual o conflito que nasce da convivência entre as duas éticas?

4. Guerreiro Ramos utiliza a tipologia de Amitai Etzioni para explicar que o grau de tensão entre as duas éticas varia segundo os tipos de organização. Essa tensão pode ser mais ou menos forte, também, segundo características singulares da personalidade. Explique.

5. É possível haver harmonia completa entre os valores do indivíduo e os valores da organização?

6. Explique a definição de ação administrativa de Guerreiro Ramos. Por que a racionalidade da ação administrativa é diferente da racionalidade do indivíduo em geral? Como acontece a "adaptação" da pessoa à organização?

7. Por que, segundo Guerreiro Ramos, a organização não deve "invadir" áreas da existência humana que não dizem respeito a ela e sim reconhecer a dualidade de espaços existenciais, da pessoa e da organização? Você concorda com isso?

8. O que se espera da ação administrativa no que tange à ética? O que isso significa na prática?

9. Por que o administrador deve lidar constantemente com a tensão entre os objetivos organizacionais e seus valores como ser humano? Quando o conflito acontece?

Estudo de Caso

Joana é o que se pode chamar de verdadeira empreendedora. De família muito católica do interior de Minas Gerais, no final de década de 1970 ingressou no curso de Engenharia Eletrônica na USP, São Carlos, um espaço reservadamente masculino. Durante sua graduação fez um intercâmbio cultural nos Estados Unidos, o que era raro na época e somente no início do novo século se tornaria mais comum.

Durante a graduação fez um estágio tipicamente "exótico" do ponto de vista de seus colegas: no Hospital das Clínicas de Ribeirão Preto. Ao término da graduação estava decidida a retornar aos Estados Unidos para fazer seu mestrado. Sua incansável luta a levou ao MIT, um dos mais prestigiados centros tecnológicos do mundo, onde pesquisou uma nova aplicação de um diagnóstico médico.

De volta a São Carlos, imediatamente ingressou no doutorado na Física, USP, e com as atividades de fundação da incubadora de empresas de base tecnológica (ParqTec) sua tese foi o plano para abrir sua própria empresa. A partir de aparelhos e tecnologia importada, Joana se propôs a fabricar um produto semelhante, de menor custo, mais apropriado às necessidades dos médicos brasileiros e com melhor assistência técnica.

Os cinco anos seguintes foram muito difíceis, mas de rápido crescimento. Em 1989, a empresa tinha 83 funcionários e disputava mercado com duas corporações internacionais. Certa de sua intenção de produzir um produto genuinamente brasileiro, Joana apresentou um pedido de financiamento em um banco.

A diretoria do banco, após análise de viabilidade técnica do produto, manifestou admiração pela oportunidade da idéia, mas exigiu algumas medidas para liberação do financiamento, entre elas: o aumento da produtividade com a dispensa de funcionários e a nomeação de um presidente e de um diretor financeiro. O parecer sugeria certa falta de competência administrativa de Joana.

Indignada com o parecer e decidida a não aceitá-lo, Joana exigiu uma reunião com a diretoria do banco e a presença dos técnicos que emitiram o parecer. Diante deles, rasgou o parecer e o jogou em cima da mesa. Num discurso inflamado, Joana destacou sua fé em Deus e em seus colaboradores de primeiro momento de empresa. Afirmou precisar do financiamento e que tinha absoluta certeza do êxito da inovação e do sucesso do produto e, acima de tudo, tinha lucidez de que quem dirige a empresa é ela.

Questão para discussão sobre o estudo de caso

1. Analise o estudo de caso e explique esse conflito entre Joana e a diretoria do banco.

Notas

1. RAMOS, A. G. *Administração e contexto brasileiro:* esboço de uma teoria geral da administração. Rio de Janeiro: Fundação Getúlio Vargas, 1983.

2. RAMOS, 1983. p. 36.

3. RAMOS, 1983. p. 37.

4. RAMOS, 1983. p. 36.

5. COSTA, F. L. D. da. Lembrança de Guerreiro. *Revista de Administração Pública,* Rio de Janeiro, v. 31, n. 5, p. 17-23, set.-out. 1997.

6. OLIVEIRA, L. L. Guerreiro ontem, Guerreiro hoje. *Revista de Administração Pública,* Rio de Janeiro, v. 31, n. 5, p. 9-14, set.-out. 1997.

7. TENÓRIO, F. G. Superando a ingenuidade: minha dívida a Guerreiro Ramos. *Revista de Administração Pública,* Rio de Janeiro, v. 31, n. 5, p. 29-44, set.-out. 1997.

8. MELLO, D. L. de. Alberto Guerreiro Ramos. *Revista de Administração Pública,* Rio de Janeiro, v. 31, n. 5, p. 15-16, set.-out. 1997.

9. OLIVEIRA, 1997.

10. RAMOS, A. G. *A nova ciência das organizações:* uma reconceituação da riqueza das nações. Rio de Janeiro: Editora da Fundação Getúlio Vargas, 1981.

11. COSTA, 1997.

12. SCHWARTZMAN, S. Painel sobre a "Contribuição de Guerreiro Ramos para a Sociologia Brasileira". *Revista de Administração Pública,* Rio de Janeiro, v. 17, n. 2, p. 30-34.

13. COSTA, 1997.

14. COSTA, 1997.

15. RAMOS, 1983.

16. WEBER, M. *Economia e sociedade:* fundamentos da sociologia compreensiva. Brasília: UNB, 1991. v. 1, p. 15.

17. RAMOS, 1983.

18. ESCRIVÃO FILHO, E. *A natureza do trabalho do executivo.* 1995. Tese (Doutorado) – Engenharia de Produção, UFSC, Florianópolis.

19. WEBER, 1991.

20. MORAES, L. F. R.; MAESTRO FILHO, A. D.; DIAS, D. V. O paradigma weberiano da ação social: um ensaio sobre a compreensão do sentido, a criação dos tipos ideais e suas aplicações na teoria organizacional. *Revista de Administração Contemporânea,* v. 7, n. 2, p. 57-71, abr.-jun. 2003.

21. RAMOS, 1981.

22. RAMOS, 1981.

23. RAMOS, 1981.

24. RAMOS, 1981. p. 1.

25. RAMOS, 1981.

26. RAMOS, 1981.

27. BOEIRA, S. L. Ecologia política: Guerreiro Ramos e Fritjof Capra. *Ambiente e Sociedade,* Campinas, n. 10, jan./jun. 2002.

28. FRANÇA, C. Painel sobre a "Contribuição de Guerreiro Ramos para a Sociologia Brasileira". *Revista de Administração Pública,* Rio de Janeiro, v. 17, n. 2, p. 35-62, abr.-jun. 1983.

29. TENÓRIO, 1997.

30. RAMOS, 1981. p. 140.

31. RAMOS, 1981.

32. WEBER, 1991.

33. MANNHEIM, K. *O homem e a sociedade.* Rio de Janeiro: Zahar Editores, 1962.

34. RAMOS, 1983.

35. FRANÇA, 1983.

36. MOTTA, F. C. P.; BRESSER-PEREIRA, L. C. *Introdução à organização burocrática.* São Paulo: Pioneira Thomson Learning, 2004.

37. MANNHEIM, 1962.

38. WEBER, 1991.

39. WEBER, 1991.

40. WEBER, 1991.

41. RAMOS, 1983.

42. RAMOS, A. G. Modelos de homem e teoria administrativa. *Revista de Administração Pública,* Rio de Janeiro, v. 18, n. 2, p. 3-12, abr.-jun. 1984.

43. MANNHEIM, 1962.

44. WEBER, 1991.

45. RAMOS, 1983.

46. RAMOS, 1983.

47. WHYTE, W. H. *The organization man.* Gardem City, New York, Doubleday, 1957. (Apud RAMOS, 1983).

48. RAMOS, 1983.

49. RAMOS, 1983.

50. ETZIONI, A. *Organizações modernas.* São Paulo: Pioneira, 1980.

51. RAMOS, 1983.

52. ETZIONI, 1980.

53. ETZIONI, 1980.

54. ETZIONI, 1980.

55. ETZIONI, 1980.

56. RAMOS, 1983. p. 44.

57. RAMOS, 1983. p. 47.

58. ESCRIVÃO FILHO, E. *Organização.* Artigo não publicado; s/p.

59. RAMOS, 1983.

60. RAMOS, 1983, p. 47.

61. RAMOS, 1983.

62. RAMOS, 1983.

63. RAMOS, 1983.

64. DaMATTA, R. *Explorações:* ensaios de sociologia interpretativa. Rio de Janeiro: Rocco, 1986. p. 136.

Organizadores e autores

Organizadores

Edmundo Escrivão Filho – Bacharel em Administração e Bacharel em Ciências Contábeis pela UNICEP (Centro Universitário Central Paulista de São Carlos-SP) e Engenheiro de Produção pela EESC-USP (Escola de Engenharia de São Carlos, da Universidade de São Paulo); Mestre em Administração pela PUC-SP (Pontifícia Universidade de São Paulo-SP) e Doutor em Engenharia de Produção pela UFSC (Universidade Federal de Santa Catarina). É professor do curso de graduação em Engenharia de Produção da EESC-USP. É professor, ex-Coordenador e atual Vice-Coordenador do Programa de Pós-Graduação em Engenharia de Produção da EESC-USP. É editor do livro "Gerenciamento na Construção Civil", publicado pela EESC-USP e pelo CNPq-REENGE (1998).

Sergio Perussi Filho – Mestre e Doutor em Engenharia de Produção pela Escola de Engenharia de São Carlos, da Universidade de São Paulo. *Master of Business Administration* (MBA) pela University of Pittsburgh, dos Estados Unidos. Engenheiro de Produção pela Universidade Federal de São Carlos (SP). Bacharel em Química, pelo Instituto de Física e Química de São Carlos, da Universidade de São Paulo. Experiência profissional na área financeira. Professor Universitário nas disciplinas de introdução à administração, estratégia empresarial, empreendedorismo e inovação tecnológica, em cursos de graduação e pós-graduação. Consultor de empresas, com experiência relevante no segmento de pequenas empresas. É consultor da Embrapa Instrumentação Agropecuária, em projeto conjunto Embrapa/BID para transferência de tecnologia via criação de novas empresas de base tecnológica agropecuária e de Grupo Empresarial que desenvolve projeto de criação de Parque Tecnológico na cidade de Sã Carlos-SP.

Autores

Alexandre Farias Albuquerque – É mestre em Engenharia de Produção pela Escola de Engenharia de São Carlos da Universidade de São Paulo (2004), possui graduação em Administração pela Universidade Federal de Mato Grosso do Sul – Campus de Três Lagoas (2000) e graduação em Ciências Econômicas - Faculdades Integradas Rui Barbosa (1992) Atualmente é professor assistente e pesquisador do Departamento de Ciências Sociais Aplicadas da Universidade Federal de Mato Grosso do Sul (CPTL). Tem experiência na área de Administração, atuando e pesquisando nos seguintes temas: administração geral, gestão de pequenas empresas de serviço e varejo, planejamento empresarial e gestão da informação.

Ana Cláudia Fernandes Terence – Graduada em Administração pela Universidade Estadual Paulista (UNESP), especialista em Administração Mercadológica pela Fundação Getúlio Vargas (FGV), mestre em Engenharia de Produção pela Universidade de São Paulo (USP) e doutoranda, também em Engenharia de Produção pela Universidade de São Paulo (USP). Professora universitária e pesquisadora da Universidade Estadual Paulista (UNESP). Possui experiência na área de Administração, atuando principalmente nos seguintes temas: estratégia empresarial e administração de pequenas empresas.

Ana Laura Wiethaus Bigaton – Graduada em Administração pela Universidade Federal de Santa Catarina (UFSC), mestre em Engenharia de Produção pela Escola de Engenharia de São Carlos, da Universidade de São Paulo (USP). Professora universitária e pesquisadora da Universidade Cruzeiro do Sul (Unicsul), nas áreas de pequenas empresas e marketing.

Antonio Luiz Tonissi Migliato – Graduado em Administração de Empresas pelo UNICEP, Centro Universitário Central Paulista, com mestrado em Engenharia de Produção pela Escola de Engenharia de São Carlos, Universidade de São Paulo (USP). Atuou como empresário responsável pelas áreas de planejamento e marketing por mais de 10 anos em pequenas empresas de vários setores como equipamentos de segurança, peças e equipamentos automotivos e alimentos industrializados. Atualmente exerce as funções de Coordenador e Professor do Curso de Graduação em Administração do Centro Universitário Central Paulista (UNICEP), ministrando disciplinas na área de Marketing, Teoria de Administração e Estratégia Empresarial. É também coordenador do Programa de Pós-graduação em Gestão de Marketing do UNICEP. É também professor da graduação e pós-graduação da PUC – Campinas.

Giseli Diniz de Almeida Moraes – Graduada em Tecnologia em Processamento de Dados pela Faculdade de Tecnologia de Taquaritinga/SP, FATEC e Mestre em Engenharia de Produção pela Escola de Engenharia de São Carlos, da Universidade de São Paulo (USP). Lecionou na Fafem – Faculdades da Fundação de Ensino de Mococa as disciplinas Administração da Produção e Teoria Geral da Administração. Áreas de atuação: Teoria Geral da Administração, Administração Geral, Administração da Informação, Tecnologia da Informação, Sistemas de Informação, Estratégia em Organizações, Planejamento Estratégico, Administração da Produção, e Administração de Pequenas e Médias Empresas.

Juliana Veiga Mendes – Doutora e Mestre em Engenharia pela Universidade de São Paulo - Escola de Engenharia de São Carlos (EESC-USP). Graduada em Engenheira de Produção de Materiais pela Universidade Federal de São Carlos (UFSCar). Realizou curso de Aperfeiçoamento em Computação (pós-graduação), no Instituto de Ciências Matemáticas de São Carlos, da Universidade de São Paulo. Atualmente atua como professora e pesquisadora da Escola de Engenharia da Universidade Presbiteriana Mackenzie, no curso de Engenharia de Produção.

Juliano Endrigo Sordan – Administrador de Empresas, com mestrado em engenharia de produção pela EESC-USP. Atua como docente em cursos de graduação e pós-graduação em diversas instituições do interior do Estado de São Paulo. É auditor líder (*lead assessor*) em sistemas de gestão da qualidade ISO 9000 e pesquisador do Instituto Fábrica do Milênio, na EESC-USP. Suas especialidades em ensino, pesquisa e prestação de serviços estão focadas nas áreas de administração da produção e operações, gestão da qualidade, gestão da mudança e melhoria organizacional, abordando temas como sistemas integrados de gestão (ISO 9000, ISO 14000, HACCP, etc.), auto-avaliação, sistemas de PCP, *supply chain* e logística, *benchmarking*, arquitetura organizacional e técnicas de produção enxuta e gestão da qualidade.

Karina Kühl de Lima – Bacharel em Ciências da Computação e Mestre em Engenharia de Produção, ambos pela Universidade de São Paulo – São Carlos. Experiência em análise e desenvolvimento de Sistemas de Informação voltados à Internet adquirida em empresas atuantes na área de Informática. Qualificações em Colaboração de Redes de Pesquisa, incluindo qualificações em comunicação e prática em aplicação de entrevistas, investigação e resolução de problemas. Experiência internacional adquirida em vivência de quatro meses no Reino Unido. Atualmente desenvolve trabalhos em Instituição Financeira Multinacional de Grande Porte, na divisão de Tecnologia e Operações na área de Gestão de Mudanças.

Kristiane Cêra Carvalho – Doutoranda em Engenharia da Produção na Escola de Engenharia de São Carlos – Universidade de São Paulo - EESC/USP. Mestre em Engenharia da Produção na Escola de Engenharia de São Carlos – Universidade de São Paulo - EESC/ USP (Financiamento FAPESP). Graduada em Ciências Econômicas na Faculdade de Economia, Contabilidade e Administração – PUCC. Curso de Extensão Docência no Ensino Superior na Faculdade de Jaguariúna – FAJ. Professora de Administração na Faculdade Politécnica de Campinas – POLICAMP

Michel Lenon Cerri – Graduado em Processamento de Dados pela FATEC e Graduado em *Business Management* pela VIT (Austrália) e Mestre em Engenharia de Produção pela Escola de Engenharia de São Carlos, da Universidade de São Paulo (USP). Atuou como Administrador de Redes de Comunicação de Dados e Consultor de Tecnologia de Informação em empresas de pequeno, médio e grande porte, bem como professor e pesquisador em instituições de Ensino Superior. Participou de diversos eventos, congressos e simpósios sobre Administração e Engenharia de Produção, além de ter publicado diversos artigos em periódicos.

Odemilson Fernando Sentanin – Graduado em Administração de Empresas pelo UNICEP, Centro Universitário Central Paulista e mestre em Engenharia de Produção pela Escola de Engenharia de São Carlos (EESC), da Universidade de São Paulo (USP). Possui vários cursos de capacitação gerencial e artigos publicados em Congressos. É analista administrativo da Empresa Brasileira de Pesquisa Agropecuária – Embrapa desde 1994, onde atua na Área de Recursos Humanos. Desenvolveu, também, atividades na Área de Administração de Materiais e Serviços durante 10 anos. É consultor interno da Embrapa em gestão por processos e validador do Modelo de Gestão Estratégica da Embrapa Instrumentação Agropecuária. Foi membro da comissão encarregada da avaliação do Ambiente Interno da Embrapa Instrumentação Agropecuária para elaboração de seu III Plano Diretor, com vigência de 2004 a 2007.

Rachel Pereira Benze – Bacharel em Administração pelo Centro Universitário Central Paulista (UNICEP) (2002) e Mestre em Engenharia de Produção pela Escola de Engenharia de São Carlos / USP (2005). Desde 2003 leciona disciplinas como Administração da Produção, Introdução à Administração, Teoria Geral da Administração, Administração Mercadológica e Administração de Pequenas Empresas, entre outras, em faculdades de Administração, Sistemas de Informação e Engenharia de Produção do interior do Estado de São Paulo.

Vanda Marques Burjaili Romeiro – Graduada em Administração pela Universidade de Ribeirão Preto (1980), especialista em Administração pela Fundação para Pesquisa e Desenvolvimento – Fundace (1997) e mestre em Engenharia de Produção pela Escola de

Engenharia de Produção de São Carlos da Universidade de São Paulo (2002). Professora titular do Instituto Municipal de Ensino Superior de Bebedouro Victorio Cardassi, nos cursos de Administração e Ciências Contábeis, onde também atua como coordenadora do curso de Administração. É professora das Faculdades Integradas Fafibe, no curso de Administração. Possui experiência na área de Administração, com ênfase em Administração Geral e do Agronegócio e de Recursos Humanos, atuando principalmente nos seguintes temas: pessoas, estruturas, vendas, agronegócio e pequena produção.